Hamid Reza Yousefi (Hrsg.)

—

Paradigmen des Denkens

Paradigmen des Denkens

Festschrift für Harald Seubert zum 50. Geburtstag

herausgegeben und eingeleitet
von
Hamid Reza Yousefi

Traugott Bautz
Nordhausen 2017

Bibliografische Information der Deutschen Bibliothek
Die Deutsche Bibliothek verzeichnet diese Publikation
in Der Deutschen Nationalbibliographie;
detaillierte bibliografische Daten sind im Internet
über http://dnb.ddb.de abrufbar.

Verlag Traugott Bautz GmbH
99734 Nordhausen 2017

Printed in Germany
ISBN 978-3-95948-232-5
www.bautz.de

Inhalt

Einleitung des Herausgebers

Harald Seubert ist am 12. Mai 1967 in Nürnberg geboren und begeht heute seinen 50. Geburtstag. Er ist ein innovativer und neugieriger Geist, der stets seiner Zeit voraus ist und zugleich aus den tiefen Quellen der Überlieferung schöpft. Bereits zwischen dem 14. und 20. Lebensjahr liest er sich durch die Weltliteratur und erschließt sich, vor dem Studium, mit Offenheit zur Theologie und den Religionen, noch ahnungsweise die späteren philosophischen Interessenschwerpunkte. Durch den Vater einer Jugendfreundin stößt er auf Heidegger, der auch kritisch bis heute für sein Denken markant ist; Platon und Hegel folgen als wesentliche Denker, die er verstehen wollte. Auch zum Judentum, vor allem in der Moderne, und die Geschichte des Exils entwickelt Seubert schon in der Jugend, durch Lektüre und Begegnungen, ein intensives Verhältnis. Literatur, die avantgardistische und nicht zuletzt politisch engagierte Moderne Europas und die Tiefenphilosophie der deutschen Tradition beschäftigen ihn gleichermaßen.

Für sein Studium erweist es sich als entscheidend, Evangelische Theologie, Geschichte, Literatur- und Kunstwissenschaften mit der Philosophie zu verbinden, die erst allmählich sein Zentralgestirn werden sollte. ›Zu schade‹ sei sie ihm als Studienfach, meinte er damals. Geradezu initialen Charakter hat dabei eine Vorlesung zur ›Phänomenologie des Geistes‹ von Hegel, die er bei Friedrich Kaulbach in einem seiner ersten Semester hört. Ebenso früh kommt er an die ihn faszinierenden Vorlesungen seines späteren akademischen Lehrers und Mentors Manfred Riedel (1936-2009), vor allem zur frühgriechischen Philosophie, zu Hegel und Nietzsche.

Daneben beeinflussen die Historiker und Philologen der Universität Erlangen-Nürnberg, wo Seubert nach dem Abitur, aus gesundheitlichen Gründen vom Wehrdienst freigestellt, sein Studium aufnimmt, seine frühen Semester, vor allem der Mediävist Karl Bertau (1927-2015), dem er bis zu Bertaus Tod eng verbunden blieb. Die Andersheit der mittelalterlichen Kunst, sowohl im christlichen wie im jüdischen und islamischen Umkreis und die

Möglichkeit, auch an Vergangenes hochmoderne Maßstäbe anzulegen, schärfen seine ästhetische Passion. Michael Stürmer (*1938) lehrt ihn, dass die akademische Welt nicht genug ist, sondern Überschreitungen in die Welt, auch in den politischen Raum fordern kann. Seuberts eigenem Naturell kommt dies entgegen. Seit gut zwei Jahrzehnten übt er auch eine intensive außeruniversitäre Vortrags- und Beratungstätigkeit aus. Seubert scheut zeitweise auch ein politisches Engagement nicht: Im Kantischen Zusammenhang von Universalismus und Patriotismus, von Liberalität und der Bewahrung des Bewahrenswerten, das aber immer wieder neu, weltbürgerlich, angeeignet werden muss, in unbedingter Achtung vor der Menschenwürde und in interkulturellen Tiefenbohrungen widmete er sich einem modernen Konservatismus. Falsche Vereinnahmungen blieben nicht aus. Seubert hat auch die Kraft und Konsequenz zu Brüchen von Verbindungen und zur Trennung von ›false friends‹. Die neuen Nationalismen und die Abkehr von einer transversalen Vernunft sieht er mit großer Sorge. Auch dazu äußert er sich in diesem Jahr literarisch.

Geographisch und fachlich legt Harald Seubert seine Studien von Anfang an breit an: Er erfährt wichtige Prägungen in Vorlesungen und Seminaren u.a. von Jürgen Habermas, Karl Otto Apel, Rudolph Berlinger (Würzburg), Robert Spaemann, Stephan Otto, Hans Maier, Werner Beierwaltes und Dieter Henrich (München). Die zum Examen führenden Studienjahre absolviert Seubert in sieben Semestern. Seine Magisterarbeit gilt einem für ihn später eher kontingenten Thema, der Agrargesetzgebung der römischen Republik in Ciceros Reden gegen Verres. Doch sowohl die starke Orientierung auf Realien der Geschichte, als auch auf Cicero und die Rechtslehre, bleiben für ihn wichtig. Danach bieten ihm sowohl Michael Stürmer wie Theodor Verweyen und Manfred Riedel Promotionen an. Auch bei Habermas und Beierwaltes wäre eine Promotion möglich gewesen. Seubert entschied sich, trotz seiner damaligen starkenr Neigung zu Zeitgeschichte und Politikberatung, für die Philosophie.

Die Ausarbeitung seiner Dissertation zu Heidegger und Nietzsche (verteidigt 1998, publiziert 2000), begleitet er mit intensiven Studien zur Geschichte der Philosophie und ihrer Systematik vor allem in München und Wien (dort noch bei E. Heintel). Hier legt er die Grundlage für die methodische und materiale, auch spekulative, breite Beherrschung philosophischen Denkens, aus der sein intellektuelles Profil hervorgeht. Bis heute sieht er sich nicht einer einzelnen Schule zugehörig, auch nicht Hermeneutik und Phänomenologie, sondern weiß sich der *Philosophia perennis* vor den Zuspitzungen der Moderne verpflichtet. Das heißt auch, dass man ›aus verschiedenen Gründen‹ heraus (Ingeborg Bachmann) denken muss, multiperspektivisch, auf das entzogene, vielspältige Eine orientiert, das im Leben und in der Theorie nottut. Lehraufträge in Germanistik, Geschichte und Theologie nimmt er schon als 23-jähriger wahr.

Manfred Riedel folgt er 1998 zunächst als Lehrbeauftragter, dann als Assistent nach Halle/Saale. Dort entwickelt er früh eine intensive, vielbeachtete und charismatische Lehrtätigkeit. In Halle entwickelt er auch seinen spezifischen Lehr- und Betreuungsstil, dessen Proprium darin besteht, den Hörerinnen und Hörern größtmögliche Freiheit zu eröffnen, Denkwelten zu erschließen. Ihm liegt daran, dass man miteinander auch gegeneinander denken kann, mit den Klassikern und gegen sie. Schon früh entdeckt und kontrolliert er seine rhetorische Fähigkeit. Gesprächszusammenhänge mit der Mühle Rotis und der Familie Aicher, mit Psychologen, Psychiatern und Psychoanalytikern werden schon in seinen späten zwanziger Jahren wichtig und erweitern die philosophischen Interessen

Die Halleschen Jahre nutzt er neben der Lehre vor allem zur Ausarbeitung seiner Habilitationsschrift über ›Polis und Nomos. Untersuchungen zu Platons Rechtslehre‹, die im Februar 2003 vom zuständigen Fachbereich angenommen wird und 2005 als Buch erscheint. Nach der Emeritierung von Riedel (2004) wirkt Seubert als Privatdozent weiter in Halle. 2010 folgt, durch Christian Illies befördert, die Umhabilitation an die Otto Friedrich-Universität Bamberg, wo er bis zum Ende des WS 2012/13 wieder mit großem Anklang und zahlreichen Schülern lehrt. Von September 2006 bis Sommer 2012 wirkt Seubert auch als Extraordinarius, später als Ständiger Gastprofessor an der Adam Mickiewicz-Universität Poznan

(Posen)/Polen, für Kulturphilosophie und Ideengeschichte des deutschen Sprachraums. Bei aller Neigung in den Westen hat er auch eine besondere Liebe zu Ost-Mitteleuropa. Hinzu kommen in diesen stark der Lehre gewidmeten Jahren Lehraufträge für Religionsphilosophie an der Universität Erlangen und am Guardini-Lehrstuhl der Universität München. Seit 2010 ist Seubert auch nebenamtlicher Dozent an der Hochschule für Politik in München.

In dieser Zeit entsteht eine Vielzahl von großformatigen Aufsätzen, die historisch Querschnitte von der Antike über Cusanus und Meister Eckhart, Kant und die klassische deutsche Philosophie bis zu Moderne und Hypermoderne explizieren, und systematisch alle Bereiche der Philosophie umfassen. Seubert nähert sich dabei auch zunehmend der interkulturellen Philosophie und ihren Fragestellungen an. In jene Jahre fällt die Begegnung und Freundschaft mit Reza Hamid Yousefi. Seubert legt in der Reihe ›Interkulturelle Bibliothek‹ Monographien über Cusanus, Max Weber, Heinrich Rombach und Schelling vor. Umfängliche Vorarbeiten, nicht zuletzt ausgehend von Vorlesungen, zur Philosophie der Antike und der klassischen deutschen Philosophie nach Kant entstehen. Zwei Sammelbände aus diesem Umfeld legt er vor. Diese Summe aus jenen Studien bleibt aber noch zu ziehen.

In den folgenden Jahren legt er dann große Monographien vor, die ideengeschichtliche Rekonstruktion, materiale Auseinandersetzung mit dem faktischen Material und den Einzelwissenschaften und den systematischen Ansatz miteinander verbinden: Dies gilt für die Religionsphilosophie ›Zwischen Religion und Vernunft‹. Vermessung eines Terrains (2013), für ›Ästhetik – Die Frage nach dem Schönen‹ (2015) und für die politische Philosophie ›Gesicherte Freiheiten‹ (2015). Seine eigene philosophische Programmatik legt Seubert in dem Buch ›Was Philosophie ist und sein kann‹ (2015) nieder. 2016 folgt mit ›Weltphilosophie. Ein Entwurf‹, seine Zusammenschau interkultureller Philosophie. Zugleich eröffnet Seubert mit seinem großen Platon-Buch im Jahr 2017 eine Trilogie der philosophischen Knotenpunkte, die er fortführen möchte: auf Hegel und Heidegger. Seit 2012 lehrt er hauptamtlich als Ordentlicher Professor für Philosophie und Religionswissenschaft und wirkt als Fachbereichsleiter an der Staatsunabhängigen ›Theologischen Hochschule‹ in Basel. Daneben wirkt er an der Hochschule für Politik an der TU München. Seine weltweite Forschungs- und Lehrtätigkeit führt er fort.

Seubert hat nicht nur an seinem philosophischen Oeuvre, sondern auch an einem noch weitgehend unpublizierten eher literarischen Werk intensiv gearbeitet. Dessen Veröffentlichung ist den folgenden Jahren vorbehalten. Was er in seiner philosophischen Programmschrift ›Was Philosophie ist und sein kann‹ betont, lebt Seubert auch: Er ist einerseits präziser und genauer Interpret. Was er vor allem von jüdischen Philosophen der Moderne gelernt hat: Dass die Lehre Anweisung zum Lesen ist. Er verschränkt ein möglichst genaues Close Reading zentraler Texte und Systemkonzeptionen mit deren systematischer Weiterführung. Dabei votiert er für einen offenen Kanon, für eine Herauslösung aus Schul- und Systemzwängen. Die Selbstunterscheidung des Philosophen vom Ideologen ist in der Moderne, nach Seuberts Überzeugung, ebenso wichtig wie die Unterscheidung des Philosophen vom Sophisten in der griechischen Antike. Dies bedeutet aber nicht, dass Philosophie in den universitären Laborsituationen aufginge. Sie muss zum Weltbegriff finden – in der Spannung zwischen Wissenschaft und Weisheit. Systematische Philosophie und Interpretation sind zwei einander kongeniale und komplementäre Seiten einer Medaille. Verkürzungen und tendenzielle Reduktionen begrenzen auch die Reichweite der eigenen Einsichten.

Er ist überzeugter, toleranter Christ, mit einer besonderen Liebe zur jüdischen Wurzel und mit Blicken auf andere Erlösungs-und Weisheitswege, gerade auch in Indien und China. Seubert unterschätzt nicht die Bindekraft von Religion: in Freiheit nach Maximen des Ewigen zu leben und dies in die Vernunft einzuholen, ist ihm besonders wichtig.

Wie der Philosoph, so der Mensch: Leidenschaft und Insistenz verbinden sich in seiner Person mit Hören, Neugierde und einem unbegrenzten Lernenwollen. Er fordert in einem preußischen Pflichtenethos, das sich mit bayrischer Lebensfreue verbindet, und er gibt zurück. Loyalität, Freundschaft, Liebe sind ihm im Alltag die Quellen, aus denen er leben kann und mit aller Lebenslust auch will. Dazu kommen in hohem Sinn Freimut und Unabhängigkeit und die Neigung, Fragen zu Ende zu denken, die Mitte und das Ziel nicht zu früh zu finden. Seubert verbindet Differenzen in sich, im Sinn der von Jacob Burckhardt konstatierten ›Concordia discors‹. Sein Freundeskreis ist weit und nicht ohne weiteres homogen. Achtsamkeit, Zärtlichkeit und

Entschiedenheit verbindet er. Abrupt werden kann er, wenn er Illoyalität und Opportunismus ahnt.

Dass daraus keine Zerrissenheit, sondern Offenheit und Konzentration hervorgeht, ist das Merkmal seiner Person. Er spricht auch von einer besonderen Gnade (Charis). Dass sie sich weiter entfalte, in Freundschaften, Denken und Produktivität und an der Seite derer, die er liebt, ist ihm zum 50. Geburtstag zu wünschen. Der Titel ›Paradigmen des Denkens‹ passt besonders treffend zu Seuberts noch unabgeschlossenen Denkbewegungen

Wie lässt sich das offene Denkgebäude Seuberts zusammenfassen, ohne ihn voreilig auf einzelne Positionen zu reduzieren? Seine Veröffentlichungen umfassen neben theoretischen und empirischen Grundpositionen und Perspektiven verschiedener Denkkulturen die maßgeblichen Bereiche der interkulturellen Philosophie. Mit seinem akribischen Denken und innovativen Geist gibt Seubert der Gegenwartsphilosophie wegweisende Impulse. Er ist ein Gelehrter, der sich durch ungewöhnliche Neugierde und Offenheit auszeichnet, die weit über Deutschland ausstrahlt. Philosophie ist für ihn kein bloßer Beruf, sondern eine Berufung, die mit einem responsiven Verantwortungsethos verbunden ist, ein erkenntnistheoretischer Weg, der in keinem einmal erreichten Ziel restlos aufgeht.

Diese Berufung ist verbunden mit einer unerschütterlichen Reflexionsfreiheit, die davon ausgeht und sich davon speist, dass die Welt auf verschiedene Art und Weise interpretiert werden kann und dass der Polyperspektivismus unerlässlich ist. Diese Berufung ist sich dessen bewusst, dass jede Interpretation gewisse Vor- und Nachteile hat, dass sich keine von ihnen für eine Offenbarung halten kann. Einen Königsweg gibt es nur als willkürliche Konstruktion. Dies gilt auch für jeglichen Diskurs der Methoden. Seubert praktiziert ein wissenschaftliches Denken, das den Methodenmonismus ablehnt und einen kritik- und ergebnisoffenen Pluralismus bevorzugt. Diese Annahme bedeutet nicht: ›Alle-Methoden-sind-gleich-gut-und-richtig‹, sondern: jede Methode hat ihre Grenzen und Schwächen.

Das erkenntnistheoretische Leitmotiv der ihm zugedachten Festschrift ›Paradigmen des Denkens‹ führt unmittelbar in das Zentrum einer Gefährdung, der die Entwicklung von Wissenschaft grundsätzlich unterliegt. Es geht darum, den gesamten Erkenntniswert des traditionellen Philosophierens interkulturell zu durchdenken. Seubert will mit seinen Konturen des Denkens, dem hermeneutische, empirische und rationalistische Momente stets immanent sind, eine weit verbreitete Wissenschaftsmentalität überwinden, die mindestens drei Gefahren hervorbringt. Sie hat erstens eine zwangsläufige Restriktion in der Methodik zur Folge, sie führt zweitens zur Bildung von akademischen Ghettos und verursacht drittens unüberwindbare Missverhältnisse unter Kollegen. Wer sich mit der Restriktionspathologie der Wissenschaftshistoriographie beschäftigt, wird diese allzu menschliche Wissenschaftsmentalität bestätigen. Die vorliegende Festschrift würdigt das Werk von Harald Seubert, weil er nicht nur als ein bedingungsloser Forscher und Lehrer auftritt, sondern weil er Philosophie in Theorie und Praxis als Berufung wahrnimmt.

Kurzfassung der Beiträge

Heinrich Beck thematisiert zunächst die maßgeblichen antiken philosophischen Konzeptionen der Seele: Platon sieht die Seele als die göttliche und auf Wahrheit bezogene eigentliche Wesensnatur des Menschen. Da sie sich leiblich inkarniert, weist er aber auch dem Willen und der Begierde Teilseelen zu. Er fasst gleichwohl den Leib als Gefängnis und Grab der Seele auf, die erst nach dessen Tod zu ihrer vollen Entfaltung kommt. Diesem Idealismus gegenüber hat sein Schüler Aristoteles einen Realismus und eine leib-geistige Einheit exponiert. Die Seele ist seiner Bestimmung nach ›Form des Körpers‹. Sie kann aber nur durch seine Vermittlung ihr Wahrnehmungsvermögen, etwa in den Sinnen, zur Geltung bringen. Beck begreift sodann das christlich geprägte Denken von Aurelius Augustinus und von Thomas von Aquin als Vertiefung dieser Ansätze: Bei Augustinus ist es die personale Dialogizität und insbesondere die Wirklichkeit der Liebe, bei Thomas das Analogieverhältnis zwischen Gott und Mensch, das die Seelenlehre formt. Den großen Umbruch markiert Beck mit der Seelenlehre der Neuzeit. Der Umbruch vollzieht sich namentlich in dem Leib-Seelen-Dualismus von Descartes. Nach Beck geht er einher mit einem technisch-praktischen Verhältnis zu Welt und Wirklichkeit. Damit stellt sich die bei Kant thematisierte skeptizistische Frage, ob und wie überhaupt eine Erkenntnis der Seele möglich ist.

Reduktionismen, wie sie in der heutigen Hirnforschung begegnen, sind gängige, aber nichtsdestoweniger unbefriedigende Antworten auf diese Situation. Beck deutet jedoch in einer umsichtigen Kartografie wichtiger Positionen der Gegenwart auch an, dass es phänomenologische Möglichkeiten gibt, Sein und Seele zusammenzudenken. Darin erkennt er ein dringendes Desiderat.

Peter Gerdsen untersucht in seinem Beitrag ›Religion und Denken in einer veränderten Welt‹ die sehr engen und tiefen Zusammenhänge zwischen den Begriffen Religion und Denken und verweist darauf, dass diese beiden Begriffe in der heutigen ›veränderten Welt‹ unverbunden nebeneinander stehen. Nach der Beschreibung des Begriffs Religion wird in einzelnen gedanklichen Herleitungen aufgezeigt, welche Konsequenzen sich aus dem auf Grund einer Verdunkelung des Bewusstseins eintretendem Verlust der Religion ergeben. Dabei wird besonders hervorgehoben, dass die aus dem Reiche Gottes stammende menschliche Individualität in ein Spannungsfeld zwischen Geist und Materie gerät, wenn sie in die raum-zeitlich-irdische Welt eintaucht mit der Gefahr einer Materialisierung des Geistes, die in einem computerhaften Denken mit Automatencharakter ihren Ausdruck findet. Ausführliche Erörterung finden der moralische Relativismus, die Unfähigkeit zur sachlichen Betrachtung der Welt, die veränderte Zeitwahrnehmung und die sich daraus ergebenden ethischen Konsequenzen. Die Ausführungen des Beitrags lassen die von der Aufklärungsbewegung so gefeierte Trennung von Philosophie und Religion in einem neuen Licht erscheinen.

›Der Philosoph und der Yogi‹ ist nach Andras Mascha nicht nur eine hilfreiche Matrix zur Reflexion einer langjährigen Freundschaft zwischen dem in der Festschrift Geehrten und dem Autor, sondern vor allem eine potenzialreiche neue Entwicklungsperspektive für beide (Arche-)Typen und eine gute Basis für den heutzutage unabdingbaren interkulturellen Dialog – gerade im Sinne einer ›west-östlichen Ergänzung‹ (Jean Gebser).

Hamid Reza Yousefi und Matthias Langenbahn unternehmen den Versuch, den persischen Philosophen Abu Hamed Ghazali in seiner Funktion als Wegbereiter des skeptischen Denkens sowie der aufklärerisch anmutenden Aufforderung zur Selbsttätigkeit des kritischen Denkens darzustellen.

Dabei wird ein Verständnis von Ghazali als Vater eines neuen philosophischen Denkansatzes zugrundegelegt, der, in der westlichen Philosophie viel zu wenig bedacht, weit über die Denkart des Aristoteles, Platons und Plotin hinausgeht. Ghazali ist ein revolutionärer Geist, dessen Verdienst darin besteht, die Philosophie auf eine neue Ebene gehoben zu haben.

Nach Daniel von Wachter beschränkten sich zwischen 1960 und 2000 viele deutschsprachige Philosophieprofessoren auf Philosophiegeschichtsschreibung, sie verteidigten nicht ihre eigenen Antworten auf philosophische Fragen. Wachter legt dar, wie die Annahme der Existenz von Epochen ein Grund für diese Beschränkung ist, und plädiert dafür, dass die Suche nach Antworten auf die philosophischen Fragen auch heute durch nichts ersetzt werden kann und soll.

Wenn Philosophie nach Christoph Böhr – auch – die Aufgabe hat, den Blick auf das Göttliche zu richten, dann ergibt sich, wie Harald Seubert sie beschreibt und erläutert, eine ›differente Identität‹ zwischen Religion und Philosophie. Religionsphilosophie ist dann immer auch ein Nachdenken der Philosophie über sich selbst. Das ist eine wichtige und folgenreiche Feststellung. In diesem Sinne ist Religionsphilosophie dann nämlich kein abgesondertes Teilgebiet der Geisteswissenschaft für besondere Fachleute, die sich als Experten für Fragen der Religion verstehen, sondern Religionsphilosophie richtet, Seuberts Feststellung folgend, den Blick auf das Ganze der Philosophie – als eine grundsätzliche Vergewisserung ihres Anspruchs und ihrer Möglichkeiten. Philosophische Reflexion ist, in den Worten von Richard Schaeffler, das ›noematische Korrelat‹ des ›religiösen Aktes‹.

Religion und Vernunft stehen nach Hans Otto Seitschek nicht in einem unfruchtbaren Gegensatz zueinander. Im Gegenteil: Die Religion wendet sich mit der göttlichen Offenbarung an einen rationalen Adressaten, den Menschen, und kann deshalb nicht widervernünftig sein. In der wahren Deutung der Wirklichkeit haben Religion und Vernunft dasselbe Ziel: Beide wollen dem Menschen die Realität aufschlüsseln, um ihm Orientierung in der Welt zu vermitteln. Dabei schließt die Religion Natur und Übernatur ein. Auch für das Politische kann die religionsphilosophische Reflexion hilfreich sein: Sie deckt ideologische Verengungen da auf, wo sich das Politische religiös auflädt und Heilsversprechungen gibt, die es nicht halten kann.

Wolfgang Gantke nimmt die mangelhafte Verbindung zwischen Religionsphilosophie und Religionswissenschaft im gegenwärtigen akademischen
Diskurs kritisch auf. Er sieht in einer interkulturellen Erweiterung des Blicks
die Möglichkeit zu vertiefenden Verbindungen. Dabei nimmt er Anregungen von Seubert auf und führt sie weiter, insbesondere anschließend an die
Rezeption der religionssoziologischen Ansätze von Max Weber und Ernst
Troeltsch. Gantke zeigt, dass eine Religionswissenschaft, die sich nicht trans-
zendenzoffen auf Wirklichkeit des religiösen Bewusstseins bezieht, ihren
Gegenstand und sich selbst verlieren muss.

Hanna-Barbara Gerl-Falkovitz thematisiert die Weisheit des Anfangs, die
das Sein im Schöpfungswort der Religionen als ein geschenktes aus der
Liebe hervorgehendes Sein verstehen lässt. Dies wird im Blick auf Märchen
der europäischen Überlieferung gezeigt, die bildlich und vor- und überbe-
grifflich von der Weisheit sprechen. Dabei verbergen die Märchen ihre Weisheit häufig in der Nachbarschaft der Torheit: Mit Goethe und Guardini geht
es um dieses Wissen des Anfangs, der als Geheimnis Leben und Philosophie
mitträgt.

Silja Luft-Steidl evoziert Erinnerungen an Begegnungen mit Harald Seubert. Sie arbeitet Harmonie und Spannung seines Denkens und Lebens heraus und bringt dies auf den Topos des Philosophen der Besonderheit, der
weder im Allgemeinen noch im Einzelnen haften bleibt. Der Sinn für Religion und Kunst kommt dabei mit zur Sprache.

Als ›elternfern‹ begreift Hans-Bernhard Wuermeling jede Erzeugung eines
Menschen – auch eines menschlichen Embryos –, die nicht die natürlich unmittelbare Folge eines Geschlechtsverkehrs unter Eheleuten ist und z.B.
durch IVF (In vitro Fertilisation) oder Klonen oder andere Reproduktionsmethoden. Elternferne Zeugung verhindert oder gefährdet die Wahrnehmung elterlicher Verantwortung für das Kind und das Recht eines Kindes
auf die jeweils optimalen Bedingungen für seine Entwicklung. Dieses setzt
nach neueren Erkenntnissen nicht nur die Bindung an eine Bezugsperson
voraus, sondern auch deren verlässliche Bindung an einen Partner. Dasselbe
gilt für die Verwendung von (z.B. gespendetem oder bei Operationen gewonnenem) Körpermaterial. Das Kindeswohl fordert deswegen u.a. Be-

schränkungen bei der Zustimmung zur Organspende. Auch wenn Bezugspersonen nicht in einer verlässlich dauerhaften Bindung geschlechtlich miteinander verkehren, besteht Gefahr wie bei elternferner Zeugung und damit für das Kindeswohl. Daraus wird auf eine bisher kaum beachtete Begründung für eine Sexualethik geschlossen.

Ulrich Schacht vergegenwärtigt einen Augenblick zwischen Reise und Ankunft: einen Moment der Betrachtung eminenter Kunst, der strukturellen Bildwerke von Keld-Helmer Pedersen, in dem ihn die Realgeschichte der vom Terror bedrohten jüngsten Jahre durch schwerbewaffnete Polizei wieder einholt. Damit werden in der Lebenszeit des Autors die ersten Tage des Jahres 2015 und die ›Charlie Hebdo‹- Attentate sichtbar: Der neue Antisemitismus und die neuen Vernichtungsdrohungen, gegen die nicht Ideologie, sondern moralische Potentiale aus der Tiefe helfen können und müssen.

Małgorzata Grzywacz zeigt mit seinem Essay, in dem Zeitzeugenschaft und historiographischer gleichermaßen einfließen, die dramatischen Situationen während der Jahre der Gewerkschaft Solidarnosc: Den politischen und christlich motivierten Widerstand, vor allem im Fokus auf herausragende Frauen, die ihn mit trugen, die Repressionen und Demütigungen durch die staatliche Seite – und die Eröffnung einer heute selbstverständlichen Weges der Freiheit.

Michael Stahl erörtert vor dem Hintergrund einer von Nietzsche her kommenden antihistoristischen Geschichtsauffassung die Notwendigkeit und die Möglichkeit eines wiederbelebten Bezugs auf die Griechen im gegenwärtigen politischen Diskurs.

Vroni Schwegler widmet Harald Seubert ein wunderschönes Vogelbild, der Liebe, Leben und Geborgenheit ausstrahlt: Zeichen seiner Liebe zu Schönheit und dem, was bleibt.

Es bleibt spannend, welche Wege und Werke Harald Seubert, der seit 2016 auch Präsident der ›Internationalen Martin Heidegger-Gesellschaft‹ ist, in den nächsten Jahren angehen wird. Manches bleibt offen, manches zeichnet sich schon klar ab. Ad multos annos!

Auf eine strikte Vereinheitlichung der Zitationen in den Beiträgen wurde verzichtet. Darin zeigen sich auch Denk- und Sprachstile in ihrer Pluralität.

Hamid Reza Yousefi
im Frühjahr 2017

Eselslieder

Zu singen diesseits der Menschen
Rede an meinem 50. Geburtstag

Harald Seubert

**Meine sehr verehrten Damen und Herren,
liebe Freundinnen und Freunde!**

Ich bin dankbar an diesem Tag und für ihn. Auch wenn er nicht als Summe
verstanden werden kann, auch wenn er vieles im Dunkeln und Fragmentier-
ten sehen lässt, nicht frei ist von Müdigkeit – aber auch von Aufbruch. Ich
weiß nicht, wie lange ich noch leben werde, will nicht hybrishaft sein, aber
denke auch manchmal, dass es jetzt erst richtig beginnt.

Ich will in diesen wenigen Minuten eher Stimmungen und Motive als Fak-
ten wachrufen. Nicht noch einmal den Lebenslauf, der einen mehr oder minder empfiehlt, berichten. Das kann man nachlesen.

Zunächst: Die Freundlichkeit, Liebe, der Humor, die Heiterkeit: all das
verbindet sich zum Eindruck einer glücklichen Kindheit, die ich haben
durfte. Sie war von meinen Eltern bestimmt, mindestens genauso von meiner Großmutter. Eine Kindheit im prosperierenden Wellental der Geschichte
im Westen der alten Bundesrepublik und in Süddeutschland, so wie es dieses Geburtsdatum mit sich bringt. Oberbayrische Leichtlebigkeit und frän-
kische Durchsetzungskraft, eine gute bayrische Mischung, in der die Welt
liegt, in nuce!

Die Werte und Wertigkeiten, die mir meine Eltern gaben, wurden nicht
doziert, sondern gelebt. Dafür bin ich dankbar, davon nachhaltig beein-
druckt. Meine Eltern ließen mir Freiheit und Atemluft. Sie war buchstäblich
nötig. Ich litt als Kind unter einer scheußlichen asthmatischen Erkrankung,

die mir dauerhaft das Herz angriff, die ich aber überwand. Geist-ruach-Pneuma: sind mir auch deshalb so magische Begriffe, weil sie vom Atmen kommen. Das Hören auf die Sprache ist auch deshalb meinem Geist und Herzen so nah, weil es sich für mich nicht von selbst verstand, atmen zu können.

Licht und Krankheit, schimmern aus dieser Kindheit zurück. Auch den Arzt, der mir Selbstvertrauen und Kraft zum Leben gab, Dr. Schnabel aus Bautzen, werde ich nicht vergessen. Ohne ihn wäre ich vermutlich in einem Sanatorium verkommen. Man kommt in der Kindheit aus einem Dunkel, das rührt weither, und ich bin überzeugt, dass man, wenn man sich Kunst, Philosophie und solchen Gegenständen ein Leben lang widmet, aus diesem Inneren schöpft. Ein Leben lang. Ich bin nicht Anhänger irgendeiner Ideologie, die das Vorleben der Seelen genau fassen will: das geht mit der philosophischen Freiheit nicht zusammen. Aber ich habe metaphysische Sympathien und Antipathien erlebt, die nicht nur aus diesem Leben stammen.

Dass auch ich schon in der Schule Lehrer hatte, die mich ein wenig Denken, Lesen, Schreiben lehrten und einige, die tieferen Eindruck machten, d'accord. Ich hatte für ihre Pädagogik als Pubertierender weniger Sinn, war immer ein guter, sehr guter Schüler. Doch damals schon leidenschaftlich in Literatur, Philosophie, die Schönheit einiger Mädchen, an die ich noch immer denke, versunken. Damit verbrachte ich meine Tage und Nächte. Das Lernen lief mit, soweit es nötig war. Etwas woanders, als Lehrpläne und Interessen meines Alters es eigentlich vorgaben. Plato, Hegel und Heidegger begann ich seinerzeit zu lesen. Hegels Rhythmus und Denkmacht, sein Sound überwältigten mich. Kant verstand ich nicht – Hegel natürlich auch nicht, aber mit mehr Sympathie. Ich tröstete mich bei Kant, dass Musils ›Zögling Törless‹ eine ähnliche Kanterfahrung gemacht haben musste als ich.

Heidegger schien mir unwiederholbar – auch gefährlich, primitiv tief und doch sehr nah. Es sind diese drei, über die ich noch doxographisch historische Bücher schreiben werde, die zugleich systematische Bücher sein müssen.

Doch große Offenbarungen brachte mir die Schule nicht. Die Reisen mit meinen Eltern, vor allem die Bergtouren mit meinem Vater in hohe Regionen, in denen die Luft klar und dünn ist, der Philosophie nicht unähnlich, gaben mir mehr. Sonne, Wind, Klarheit: Dies ist die Atmosphäre, die auch der philosophische Diskurs immer wieder braucht, um nicht zu erschlaffen und nicht müde zu werden.

An der Universität hatte ich einige Lehrer, die mich nachhaltig beeindruckten, die Denkbewegungen in Gang setzten, mit denen ich im Gespräch bin bis heute- auch mit den Toten. Manfred Riedel war der Lehrer, den ich brauchte, in der Verbindung von penibler Philologie und Geistfunken, die dann und wann aufbrachen: ein gar nicht ideologischer Geist, den aber zum Teil vor der eigenen Courage graute. Kein Systematiker, der mich lehrte, was jüdisch rabbinische Weisheit seit je ist: Dass Lehre auch und vor allem Lesen ist; und dass die Systematik im Gespräch mit denen, die vor uns waren, sich ausformen musste. Ich sehe mich als den jungen Mann vor mir, am Übergang zwischen Kindheit und Jugend: sehr schmächtig, spindeldürr, von der Gesundheit immer wieder gebeutelt, und daraus einen großen, für manche vielleicht übergroßen Lebens- und Energiewillen schöpfend. Sartre, Adorno und Camus näher als der Spider Murphy Ggang, die meine Schulfreunde und -freundinnen hörten und die ich erst später entdeckte.

Mich zogen die Alten, die um zwei Generationen Älteren an: Friedrich Kaulbach (was für ein erstes Semester, in dem er Jahrgang 1911, an einem Montagnachmittag im Erlanger Winter die ›Phänomenologie des Geistes‹ interpretierte!) tastend, annähernd, zugleich mit altfränkischer Wucht. Später hörte ich bei Erich Heintel in Wien und bei Rudolph Berlinger in Würzburg. Dies waren intellektuelle Kraftübertragungen. Irgendwie schien mir mit den Alten der Geist selbst nah zu sein. Alle diese Lehrer waren mir auch Vorbilder, gingen und gehen als Paradigmen in das Selbstwerden ein. Autonomie und anderen tief verpflichtet sein, sind wahrlich keine Gegensätze.

Wie sich das Schöne erschließt: Ich habe es ästhetisch vor allem an der Literatur erfahren, bei Lehrern, die Texte in die Ferne rückten, die die Theoriespur, das Nicht-Selbstverständliche zwischen den Text und den Leser legten. Doch zuvor hatte ich die Weltliteratur selbst durchgelesen. Der allzu glatten, der rein ästhetischen Lesart, die sich selbst als Partitur ausgab, die den Text zum klingen bringe, misstraute ich. Ich konnte breit, sehr breit studieren. Die finanziellen Mittel in Verbindung mit meiner Arbeitsaskese machten es möglich: Geschichte, Theologie, Sozialwissenschaften neben der Königin, die ich nie isoliert liebte, aber vor allen anderen Disziplinen. Mir war klar, dass sie mich niemals langweilen, ein Leben lang beschäftigen würde wie eine Geliebte, die man noch mit dem letzten Atemzug im Arm halten möchte. Aber es geht nicht ohne die Seitenblicke auf die Kunst, auf geschehende Geschichte, die Grenzen des Normativen, die Berührungen der Wirklichkeit. Eine sich immunisierende, arrogant die Existenzfragen abweisende Schulphilosophie habe ich noch nie leiden mögen. Sie verstößt gegen den Eros der Erkenntnis, gegen die Macht und Entzogenheit des Lebens.

Zudem habe ich eine fast erotische Neigung zu Geld und Luxus, zu Welt und Reisen: ich brauche das nicht zwingend, aber ich bin glücklicher, wenn ich es habe: auch den Einfluss. Von all dem habe ich, meine ich immer, zu wenig. Die tiefere Askese und Selbstbescheidung lerne ich hoffentlich in der zweiten Lebenshälfte noch. Das führt mich immer wieder aus dem Elfenbeinturm heraus. Was ich geschrieben habe, das habe ich geschrieben: Zitieren darf man dies, weil es kein Prophetenwort ist, sondern ein Satz des unsäglichen Pontius Pilatus, der es doch in die Heilige Schrift und ins Glaubensbekenntnis geschafft hat. Aus meinen Schriften werden allmählich Linien eines Ganzen, eines Denkzusammenhangs deutlich. Er wird bei mir nie bloße membra disiecta umfassen und auch nie ein geschlossenes System ergeben, das ich als Alter aufsagen könnte, so wie manche Kollegen noch jenseits der Demenz. Ich blicke hin und her, grase ab (meine Frau nannte es einmal so) wie eine Sehkuh den Meergurnd, und vielleicht kann ich bei dem, was mich begeistert und erschüttert, auch als Zitterrochen andere bannen. Mit einer Rhetorik, die aus der Wahrheitsliebe kommt.

In diesem Jahr arbeite ich an der Skizze meiner philosophischen Systematik, soweit ich sie jetzt übersehen kann, an einem seit langem geplanten Buch über die Naturelemente und schließlich an einer Heidegger-Studie, die ihn mit den großen Gegenstimmen, die er verwarf, kontrastiert: den jüdischen zumal. Fertig geworden ist soeben eine kleine Monographie über Politische Philosophie und Seele im Netzzeitalter, mir wichtiges Parergon. Denn auch wenn's einem nicht gefällt, diesem alles umflechtenden System entgeht man eben nicht, und wenn man, mit allem Vorbehalt, doch Philosophie auch als Notwendigkeit versteht, die eigene Zeit in Gedanken zu erfassen, dann ist diese Thematik unerlässlich – Korrelat meiner Weltphilosophie, des Versuches die Interkulturalität als Blickwechsel im Rückgang auf die Tiefen-Dimensionen zu verstehen. Die großen Denkgestalten, die Vorsokratiker, Platon, Aristoteles, Cusanus, Kant, der mir erst spät wichtig und einsichtiger wurde, Hegel, Schelling, Nietzsche, Husserl, Frege, Benjamin: auch manche der Gegenwärtigeren, begleiten mich und ich gehe in dem, was und wie ich zu denken versuche, immer wieder zu ihnen zurück. Das Wort des französischen Historikers Marc Bloch finde ich prägend: Wir sind im Gespräch der Lebenden und der Toten. Doch auch dabei kommt mir immer wieder sehr unakademisch der Satz von Wolf Biermann in den Sinn: »Wie nah sind uns manche Toten und wie tot sind uns manche, die leben.«

Es gehört zu meinen Confessions, dass Philosophie nie der Politik geopfert werden darf, dass es nicht rechte oder linke Philosophie gibt. Und ins Innere der Methodik verweist die Maxime, dass Philosophie nicht nur nach einem Schulbegriff, sondern nach dem Weltbegriff zu betreiben ist, als das, was jedermann notwendig interessiert (Kant). Dahin gehört, dass die Systematik eng verschränkt ist in die Auseinandersetzung mit dem Denken derer, die vor uns waren. Nichts ist zu halten von Zeitargumenten, wie dem ›Ende der Philosophie‹- oder den ›letzten Philosophen‹, heute könne man nur verwalten. Die Zeit ist offen und im Fluss, auch Philosophie hat Geschichte, ist in der Geschichte, in der kataklystisch dramatischen unserer Zeit. Ich bleibe überzeugt, dass die Philosophie, die nicht darin aufgeht, Wissenschaft zu sein noch Weisheit, die Weltwissenschaft sui generis ist (R. Berlinger), deren Rationalität in allen Bereichen gesellschaftlichen und öffentlichen Lebens aufklärend, entzentrierend, vernunftgebend sich erweist. Sie kann und sollte öffentlich sichtbarer werden, ohne sich doch mit den Interessengruppen, die sie engagieren, zu gemein zu machen.

Da die philosophische Luft dünn und hoch ist, werde ich in den nächsten Jahren vielleicht, vermutlich, auch stärker anschaulich schreiben. Ich habe lernen dürfen, dass Menschen, die viel weniger gelesen haben, als die sogenannt Intellektuellen, viel klüger sind. Das kann ich nicht mehr aus den Gedanken und Hintergedanken bringen. Man wird sehen. Ich selbst sehe die Tektoniken recht klar vor mir. Doch ich will mich auch überraschen lassen. Fasziniert hat mich in einer Frankfurter Ausstellung, die ich mit meiner alten

Freundin Vroni Schwegler sah, wie Baselitz in den Jahren um mein Geburts-
jahr seinen Stil bis zur Kopierbarkeit fand, und dann noch einmal neu auf-
brach in Skizzen, Variationen. Aus der Selbst-verflüssigung des Geronne-
nen, auch auf der Einlassung auf Einrede, Widerspruch, symphilosophi-
schen, kann wieder Neues hervorgehen.

Ich habe einige, sehr wenige, Male in diesem 50jährigen Leben wirklich
geliebt. Und ich bin einige Male wundervoll geliebt worden. Natürlich
wurde ich geliebt, ohne Vorleistung, von den Eltern, von Freunden, von einem wunderbaren Netz, das mich in der Regel umgibt, auch wenn ich es
nicht immer so gepflegt habe, wie man es tun sollte. So sollte es sein. Doch –
ich kann nicht anders sehen – besonders bin ich in diesem Leben von einigen
wenigen wundervollen Frauen getragen worden. Je in ihrer Art haben sie
mir am meisten bedeutet und tun es noch immer.

Es bleiben Dank, Verbundenheit, auch wo man sie nicht mehr leben kann,
auch wo die Liebe nicht so bleibt, wie man es sich wünschte. Was war, war
gut. Und in der tiefsten Dimension kann ich sagen, obwohl ich stoische oder
buddhistische Gelassenheit nicht mit der Muttermilch aufgenommen habe:
Wie es kommt, ist es gut und wird es gut sein. Ich kann mittlerweile lassen
und behalten. Liebe heißt, sagt Dostojevskij, einen Menschen zu sehen, wie
Gott ihn gemeint hat. Es ist gut, von manchen so gesehen zu werden oder
auch schon gesehen worden zu sein: Es hilft auch, die eigenen Schwächen
und Schlacken zu erkennen und bekennen zu können. Gewiss, man soll an
ihnen arbeiten, an der inneren und äußeren Skulptur. Doch Verfehlungen
bleiben immer. Ein solcher Tag ist nicht Anlass zu Seelenstriptease, aber zur
Confessio ex negativo, auch dort, wo andere zu viel Gutes sagen, oder gerade dann. Der große Willy Brandt, mit dessen Witwe ich seit zwei Jahrzehnten verbunden bin sagte an seinem 70.: »Was werden die Brüder erst sagen,
wenn sie mich zu Grabe tragen«. Ich bin wahrlich nicht frei von Verletzlich-
keit, die auch verletzen kann, von Ungeduld, auch von einer Egoität, die
dem anderen nicht den Raum lassen kann. Und, was man nicht so rasch
merkt, nicht frei von Trägheit und Müdigkeit und Melancholie, der schwarzen Galle.

Doch Philia und Philosophia, die Sonne Italiens oder Israels oder der Ka-
ribik, auch das Gesetz des Ewigen raffen mich wieder auf, immer wieder,

wie aus den Kindheitskrankheiten, eine Natur, die es sehr gut mit mir meint, die mir immer wieder recht problemlos Regeneration und Kraft schenkt. Kant wurde an seinem 50. Geburtstag vom Rektor der Universität Königsberg als ›ehrwürdiger Greis‹ tituliert. So weit ist es heute noch nicht. Doch Kant hatte damals das meiste und wesentlichsten noch vor sich. Wie es bei mir ist, wird man sehen. Das saturnische, langsamere melancholische Jahrzehnt ist noch entfernt. –Es beginnt mit 60. Ich merke, dass sich in den Jahren auf diesen 50, dieses vorübergehende – Datum manches zusammengezogen und geklärt hat. Dinge werden essentieller. Ich wähle stärker aus. Man sollte in diesem Alter wissen: Was man im Weiteren tut, wird man nicht mehr unendliche Male wiederholen können. Media vita, die Lebensmitte ist wohl überschritten. Noch immer lebe ich ungemein gern, die Melancholien haben dies nie erschüttert. Ich neige wohl dazu, von zwei Seiten zu brennen. Heute schone ich mich stärker. Meinem wunderbaren Sohn, dessen hohe Begabung und Klugheit meine übersteigt, möchte ich noch Vater und Freund sein, einiges anstellen im Weinberg der Sophia und des Herrn. Schauen wir mal. Max Weber, der nicht viel älter wurde als ich heute werde, sagte, man könne in der neuen Zeit nicht mehr ›lebenssatt‹ sein. Dafür sei viel zu viel Geschwindigkeit, Hektik in der Welt. Es könne nur sein, dass die Alten irgendwann das Neue nicht mehr zu sehen ertragen. Na ja, mancher Wiederholungen wird man in der Tat mit den Jahren müde. Manches muss ich nicht mehr haben, nicht unendlich Da capo rufen. Anderes bricht, denke ich, gerade erst an.

Der heutige Tag fällt in bewegte Zeiten: Neue Unvernunft, Hass, Spaltungen, Unübersehbarkeit in weltweit umspannender Technik liegen vor uns. Aber auch die Chance, durch die neuen Technologien weltweit zu einem höheren, tieferen Bewusstsein zu kommen. Ja, ich bin und bleibe Konservativer: Bewahren, um die Glut, nicht nur die Asche weiter zu tragen, ist mir so wichtig –auch in der Lehre, später dem Gespräch mit den größtenteils wunderbaren jungen Menschen, die mir anvertraut wurden und sich mir anvertrauen. Ich bin, im Kantischen Sinn, Patriot und Universalist in einem. Doch ich weiß wahrhaft um die riesigen Schlagseite dieser deutschen Geschichte. Die zartesten, klügsten, von mir am meisten geliebten Menschen wären vor 70 Jahren hierzulande ermordet worden wie Vieh. Das verfolgt mich bis in den sonst so eselhaft festen Schlaf. Deshalb kann die Frage, was Deutsch ist, nie unschuldig gestellt werden. Deshalb ist der Weg der neuen deutschen Rechten, niemals mein philosophischer Weg.

Ja: ich bin Monotheist, bekennender Christ mit tiefer Liebe zum Judentum, mit Ahnungen für die Weite, die fernöstliche Religionen eröffnen können. Lasst uns in diesem Geist der Bindung und philosophischen Reflexivität, der Wahrheit und Toleranz, weitergehen. Ich danke allen, die hier sind, für ihre Liebe, auch denen die es nicht sind, die zum großen Teil nicht mehr sind: Dass ihr mich getragen habt und tragen werdet. Ad multos annos.

Schließlich: Ich liebe den Esel, er ist Wappen- und Symboltier. Deshalb heißt auch die Rede so. Der große Cusanus, der Philosoph, dessen Texte gerade so lange waren, wie die Erkenntnis reichte, sah im 15. Jahrhundert in ihm das Symbol des wissenden Nichtwissens. Jedenfalls geht der Esel nicht weiter, er bleibt stehen, wo die Gefahr droht. Das wird ihm als störrisches Wesen ausgelegt. Doch in Wahrheit ist es seine tiefe Ahnung. Er kann nicht singen, so wenig wie ich. Oder nur indirekt Und er erinnert an den sirrenden Süden, in dem ich gerne immer lebte. Am Ende meiner akademischen Laufbahn werde ich, wenn der Ewige es will und geschehen lässt, eine Vorlesung über den Esel halten, vielleicht auch über mich. Heute nur dies, dass es bei allem Abstand die Menschen braucht. ›Jenseits der Menschen‹ Lieder zu singen, war ein erschütternd unverlierbarer Imperativ von Paul Celan. Ich möchte im Diesseits der Menschen bleiben möglichst lang, mit Ihnen und Euch, die heute hier sind und mit denen, die es nicht sind, den Philosophen und Weisen, denen die mit dem Herzen denken – auf immer!

›Seele‹ als philosophischer Begriff

Zu seiner Diskussion in Geschichte und Gegenwart

Heinrich Beck

Einleitung: Zur ›Verortung‹ unserer Fragestellung

Der Begriff der ›Seele‹ transzendiert die Erkenntnisausrichtung moderner Psychologie. Denn bei dieser herrscht weithin eine rein positivistische Wissenschaftshaltung, die sich auf die Beschreibung und Bedingungsanalyse von so genannten ›Erfahrungstatsachen‹ beschränkt, wie kognitiver, affektiver und voluntativer Prozesse. Allein mit dieser Selbstbegrenzung sei Wissenschaft uneingeschränkt intersubjektiv kommunizierbar und konsensfähig. Damit aber genügt sie nicht den Erfordernissen des Arztes und Therapeuten. Denn dieser steht dem Patienten als einem konkreten Menschen gegenüber, der in seiner Ganzheit mehr ist als die Summe der objektivierbaren und isolierbaren Prozesse und Funktionen.

Die positivistische Blickverengung klammert insbesondere die Frage nach einer ›Seele‹ des Menschen aus und überlässt sie subjektiven Meinungen und Glaubensüberzeugungen, die keinen Anspruch auf Allgemeinverbindlichkeit erheben können. Wie lässt sich aber eine spezifische ›Würde‹ der menschlichen Person noch begründen, wenn das Wesen des Menschen im Dunklen bleibt? Wird der Mensch so nicht leicht dem Spiel beliebiger Interessen und unbegrenzter technischer Manipulation preisgegeben? In dieser Situation gewinnt die Suche nach philosophischer Orientierung eine brisante Aktualität. Es stellen sich diese Fragen: Was ist das, was in den von der Psychologie untersuchten ›psychischen Erscheinungen‹ erscheint? Was liegt ihnen zugrunde? Welche Argumente sprechen dafür, dass der Mensch eine

›Seele‹ hat und was ist hier genauer unter ›Seele‹ zu verstehen? Überlebt der individuelle Mensch mit seiner geistigen Seele den körperlichen Tod?

Daraus ergibt sich für die Philosophie die Aufgabe, sich in zeitgemäßer Weise in sich selbst neu durchzuartikulieren, um die geforderte philosophische Verortung und Verankerung der Erfahrungswissenschaften leisten zu können, etwa wie es exemplarisch Harald Seubert skizziert.[1] Eine umfassende Erhebung eines philosophischen Begriffs der ›Seele‹ verlangt das argumentative Zusammenspiel seiner verschiedenen Ausprägungen in den Hauptepochen der Geistesgeschichte. Entsprechend gliedern wir die nachfolgende Betrachtung in drei Schritte: I. Die philosophische Grundlegung in der Antike und ihre Vertiefung im Mittelalter, II. Der geistige Umbruch in der Neuzeit und der Neuaufbruch in der Gegenwart.

I. Philosophische Grundlegung
in der Antike und Vertiefung im Mittelalter

Einen ersten Hinweis für philosophische Sinnsuche gibt die unmittelbare Wortbedeutung. Das deutsche Wort ›Seele‹ leitet sich wohl her von dem urgermanischen ›saiwolo‹, das heißt »die vom See her Kommende«. Dazu passt die Aussage des frühgriechischen Philosophen Heraklit von Ephesus (ca. 500 v. Chr.): »Die Seelen dampfen herauf aus dem Feuchten.«[2] So scheint ihnen ein Aufsteigen und Emporstreben vom Irdischen zum Himmlischen, zu Feuer und Licht immanent.

Mit dem urgermanischen ›saiwolo‹ ist lautlich verwandt das griechische Wort ›aiolos‹, das heißt die Bewegende und Geschmeidige. Bezogen auf Lebewesen meint dies das belebende und bewegende Prinzip, den inneren Quellgrund des Lebens, der sich im Leib und all seinen Bewegungen ausdrückt. Dafür steht auch das Wort ›Psyche‹, d.h. Atem, Lebenskraft. Mit diesen Worten verbindet sich auch die Vorstellung einer polaren Ausspannung

---

[1] Vgl. sein Werk: ›*Philosophie. Was sie ist und sein sollte*‹, Basel 2015. Darin ist der existentielle Vollzugscharakter der Philosophie – eingeschlossen Dialogik, interkulturelle Offenheit und verantwortliche Freiheit – von zentraler Bedeutung.

[2] Herakleitos, *Fragment 12* (Diels-Kranz) 1,22. – Vgl. dazu W. Capelle, Die Vorsokratiker. Die Fragmente und Quellenberichte, übersetzt und eingeleitet von Wilhelm Capelle, Stuttgart o. J., 145

zwischen ›unten‹ und ›oben‹, und ebenso zwischen ›innen‹ und ›außen‹. Je nachdem, wie die Pole gewichtet wurden, bildeten sich verschiedene Auffassungen von ›Seele‹ heraus.

So fokussiert der materialistische Philosoph Demokrit von Abdera (ca. 400 v. Chr.) gleichsam nur den unteren bzw. den äußeren Pol und reduziert ›Seele‹ auf das Materielle und Körperliche; sie ist für ihn nichts Anderes als eine Bewegung von Atomen. Demgegenüber betont Platon (427-347 v. Chr.), mit dem die hohe Blüte der griechischen Philosophie einsetzt, gewissermaßen den oberen Pol, der auch von innen wirkt. Er erblickt in der ›Seele‹ etwas Ewiges und Göttliches. Dazu führen ihn rationale Argumente im Ausgang von der Erfahrung.

Denn die Ernsthaftigkeit menschlicher Existenz zeigt sich im Fragen und Suchen nach Sinnwerten wie Wahrheit, Schönheit und Gerechtigkeit. Dies setzt jedoch ein dunkles Wissen um diese Sinngehalte voraus; sonst wüsste man gar nicht, wonach man suchen sollte. Wie aber ist dieses ›Urwissen‹ in den Menschen hineingekommen? Nicht erst durch innerweltliche Erfahrung, da es ja dem suchenden Gang durch die Welt schon zugrunde liegt, indem es ihn auslöst und leitet und dadurch die entsprechenden Erfahrungen erst ermöglicht. Also ist anzunehmen, dass der Mensch in seiner seelisch-geistigen Wesenstiefe bereits vor Eintritt in das irdische Dasein diese Sinngehalte geschaut hat und sich nun zu ihnen zurücksehnt.

Dieses Argument wird noch verstärkt durch die Erfahrung der realen gesellschaftlichen Verhältnisse, die als weitgehend ungerecht und inhuman empfunden werden. Dies wäre aber unmöglich, wenn nicht im Menschen ein ahnendes Wissen um Gerechtigkeit und Liebe lebte – als Kriterium, an dem die realen Gegebenheiten gemessen werden. Dieses Wissen um das Vollkommene stammt nicht aus der unvollkommenen Welt in Raum und Zeit. Die genannten Sinngehalte bezeichnet Platon als ›Ideen‹. Die Ideen sind die Urbilder der sichtbaren Dinge. Beim Anblick der irdischen Dinge, die nur sehr unvollkommen wahr, schön und gut sind, kann das eigentliche Wesen von Wahrheit, Schönheit und Gutheit, das ihnen transzendent ist, aufleuchten und wie die Sonne durch einen Schleier von Wolken durchscheinen.[3]

Alle Ideen gründen im Guten, der höchsten Idee, als ihrem umfassenden Ursprung. Es ist das tiefste Charakteristikum des Göttlichen. Auch das ursprüngliche geistige Sein des Menschen entstammt unmittelbar dem Guten. Es bestand in der schauenden und liebenden Teilhabe an den Ideen selbst – und Platon scheint anzunehmen, dass eine ungeordnete Anhänglichkeit an das Materielle, eine Art ›Urschuld‹, der Anlass war, aus der rein geistigen Höhe abzustürzen und in die Materie einzutauchen. Damit wurde der Geist zur bewegenden und belebenden Mitte eines materiellen Körpers; er wurde zur ›Seele‹.

Das Inne-Stehen des Geistes in einem materiellen Leib aber verlangte außer den Vermögen der geistigen Erkenntnis und Liebe des Sinnhaften und Guten auch die Kräfte der sinnlichen Wahrnehmung und der Durchsetzung in der materiellen Welt, sowie Fähigkeiten der Assimilation von Materie in Ernährung und Wachstum. So wurde an die Geistseele noch eine sensitive Mutseele und eine sensitiv-vegetative Begierdeseele gleichsam ›angehängt‹. Die Erfahrungstatsache, dass zornige Erregung und faktische Begierden der Erkenntnis des Guten und der Vernunft vielfach widersprechen, weist darauf hin, dass es sich bei den Teilseelen um jeweils eigene Realitäten handelt.

Ist nun durch den Einsatz in der Welt die Nachahmung und Darstellung der Ideen und damit die Rückerinnerung an sie vollendet, so kann der Mensch mit dem geistigen Kern seines Seins nach dem Tode wieder zu ihnen aufsteigen und sich mit ihnen vereinigen. Nur mit seinem geistigen Seelenteil ist der Mensch unsterblich, denn nur durch ihn hat er an den ewigen Ideen teil. Er sehnt sich zu ihnen als zu seiner eigentlichen und Urheimat

---

3   Platon verdeutlicht dieses Verhältnis in seinem bekannten ›Höhlengleichnis‹, worin die Menschen Höhlenbewohnern verglichen werden, die gefesselt mit dem Rücken gegen den Eingang einer Höhle sitzen und nur die Schatten wahrnehmen, die das Tageslicht hereinwirft; sie haben zur Wahrheit keinen unmittelbaren Zugang. Vgl. Platon, *Staat* VII, 514 A-518 B.

zurück. Wird aber in einem irdischen Leben das Gute und seine Herausarbeitung in den einzelnen Lebensbereichen nicht entsprechend erreicht, so muss die Seele sich wieder verkörpern, bis die Lebensaufgabe erfüllt ist.

Dabei wird deutlich, dass die ›Existenz in der Materie‹ eine Verdunkelung der Ideen, eine Entfremdung und Abkehr von ihnen bedeutet, die ein Übel darstellt. Es hat im Sinn des Platonismus – wie gesagt – in einem schuldhaften ›Absturz des Geistes‹ seine Ursache.[4] Die Abwertung des Physischen und Leiblichen bei Plato provozierte die Kritik seines Schülers Aristoteles von Stágeira (384-322 v. Chr.). Er suchte den ›Idealismus‹ seines Lehrers in einen ausgewogenen ›Realismus‹ zu wenden, bei dem gleichsam der ›obere Pol‹ der Seele, in dem Platon den Wesenskern der Seele sah, mit ihrem ›unteren Pol‹, den die materialistische Wirklichkeitsauffassung von Demokrit verabsolutiert hatte, vermittelt wird.

Nach Aristoteles ist das eigentliche Sein des Menschen nicht, wie bei Platon, rein geistiger Natur, sondern eine wesenhafte Einheit von geistiger Seele und materiellem Leib; dieser ist nicht ›Kerker der Seele‹ wie für Platon, sondern ihr naturgemäßer Selbstausdruck, in dem sie ihr volles Leben und Dasein hat. Sie ist die ›lebendige Wirklichkeit des Leibes‹ und gibt ihm seine angemessene Form und Gestalt. Aristoteles definiert in diesem Sinn die

---

[4] Im Neu-Platonismus der Spätantike, wie bei Plotin von Lykopolis in Ägypten (3. Jhdt n. Chr.) wurde der bei Platon bereits implizierte Gedanke einer Weltseele ausgebildet: Das Ur-Gute erscheint als das Ur-Eine. Aus ihm geht der Geist (der ›Nus‹) hervor, in dem sich die Vielheit der Ideen ausdrückt. Da im Geist aber das Gute weiterwirkt, strömt er über sich hinaus – und hinein in die Materie; dabei entsteht die Seele – die Weltseele – als die Brücke vom Geist zur Materie. Die Seele belebt von ihrem guten geistigen Ursprung her die Materie und erfüllt sie mit ideellem Sinn; die vielfältigen Individualseelen sind ihre Auszweigungen. Die Materie aber erscheint als der Unterschied und Gegensatz zum Guten und Geistigen und so als die Quelle von Unordnung und Leiden; damit ruft sie die Sehnsucht, den Eros hervor, der zurück zum Ursprung zieht. Der Weg dorthin verlangt die mühevolle Anstrengung, die Welt gemäß den Ideen zu gestalten; die Wiedervereinigung mit dem Einen und Guten bedeutet schließlich Erlösung und Seligkeit. – Vgl. besonders: Plotin, Enneade IV, 1 und 2 über das Wesen der Seele. Zur umfassenden Orientierung: J. Halfwassen, Plotin und der Neuplatonismus, München 2004. H. Seubert, *Sehnsucht bei Plotin und im Neuplatonismus*, in: *Aufgang. Jahrbuch für Denken, Dichten, Musik* 2(2005)178-200 (mit besonderem Bezug auf die Seelenstruktur).

Seele als ›Wesensform des Leibes‹; der Satz: »anima forma corporis« wurde
für die Schule der Aristoteliker im lateinischen Mittelalter zu einem geflü-
gelten Wort und hat auch in der heutigen philosophischen Auseinandersetzung Gewicht.

Die Seelen haben ihre Existenzgrundlage in der Materie. Sie verkörpern
sich gleichsam. Die Materie als solche – das Prinzip des Daseins in Raum
und Zeit – wäre von sich aus noch leblos; durch den Eintritt der Seele wird
sie zu einer belebten Körperlichkeit, zum Leib eines Lebewesens. So ist die
Seele eine höhere Erfüllung der Seinsmöglichkeiten, die in der Materie angelegt sind. Diese wird durch jede Seinsform in spezifischer Weise verwirklicht: durch den unbelebten Körper, durch das pflanzliche Lebewesen, durch
das mit sinnlichem Bewusstsein ausgestattete Tier und durch den geist-be-
gabten Menschen. Damit wird zugleich eine aufsteigende Stufenfolge beschrieben.[5] So hat der Mensch nach Aristoteles nicht, wie Platon meinte, verschiedene Teilseelen, sondern nur verschiedene Seelenvermögen. Anders
wäre seine personale Identität gefährdet. Seine Seele – ein und dieselbe, eben
die spezifisch menschliche Seele – bringt vegetative, sensitive und geistige
Tätigkeiten hervor, die zusammen ein strukturiertes Ganzes bilden.

Trotzdem ist die Seele des Menschen, soweit sie Trägerin von Vernunft ist,
nicht aus der Welt erklärbar. Denn die Vernunft ist nicht aus physischen Teilen zusammengesetzt, wie die materielle Welt, sondern abgelöst von physischen Bestandteilen und damit einfach. So muss sie, wie Aristoteles sagt,
›von außen hereingekommen sein‹, und das heißt wohl: dem Göttlichen entstammen. Obwohl die Seele nicht aus Teilen besteht, in die sie sich auflösen
könnte, spricht Aristoteles nirgends von einer persönlichen Unsterblichkeit
der individuellen Seele und einer Rückkehr zu ihrem göttlichen Ursprung.[6]
Das ethische Handeln des Menschen gewinnt seine Motivation und seine

---

[5]   Aristoteles definiert: ›Die Seele ist dasjenige, wodurch wir primär leben, empfin-
       den (wahrnehmen) und denken.‹, *Über die Seele* III,1 (414 a 12 f.). – Zur Einführung
       empfiehlt sich: Aristoteles, Über die Seele (griech.-dt.). Mit Einleitung, Überset-
       zung (nach W. Theiler) und Kommentar hsg. v. H. Seidl, Hamburg 1995.

[6]   Da die Weltmaterie von sich aus nur ›reine Möglichkeit‹ bedeutet und ihre stu-
       fenweise Durchformung nicht aus nichts kommen kann, muss sie letztlich von
       einer ›über-weltlichen‹ geistig-göttlichen Quelle her empfangen werden. Vgl.
       Aristoteles, *Metaphysik* XI,7 1072 b 23 – 35.

Kraft aus dem naturgemäßen Streben nach Vollkommenheit. Es besteht nicht in der Angleichung an transzendente Ideen, sondern in der Verwirklichung und vollendenden Ausformung der menschlichen Naturanlagen, die vom Blick auf das absolut Vollkommene und göttlich Erhabene geleitet ist.

Die in dieser Perspektive wohl profiliertesten Gestalten, denen wir uns im Folgenden zuwenden wollen, sind Aurelius Augustinus und Thomas v. Aquin. Der Erstere geht mehr von Platon aus, dessen Ansatz er unter dem Einfluss der christlichen Offenbarung zu einem dialogischen Personalismus fortgestaltet; der Letztere entwickelt im Ausgang von Aristoteles ein vertieftes Seinsdenken. Augustinus (ca. 354-413) betrachtet die urbildlichen Sinngehalte, die Platon als ausströmende Teilaspekte des Guten verstand, als Ideen des personalen Gottes, in denen er die Vollkommenheiten seines Seins ausdrückt. Der Mensch verdankt sich dem schöpferischen Wort Gottes und findet in der Schau seines Wesens und in der Vereinigung mit ihm seine beseligende Vollendung – im Sinne des bekannten Ausspruchs: ›Unruhig ist mein Herz, bis es ruhet, mein Gott, in Dir!‹ .Damit tritt die Quelle des Guten aus ihrer Anonymität heraus und gewinnt ein personales Antlitz

Der philosophische Beweis für die Existenz Gottes geht bei Augustinus ähnlich wie bei Platon von der Seele des Menschen aus. Er setzt jedoch nicht bei deren Suche nach Wahrheit, Schönheit, Gerechtigkeit an, sondern beim radikalen Zweifel. Das Argument lässt sich in drei Schritte gliedern: (1.) Augustinus erkannte, dass Zweifel nur unter der Bedingung einer unbezweifelbaren Wahrheit möglich ist: Auch wenn ich an allem zweifle, so ist dabei doch die Tatsache meines Zweifelns außer Zweifel – und darin ebenso die Tatsache meiner Existenz (›Dubito, ergo sum‹). Oder: Wenn ich mich täusche, so bin ich (›Si fallor, sum‹, De civ. Dei XI,26) – sonst könnte ich mich nicht täuschen. (2.) Den Grund dieses wahren Tatbestandes findet Augustinus in der absoluten Wahrheit selbst: Das einzelne Wahre ist nur durch die Wahrheit wahr, d.h. dadurch, dass Wahrheit in ihm aufleuchtet. Es leuchtet aufgrund seiner Wahrheit ein; so verhält sich die Wahrheit wie ein ›Lichtgrund‹. (3.) Der Grund kann aber nicht ein bloßes Neutrum sein. Er kann nicht unter dem Menschen stehen, in dem er Einsicht begründet. Also muss das Licht selbst personalen Charakter haben; es ist, wie Augustinus formuliert, die ›Wahrheit in Person‹.

So ergibt sich: Alle Erkenntnis ist zutiefst personale und persönliche Begegnung mit der Wahrheit selbst, die aus ihrem göttlichen Grund herein-
leuchtet. Der Mensch hat ihr zu antworten, ja sich vor ihr zu ver-antworten.
Dies verlangt eine Reinigung des Herzens – und damit wird das Erkenntnis-
geschehen zu einem ethischen und existentiellen Vollzug. Hierbei übersteigt
der Mensch sich selbst ›nach oben‹ und ›nach innen‹; Gott ist sowohl ›über
ihm‹ als auch ›in ihm‹, er ist ihm innerlicher als der Mensch sich selbst; Augustinus sagt: »Deus interior intimo meo«. – In der Berufung zu solcher dialogischen Partnerschaft mit Gott liegt die Würde des Menschen als Person.
Sie gründet in seiner geistigen Seele. Diese entfaltet sich in der Drei-Einheit
der Fähigkeiten des Gedächtnisses, der Vernunft und des Wollens bzw. Lie-
bens. Darin sieht Augustinus einen Hinweis auf die trinitarische Struktur
des absoluten göttlichen Geistes.[7]

Demgegenüber baut Thomas von Aquin (ca. 1225-1274) grundlegend auf
der Seelenlehre von Aristoteles auf, die er jedoch mit Elementen des augus-
tinischen Personalismus verbindet und vor allem mit seinen Aussagen über
das Sein wesentlich weiterführt. Nach Thomas dienen in der Ordnung der
seelischen Fähigkeiten die niedrigeren den höheren und die höheren fußen
auf den niedrigeren. Die vegetativen Funktionen wie Stoffaufnahme, Stof-
fumsetzung und Stoffausscheidung sind die stofflichsten Funktionen der
Seele. Doch kann sie aus der reinen Stofflichkeit gewissermaßen heraustre-
ten und sich ihrer selbst und der Dinge innewerden. Dies geschieht anfäng-
lich schon in einem sinnlichen, vollkommen aber erst im geistigen Bewusstsein; denn letzteres geht auf das Sein als solches – durch die Frage bzw. Aussage, was und warum das Gegebene überhaupt ist.[8]

---

[7]   Die für unseren Zusammenhang wichtigsten Schriften des Augustinus sind: *De
      Trinitate, De anima et eius origine, De immortalitate animae, Confessiones.* – Vgl.: M.
      Schmaus, *Die psychologische Trinitätslehre des hl. Augustinus*, Münster 1927,
      Nachdr. mit Literaturergänzungrn Münster 1967; J. Hessen, *Der augustinische Got-
      tesbeweis historisch und systematisch dargestellt*, Münster 1920; R. Berlinger, *August-
      ins dialogische Metaphysik*, Frankfurt/M. 1962; A. Maxsein, *Philosophia cordis. Das
      Wesen der Personalität bei Augustinus*, Münster 1966.
[8]   Zum Beispiel: Während ein schräg ins Wasser gehaltener Stab an der Schnittstelle
      der optischen Wahrnehmung geknickt erscheint, wissen wir, dass dies bloßer

So sucht der Mensch das Sein der Welt zu ergründen. Auch wenn die Welt in ihrer materiellen Grundlage nie entstanden wäre (was Aristoteles behauptet, Thomas aber offen lässt), so existiert sie doch keinen Augenblick durch sich selbst; denn sie ist nicht ihre Existenz, sondern hat sie nur. Daher ist sie darauf angewiesen, die Existenz fortwährend aus einer Seinsquelle zu empfangen. Weil aber die Ursache in ihrem Wesen dem entsprechen muss, was sie hervorbringt, so folgt, dass die Quelle ›des Seins als solchen‹ das Sein selbst ist. Der Gehalt ›Sein‹ ist nun von sich aus all-umfassend und un-begrenzt. In der absoluten Seinsquelle ist demnach, wie Thomas sagt, der Inhalt des vielen und begrenzten Seienden in Form einer einfachen und unbegrenzten Fülle ›voraus-enthalten‹ – wie der Lichtgehalt der vielen Farben, die beim Durchfluss von reinem Licht durch ein Prisma hervortreten, in dem einströmenden Lichtweiß. Nun bedeutet ein selbständiges Subjekt geistiger Natur ›Person‹ im Sinn von ›per-sonare‹, hindurchtönen. Bei ihr tönt das ›Sein als solches‹ hindurch. Sie ist erkennend und wollend ›beim Sein‹ – bei ihrem eigenen und bei anderem, auf gleicher Ebene beim Sein anderer Personen. Da nun die Seele nicht aus Teilen zusammengesetzt ist, kann sie sich beim Tode des Menschen nicht auflösen. Getrennt vom Leibe hat sie jedoch eine schwächere Wirklichkeit; sie verwirklicht sich nun nicht mehr in ihrer essentiellen Ausrichtung auf die Beseelung von Körperlichkeit.[9]

Schein ist. Die geistige Erkenntnis zielt durch die sinnliche hindurch auf das ›wahre Sein‹.

[9] Hier einige besonders wichtige sytematische philosophische Schriften von Thomas v. Aquin: Summe der Theologie (S.theol.), *Summe gegen die Heiden (S.gent.), Disputierte Fragen über die Wahrheit (Ver.) und über die Macht (Pot.).* – Vgl.: J. Mundhenk, *Die Seele im System des Thomas v. Aquin,* 1980; H. Seidl, *Thomas v. Aquin, Die Gottesbeweise in der Summe gegen die Heiden und in der Summe der Theologie. Text mit Übersetzung, Einleitung und Kommentar,* Hamburg 1982; H. Beck, *Der Akt-Charakter des Seins. Eine spekulative Weiterführung der Seinslehre Thomas v. Aquins aus einer Anregung durch das dialektische Prinzip Hegels,* 2. erg. Aufl. mit Ergänzungen zur Metaphysik des materiellen Seins, Frankfurt/Main 2001.

II. Umbruch in der Neuzeit und Neuaufbruch in der Gegenwart

Mit der Neuzeit setzt nun ein entscheidend anderes Erkenntnisinteresse, ein ›Paradigmenwechsel‹ ein. Wurde bisher der Sinn des Denkens darin gesehen, die Erfahrungsgegebenheiten in ihrem Aussagegehalt zu erfassen, so wird ihm, auch im Zug der Heraufkunft der modernen Technik die Aufgabe zugeordnet, sie begrifflich möglichst vollständig zu erfassen. In der Folge soll sie dann auch praktisch unterworfen werden. Dies bahnte sich bereits an bei René Descartes (1596-1650). Nach ihm will der Mensch durch Denken sich seiner selbst vergewissern: ›Cogito, ergo sum!‹. Dies geschieht, indem er die Erfahrungswirklichkeit nach angeborenen ›klaren und distinkten Ideen‹, für die mathematische Verhältnisse ein Beispiel sind, objektiviert und beherrscht. Die Betrachtung der materiellen Natur als ›bestimmbares reines Objekt‹ sollte der Selbstbestimmung und Selbsterfahrung des Menschen als ›autonomes geistiges Subjekt‹ dienen.

So unterscheidet Descartes Außenwelt und Innenwelt als zwei radikal verschiedene Seinsweisen; er definiert die Materie als ›res extensa et non cogitans‹ und das geistige Bewusstsein als ›res cogitans et non extensa‹. Die Grundinhalte des geistigen Bewusstseins sind die ›eingeborenen Ideen‹, in denen sich unschwer die Nachfahren der platonischen Ideen erkennen lassen, die nun aber von der Transzendenz in den Menschen selbst hereingeholt werden und als Instrumente der Herrschaft über die Materie und über sich selbst fungieren.[10]

Das führte zur Annahme eines psycho-physischen Parallelismus, die sagt: Den psychischen Vorgängen laufen entsprechende physische parallel – und umgekehrt, ohne gegenseitige Kausalbeziehung: entweder, weil Gott beide Seinsebenen von vornherein aufeinander abgestimmt hat, wie Gottfried Wilhelm Leibniz (1646-1712) in seiner Theorie einer ›praestabilierten Harmonie‹ lehrt – oder weil Gott jeweils bei Gelegenheit eines Vorgangs auf der einen

---

10 Vgl. Descartes, *Meditationes de prima philosophia*, Med II: De natura mentis. Dazu: W. Röd, *Der Gott der reinen Vernunft. Die Auseinandersetzung um den ontologischen Gottesbeweis von Anselm bis Hegel*, München 1992. – Noch unter weiteren Aspekten zu Descartes: H. Seubert, *Das unsterbliche Subjekt im Zeitalter seines erklärten Todes – Oder: Philosophie der Subjektivität von Descartes bis Husserl*, in: Perspektiven der Philosophie 2016.

Ebene einen dazu passenden Vorgang auf der anderen auslöst, wie sein Zeitgenosse Nicole Malebranche mit seinem so genannten ›Okkasionalismus‹ meint.

Das Unbefriedigende all dieser Aufstellungen liegt in der Voraussetzung eines Dualismus zweier vollständiger Substanzen, welcher der erfahrbaren Einheit des Menschenwesens nicht gerecht wird. Denn der Erfahrungsbefund lautet zum Beispiel nicht: ›Mein Körper sitzt auf einem Stuhl‹ und: ›Mein geistiges Bewusstsein denkt‹, sondern: ›Ich vollführe als identisches Subjekt beide Tätigkeiten‹. So schlug der ontologische Dualismus in einen Monismus um: Entweder Geist und Stoff werden als verschiedene Erscheinungsweisen ein und derselben Substanz betrachtet, wie z.B. bei Baruch de Spinoza (ebenfalls im 17. Jhdt.,), oder die eine wird auf die andere zurückgeführt. So ist nach Gustav Theodor Fechner (19. Jhdt.) das eigentliche Sein des Menschen geistiger Natur und das Körperliche ist lediglich dessen gegenständliche Erscheinung. Dagegen suchte der mechanische Materialismus von Julien de Lamettrie (18. Jhdt.) und später (im 19. und 20, Jhdt.) in verfeinerter Form der Dialektische Materialismus im Anschluss an Karl Marx und Friedrich Engels das Seelische und Geistige als bloßes Epiphänomen des Materiellen zu erklären, als Funktion von Gehirn und Nerven. Man sieht: Demokrit kehrt in moderner Gestalt zurück.

Die materialistische Sicht gewinnt durch Erkenntnisse der Neuro-Physiologie Aufwind, die sagen, dass selbst die Willensentscheidungen des Menschen von biologischen Bedingungen abhängen. Allein: Der Umstand, dass der Mensch sich für seine Handlungen evident selbst verantwortlich erfährt, zeigt wohl, dass es letztlich er selbst ist, der sich bestimmt – wenn dies auch gewisse neuronale Voraussetzungen hat. Die vielfache Feststellung, dass dem Erlebnis einer Willensentscheidung eine Veränderung im Gehirn zeitlich unmittelbar vorhergeht, berechtigt keineswegs zu der Annahme, dass das psychische durch das vorhergehende physische Ereignis ›verursacht‹ oder ›determiniert‹ ist. Man muss vielmehr berücksichtigen, dass Entscheidungen nicht in einem Zeit-‹punkt‹ geschehen können (den es ja realiter gar nicht gibt), sondern eine gewisse zeitliche Erstreckung beanspruchen, die mit den betreffenden Gehirnprozessen beginnt und sich ›anbahnt‹, um nachfolgend ihre voll bewusste Ausdrücklichkeit zu erreichen. Das, was sich entscheidet, das ›Subjekt‹ der Entscheidung, ist nicht ein ›Bewusstsein‹, sondern die menschliche Person, deren Seinsakt Psyche und Physis umfasst. Die Entscheidung ist ein gesamtmenschliches Ereignis und hat vielfach ihre Wurzel in der Tiefe der Person. Dies sagt auch das bekannte Wort von Blaise Pascal (1623-1662): ›Das Herz hat Gründe, von denen der Verstand nichts weiß‹.

Einerseits verbietet es die offensichtliche Abhängigkeit des Seelisch-Geistigen vom Körperlichen, den Körper als bloße Erscheinung des Bewusstseins aufzufassen, die keine eigentliche Realität besitzt. Andererseits steht die Erfahrung, dass ich – jedenfalls bis zu einem gewissen Grad – mich in Selbstverantwortung frei bestimmen kann, einer Reduktion des Seelischen auf das Körperliche entgegen. Damit kommt nun der Ansatz bei Aristoteles und Thomas im Licht der Moderne neu in den Blick, der die Einseitigkeiten eines absoluten Dualismus und eines absoluten Monismus vermeidet. Denn nach ihm hat die menschliche Seele ein substantielles Sein, das sowohl die materielle Körperlichkeit übersteigt als auch mit ihr eins ist.[11]

Allein, einem Rekurs auf diese philosophische Tradition scheint die skeptizistische Erkenntnisauffassung von Immanuel Kant (1724-1804) im Wege zu stehen, nach der Begriffe und Aussagen über das wahre Sein, das den Erscheinungen des Psychischen wie auch des Physischen zugrunde liegt, überhaupt unmöglich sind. Denn das begriffliche Instrumentarium des Verstandes, z.B. auch der Substanzbegriff, diene nur der Bestimmung und Ordnung der Sinnesempfindungen und dürfe nicht auf die ›Wirklichkeit an sich‹ bezogen werden.[12]

---

[11] Das wird greifbar an den menschlichen Akten. So ist z.B. ein freudiger Gedanke 1. im unräumlichen Bewusstsein und Sich-selbst-Erleben des Menschen, und 2. auch im lachenden Munde. Es handelt sich nicht um zwei verschiedene Seiende, sondern es ist ein und derselbe Gedanke, der sowohl eine geistige als auch eine körperliche Seinsweise hat: Er wird grundlegend in sich selbst im geistigen Bewusstsein vollzogen – aber so, dass er dabei gleichzeitig aus sich heraus- und in den Stoff des menschlichen Leibes hineingeht, in dem er sich aus-drückt und der ihn nach außen ›ab-bildet‹ und sichtbar macht.

[12] Damit folgt Kant dem technischen Verständnis der Erkenntnis bei Descartes. Dieser hatte die platonischen Sinngründe von ihrer transzendenten göttlichen Höhe

Demgegenüber erhebt sich jedoch die Frage, ob die Aufgabe theoretischer Erkenntnis nicht originär in der Erfassung und Ergründung der Wirklichkeit liegt und ihre neuzeitliche Festlegung auf rationale Bemächtigung der Erfahrung zwar bis zu einem gewissen Grade notwendig und berechtigt ist, aber letztlich doch zu kurz greift. Denn ohne ihre Entsprechung zur Wirklichkeit selbst müsste menschliche Existenz wohl scheitern. Immerhin aber wurde durch diese theoretische Abstinenz eine Konzentration der Wissenschaft auf die erfahrbaren psychischen Phänomene in Gang gebracht, die einen noch differenzierteren und umfassenderen Zugang zur Wirklichkeit der zugrunde liegenden Seele ermöglicht. Vor allem die phänomenologische Methode hat hier neue Differenzierungen ermöglicht und neue Debatten eröffnet.

So wurden im 20. Jahrhundert mittels der phänomenologischen Methode Strukturmodelle entworfen, welche das Erscheinungsbild des Menschen in übereinandergestapelte ›Schichten‹ gliedern; dabei steht die platonische Auffassung von ›Seelenteilen‹ im Hintergrund. Man denke etwa an die Vorschläge von Nicolai Hartmann, Erich Rothacker, Philipp Lersch, Sigmund Freud, Max Scheler, Ludwig Klages, Carl Gustav Jung und anderen.

Konklusion und Ausblick

Bei unserer gerafften Skizze dürfte sich das folgende gezeigt haben: ›Seele‹ wird in der europäischen Geistesgeschichte verstanden als eingebettet und ausgespannt in den Gegensatz von Geist und Materie, gleichsam zwischen ›oben‹ und ›unten‹, Himmel und Erde – wobei die Pole in der Auseinandersetzung immer wieder verschieden gewichtet, ja manchmal ausschließlich und reduktionistisch gesehen werden.

Dabei beschreibt der Gang der Diskussion gewissermaßen einen Kreisbogen: In der Antike erfolgte die Grundlegung eines philosophischen Begriffs

---

herabgeholt und zu eingeborenen Ideen der menschlichen Vernunft erklärt. Kant, *Kritik der reinen (theoretischen) Vernunft*, darin: Transzendentale Dialektik; sowie ders., *Prolegomena zu einer jeden künftigen Metaphysik*, §§ 44, 47-48 u 49. So ist für Kant die Seele kein Gegenstand der theoretischen Erkenntnis, sondern lediglich eine ›transzendentale Idee des Menschen‹, die dem Insgesamt der inneren Erfahrung zugeordnet wird – ähnlich wie die Idee der Welt dem Insgesamt der äußeren Erfahrung und die Idee Gottes der Gesamtheit aller Erfahrung überhaupt.

von ›Seele‹, im Mittelalter seine wesentliche Vertiefung vor allem durch Entwicklung des Personbegriffs und eines gefüllten Seinsbegriffs. In der Neuzeit ereignete sich ein Umbruch im theoretischen Verhältnis zur Seele aufgrund eines auf rationale Beherrschung der Erfahrung ausgerichteten Erkenntnisverständnisses, was extrem dualistische und monistische Auffassungen und letztlich eine grundsätzliche Skepsis gegenüber allen Seinsaussagen zur Folge hatte. In der Gegenwart scheint sich durch eine differenziertere Erforschung der Erfahrungsgegebenheiten ein neuer Aufbruch und eine Rückkehr zu den Ursprüngen anzubahnen – allerdings verbunden mit einem Wandel der Betrachtungsweise. Denn die europäische Sicht wird zunehmend als einseitig empfunden; sie neigt zu einer Überbetonung von Differenz und Vielfalt. Demgegenüber scheint der afro-asiatische Kulturbereich ursprünglicher in einer geistigen Erfahrung der Einheit alles Seienden zu ruhen. So liegt die Hoffnung auf eine Ausweitung unseres philosophischen Tiefenverständnisses der Wirklichkeit im inter-kulturellen Dialog. Vielleicht kann dieser dazu beitragen, die Fähigkeit der Seele mehr zu entwickeln, die den Menschen am meisten in sich hinein- und über sich hinausführt und die schon Platon als die höchste Möglichkeit des Menschen erkannt hat: Es ist die Liebe.

Paradigmen des Denkens

Religion und Denken in einer veränderten Welt

Peter Gerdsen

Einleitende Gedanken

Das Thema ›Religion und Denken in einer veränderten Welt‹ erfordert zunächst die Beschreibung des Gedankeninhalts der beiden Begriffe. Zum Wesen des Begriffs gehört der Zusammenhang mit anderen Begriffen. So hängt der Begriff Denken zusammen mit ›Bewusstsein‹, aber auch mit ›Verstand‹ und ›Vernunft‹. Und der Begriff ›Religion‹ verweist auf ›Offenbarung‹ und ›Glaube‹. Dabei geht es zunächst um die Beschreibung der Begriffe in einer ›veränderten Welt‹. Das ist die Welt der Gegenwart, in der wir leben.

Veränderte Welt

Zunächst eine Charakterisierung der ›veränderten Welt‹. Worauf beziehen sich die Veränderungen hauptsächlich? Von wo aus nehmen die Veränderungen ihren Ausgang? Von der Bedeutung der Religion in der Gesellschaft und von ihrer Qualität! Die Religion wurde entgeistigt und damit ihrer kulturstrukturierenden Kraft beraubt. Kultur erwächst auf dem Boden der Religion. Eine Entgeistigung der Religion hat eine entsprechende materialistische Kultur zur Folge. Unterhalb der Vielfältigkeit der kulturellen Erscheinungen befindet sich ein einheitliches, alle Erscheinungen beeinflussendes System, das den alle Verästelungen der Kultur durchpulsenden Blutkreislauf darstellt. Das ist das Denken der Menschen. Nichts ist so charakteristisch für eine Zeit wie die Art und Weise des Denkens. Somit äußert sich eine materialistische Kultur in einem geistlosen Denken. Offensichtlich befinden sich Religion, Kultur und Denken in einem interessanten Wirkungszusammenhang.

Was bedeutet die Entgeistigung der Religion? Dieser Vorgang wird begleitet von einer Veränderung der Grundüberzeugungen – man könnte auch sagen der Glaubensüberzeugungen – der Menschen. Das Glaubensbekenntnis des modernen Menschen wird beherrscht vom Materialismus und könnte in dieser Form formuliert werden: »Ich glaube an den Materialismus, an die Entstehung der Welt durch den Urknall, dass es nur die Materie und sonst nichts auf der Welt gibt. Ich glaube, dass Seele und Bewusstsein nur Folgeerscheinungen der Materie sind und dass es keinen prinzipiellen, sondern nur einen graduellen Unterschied zwischen Mensch und Tier gibt«. Es leuchtet ein, dass eine solche Veränderung der Grundüberzeugung gravierende Auswirkungen haben muss.

Der Mensch, so wird überwiegend gedacht, ist von Natur aus gut. Das Böse ist eine Fiktion und eine Erfindung krankhafter Gehirne. Tut der Mensch Unrecht, indem er gegen die Gesetze der Humanität verstößt, so handelt er aus einem Leidensdruck heraus. Diese Störung der Harmonie ist hervorgerufen durch Milieueinflüsse, die den Menschen physisch und seelisch haben krank werden lassen. Wissenschaftler sind aufgerufen, die Harmonie wiederherzustellen: Politologen und Soziologen zur Korrektur des Milieus und Mediziner sowie Psychologen zur Wiederherstellung der physischen und seelischen Gesundheit.[3] Natürlich ist dies Menschenbild falsch. Wenn der Mensch von Natur aus gut ist, dann ist er aus innerer Notwendigkeit zwangsläufig gut und kann dann nicht frei sein. Aber der Begriff des Menschen lässt sich nur so denken, dass er frei ist.

Durch den Verlust der Religion geht den Menschen das Bewusstsein ihrer Herkunft aus dem Reiche Gottes verloren. Die Auffassung vom Menschen wird durch und durch materialistisch. Bei seiner Geburt, so wird in der Regel gedacht, ist der Mensch ein unbeschriebenes Blatt; die Speicher seines Gehirns sind leer. Durch die Sozialisationsprozesse in Zusammenwirkung mit dem Milieu bildet der Mensch in seinem Gehirn ein internes Modell der ihm gegenübertretenden Außenwelt, das er im Laufe seines Lebens immer weiter ausbaut. Studenten sehen sich als kleine Computer, die von dem größeren Computer Universität kontrolliert werden, der seinerseits unter der Kontrolle des noch größeren Computers Staat steht. Damit ist der Mensch

ein Produkt der Sozialisation und des Milieus. Der Mensch als freies, geistiges Wesen kann gar nicht mehr gedacht werden. Und da Gott den Menschen
als freies Wesen angelegt hat, wird der Mensch immer mehr zu dem, wie er
sich selber denkt.

Der moderne Mensch setzt an die Stelle der Religion den Humanismus,
ein Wertesystem, das in dem Glauben verwurzelt ist, der Mensch sei sein
eigener Maßstab, autonom und völlig unabhängig. Die Verwirklichung einer Humanität ohne Gott wird mit fanatischem Eifer verfolgt. Begleitet wird
das dann mit dem Verlust der Möglichkeit, überhaupt irgendeinen Sinn für
die einzelnen Dinge, die Welt oder den Menschen zu finden. Natürlich muss
eine Humanität ohne Gott scheitern und eine Folge dieses Scheitern ist eine
dichotomische Weltsicht: Fragen nach dem Sinn des Lebens, nach Moral und
festen Werten werden in den Bereich des Irrationalen verwiesen. Die Zu-
ständigkeit von Verstand und Vernunft beschränkt sich auf die materiellen
Weltverhältnisse. Dies ist die Domäne der modernen, durch und durch materialistisch ausgerichteten Wissenschaft. Aber auch hier sind dem modernen Menschen Wahrheit und Wirklichkeit verloren gegangen. Die Einsicht
in die Weltverhältnisse beschränkt sich auf die Einsicht in meist mathematische Modelle, die der Mensch sich von den Weltverhältnissen macht.

Was ist Religion?

Was ist Religion? Diese Frage lässt sich nur beantworten auf dem Hintergrund einer Antwort auf die Frage ›Was ist der Mensch‹? Alles Sichtbare,
Materielle und Endliche in dieser Welt ist die Offenbarung eines unsichtbaren, immateriellen und unendlichen Geistigen und dieses Geistige entstammt der geistigen Welt, die das Reich Gottes ist. So ist auch der Mensch
in seiner endlich-materiellen Existenz auf Erden die Offenbarung einer ewigen geistigen Individualität. Damit ist der Mensch ein Geschöpf Gottes;
seine eigentliche Heimat ist das Reich Gottes. So ist der Mensch Bürger
zweier Welten, der raum-zeitlichen irdischen, materiellen Welt und der geistigen Welt, die das Reich Gottes ist.

Auf diesem Hintergrund lässt sich nun eine Antwort auf die Frage Was ist
Religion? finden. Wenn der Mensch, aus dem Reiche Gottes kommend, in
die irdische Welt für die Zeitspanne seines Lebens eintaucht, dann bleibt in

ihm eine Ur-Sehnsucht nach seiner eigentlichen Heimat, welcher entstammt, lebendig. Die Sogwirkung, welche die Welt auf den Menschen ausübt, lässt ihn leicht vergessen, dass er zwar in der Welt lebt, aber nicht von dieser Welt ist. An dieser Stelle ist die Religion von Bedeutung; denn sie hilft dem Menschen, die Verbindung zur geistigen Welt, der wahren Heimat des Menschen aufrechtzuerhalten. Diese geistige Welt ist die eigentliche Erkenntnis- und Kraftquelle des Menschen für seine irdische Existenz.

Am Anfang der Religion stehen durch Imaginationen, Inspirationen und Intuitionen zuteilwerdende Offenbarungen ihrer Begründer. Diese werden durch schriftliche und mündliche Überlieferung an die gegenwärtig lebenden Menschen weitergegeben und befähigt sie, die Verbindung zum geistigen Reich, welches das Reich Gottes ist, aufrechtzuerhalten oder wiederherzustellen. Dabei bildet eine Grundfähigkeit des Menschen, das Denken, die Brücke in das geistige Reich. Aber nur dann, wenn dieses Denken eine besondere Qualität aufweist, die zu erreichen, die Religion eine wichtige Hilfe ist, kann diese Brücke begangen werden. Wahres Denken ist aktives Hineinarbeiten in den geistigen Urgrund der Welt.

An dieser Stelle wird der Zusammenhang zwischen Religion und Denken offenbar. Wenn der Mensch, aus dem Reiche Gottes kommend, in diese irdische Welt eintaucht und sich in sie eingelebt hat, dann gilt es für den Menschen, erstens die Wirklichkeit der Welt zu erfassen, dann versucht er zweitens sein Wesen der ihn umgebenden Welt einzuprägen und dazu muss er drittens handelnd in die Welt eingreifen und dann treibt ihn viertens die ihn nie verlassende Ur-Sehnsucht dazu, die Verbindung zu seiner eigentlichen Heimat aufrechtzuerhalten. Aber Gott hat bei der Erschaffung des Menschen diesen mit der Grundfähigkeit des Denkens ausgestattet, die ihn befähigt, die Wirklichkeit der Welt zu erfassen, sein eigenes Wesen der Welt einzuprägen, handelnd in die Welt einzugreifen und auch die Verbindung zum Reich Gottes aufrechtzuerhalten.

Mensch zwischen Geist und Materie

Wenn der Mensch als Geschöpf Gottes aus dem unendlichen und ewigen geistigen Reich kommend in diese endliche und irdische Welt eintaucht und sich in sie einlebt, dann verbindet sich damit auch eine dem Menschen mit seiner hiesigen Existenz aufgegebene Aufgabe. Der Mensch befindet sich in einem dramatischen Spannungsfeld zwischen Geist und Materie. Die Welt übt eine gewaltige Sogwirkung auf den Menschen aus mit der Folge, dass sein Wesen, welches geistiger Natur ist, zunehmend materialisiert wird. Diese materialisierende Wirkung zielt zunächst auf das Denken des Menschen. Sein Denken nimmt immer mehr die Arbeitsweise eines Computers an, indem es zu einem reinen schlussfolgernden Denken degeneriert. Denken im Sinne eines aktiven Hineinarbeitens in den geistigen Urgrund der Welt ist nicht mehr möglich. An dieser Stelle wird der Zusammenhang zwischen Religion und Denken existenziell. Das Leben in seiner Religion ermöglicht es dem Menschen, sich der Sogwirkung der Welt zu entziehen und zunehmend den Weg einer Vergeistigung der materiellen Weltverhältnisse zu gehen, indem er handelnd in die Welt eingreift. Das rein schlussfolgernde Denken des Menschen wird zunehmend ergänzt durch ein intuitives Denken. Durch das Denken im Sinne eines aktiven Hineinarbeitens in den geistigen Urgrund der Welt fördert der Menschen ein Geistiges zu Tage, welches als Intuition in seinem Bewusstsein auftaucht.

Identität des Menschen

Was geschieht, wenn der Mensch der Sogwirkung der materiellen Welt erliegt?

Der Mensch wird in seinem Wesen zunehmend materialistischer und sein Denken wird zunehmend roboterhafter. Die Verbindung in das geistige Reich reist endgültig ab. Die ursprünglich vorhandene Ur-Sehnsucht pervertiert zur Sehnsucht und schließlich zur Sucht. Schließlich vergisst der Mensch seine göttliche Natur und auch die Tatsache, dass er ein Geschöpf Gottes ist. Dies hat auf dramatische Weise ein völlig verändertes Bewusstsein zur Folge. Die Frage nach der Identität des Menschen lässt das deutlich werden. Der Begriff Identität beinhaltet die Frage Wer ist der Mensch? Dabei sind zu unterscheiden die Innenperspektive und die Außenperspektive. Die Innenperspektive führt auf den Begriff der personalen Identität mit der Frage Wer bin ich?

In religiöser Vorstellung ist der Mensch ein im Bilde Gottes geschaffenes Geschöpf. Als Geschöpf Gottes hat der Mensch seine Würde und verdient die Achtung seiner Mitmenschen. Aber durch sein Denken und Handeln kann sich der Mensch von Gott abwenden. Daher muss zwischen der Person und ihrem Denken und Handeln sowie ihrem Glauben, ihrer Weltanschauung und ihrer Lebensweise streng unterschieden werden; denn Denken, Handeln, Weltanschauung und Lebensweise kennzeichnen nicht den von Gott geliebten Menschen, sondern den Grad seiner Abwendung von Gott.

Wenn der Mensch seine Religion nicht verloren hat, dann lebt er in dem Bewusstsein, ein Geschöpf Gottes zu sein, dann weiß er, dass Gott ihn als einmalige und einzigartige Individualität erschaffen hat. Dann ist die Frage nach seiner personalen Identität kein Problem. Ist jedoch die Verbindung zu Gott auf Grund einer Verdunkelung des Bewusstseins verloren gegangen, dann wird die Anbetung Gottes übergeleitet in eine Anbetung des Menschen. Damit kennt der Mensch keine über ihm stehende Instanz, sondern er selbst ist die höchste Instanz. Er sieht sich auch nicht als Geschöpf, sondern gewissermaßen als ›unerschaffen‹. Wie soll nun der Mensch, der keine über ihm stehende Instanz anerkennt und sich für unerschaffen hält, die Frage nach seiner personalen Identität beantworten? Dem Menschen ohne Religion bleibt bei der Frage nach seiner personalen Identität nur zu sagen: »Ich bin identisch mit meinem Denken und Handeln sowie meiner Lebensweise und Weltanschauung«.

In diesem Zusammenhang ist es interessant, einen Blick auf die Außenperspektive der Identitätsproblematik zu werfen. Wenn die Leute seiner Umgebung die Frage beantworten sollen, wer ein bestimmter Mensch ist, dann werden sie auf sein Denken und Handeln sowie auf seine Lebensweise und seine Weltanschauung verweisen. Dies findet unter anderem darin seinen Ausdruck, dass er z.B. einen bestimmten Beruf hat und dass er ein hilfsbereiter Mensch ist. Wenn nun der Mensch ohne Religion feststellt, dass er identisch mit seinem Denken und Handeln sowie seiner Lebensweise und Weltanschauung ist, dann sind das alles Merkmale, die er gemeinsam mit unzähligen anderen Menschen hat. Aber personale Identität kennzeichnet das, womit der Mensch nur mit sich selbst identisch ist. Damit liegt es nahe zu sagen, dass der Mensch ohne Religion keine personale Identität hat. Als einmalige unverwechselbare Individualität existiert er nicht. Aber er ist einmal als einmalige unverwechselbare Individualität von Gott geschaffen worden. Offenbar ist bei diesem Menschen in dem Spannungsfeld zwischen Geist und Materie der in ihm lebende Geistkern materialisiert worden, was gleichbedeutend ist mit dem Tod der geistigen Individualität.

Verändertes Bewusstsein

Der zunächst möglicherweise gar nicht sichtbare enge Zusammenhang zwischen Religion und Denken wird deutlich, wenn man sich die Veränderungen im Bewusstsein des Menschen ohne Religion vor Augen hält. Im Folgenden werden vier Veränderungen betrachtet: Erstens die ›Lehre von der Gleichheit aller Menschen‹, zweitens der ›moralische Relativismus‹, drittes die ›Unfähigkeit zur sachlichen Betrachtung der Welt‹ und viertens eine ›veränderte Zeitwahrnehmung‹.

Lehre von der Gleichheit der Menschen

Der Mensch ohne Religion anerkennt keine über ihm stehende Instanz; er selbst ist die oberste Instanz. Alle Menschen sind, so argumentiert er, gleich wertvoll; keiner wertvoller als ein anderer. Daraus folgert er, dass alle Menschen gleich sind; denn der Unterschied zwischen ›gleich‹ und ›gleich wertvoll‹ kann von ihm nicht gedacht werden; dies würde ja eine Instanz oberhalb des Menschen voraussetzen, für die der Mensch einen Wert hat. Hier tut sich aber eine logische Inkonsequenz auf. Menschen können nicht auf der einen Seite alle gleich sein und auf der anderen einzigartig. Wenn sie aber wirklich *alle* gleich sind, dann sind sie nicht individuell und dann gibt es für sie letztlich auch keine personale Identität.

Moralischer Relativismus

Wenn die Identität des Menschen ohne Religion durch sein Denken, Handeln sowie durch seine Lebensweise und Weltanschauung bestimmt ist, und wenn alle Menschen gleich sind dann müssen alle Ansichten, Weltanschauungen und Lebensweisen gleich sein. Hier öffnet sich die Bahn in einen gefährlichen *moralischen Relativismus*. Der *Wahrheitsbegriff* verschwindet; denn wenn alles gleich wahr ist, verliert er seine Bedeutung. Aber auch der *Gerechtigkeitsbegriff* verschwindet; denn Gerechtigkeit ist ohne Wahrheit nicht möglich. Damit jemand sagen kann, dass Handlungen oder Worte ungerecht sind, muss er voraussetzen, dass eine moralische Ordnung außerhalb des Menschen existiert. Als nächstes verschwindet die *Überzeugung*; denn wenn ich die Lebensweisen und Wahrheitsansprüche jedes Menschen als mit meinen eigenen gleich ansehe, kann ich keine Überzeugung hinsichtlich meiner eigenen Auffassung haben. Aber auch die *Tugend* verschwindet. Begriffe wie ›Tapferkeit‹, ›Respekt‹, ›Höflichkeit‹ werden bedeutungslos. Wenn alle Glaubensauffassungen, Lebensweisen und Wahrheitsansprüche gleich sind. Wie kann da jemand bspw. Höflichkeit als Tugend deklarieren?[1]

Unfähigkeit zur sachlichen Betrachtung der Welt

Wenn der Mensch ohne Religion sich als identisch mit seinem Denken und Handeln sowie seiner Lebensweise sieht, dann kann er sich selbst nicht in den Blick zu nehmen, dann kann der Mensch sein Denken und Handeln sowie seine Lebensweise nicht kritisch betrachten. Der Mensch ohne Religion ist offenbar nicht mehr in der Lage, die Welt unabhängig vom eigenen Selbst in den Blick zu nehmen. Dies bedeutet, dass die Spaltung der Welt in erkennendes Subjekt und zu erkennendem Objekt nicht gelingt. Der Philosoph Karl Jaspers sieht in der Subjekt-Objekt-Spaltung eine wesentliche Eigenschaft des menschlichen Denkvermögens, das stets bemüht ist, das ›Gegenüberstehende‹ zu erkennen und damit die Grenzen des eigenen Selbst zu erweitern bzw. zu übersteigen.[2] Damit haben wir als wichtige Konsequenz aus dem Abfall von Gott eine wesentliche *Schwächung des Denkvermögens* zu verzeichnen. Eine direkte Folge des verminderten Denkvermögens ist dann eine *Schwächung der Wahrnehmungsorgane für Unterschiede*. Daraus ergibt sich, dass die Grenzen des eigenen ›Ich‹ und dem ›Ich‹ des Anderen unscharf werden mit der Folge einer *Kultur der Distanzlosigkeit*. Außerdem führt die Schwächung des Denkvermögens zu einem Hervortreten der seelischen Ebene. So stellt sich eine *Kultur der Innerlichkeit und der ›Authentizität‹* mit einer Orientierung an Werten wie Engagement, Gemeinschaft, Intimität, Gefühl, Erlebnis, Echtheit und Unmittelbarkeit gegen eine Lebensorientierung,

---

1 Vgl. McDowell, Josh; Hostetler, Bob: *Die neue Toleranz*, 1999.
2 Jaspers, Karl: *Einführung in die Philosophie*, 1953, S. 24f.

die durch gedankliches Durchdringen alles Wahrgenommenen zur Wahrheit und Freiheit gelangen will. Auf der seelischen Ebene begegnen sich Menschen mit Gefühlen und Empfindungen; Sympathie oder Antipathie regieren.

Verändertes Zeitwahrnehmung

Welche Konsequenzen hat das für die Zeitwahrnehmung des Menschen? Diese hängt eng zusammen mit der Wahrnehmung von Veränderungen. In einer Welt ohne Veränderungen kann es keine Zeit geben. Welche Voraussetzungen müssen gegeben sein, damit Veränderungen wahrgenommen werden können? Es muss in erster Linie eine gewisse Distanz zu den Dingen, die sich verändern, vorhanden sein. Wenn ich aber nun selbst mit den Dingen der Welt identisch bin, dann werde ich ihre Veränderungen nicht wahrnehmen. Allerdings wird immer wieder in unserer Zeit festgestellt, dass zunehmend Menschen im ›Hier und Jetzt‹ leben, dass sich ihre Zeitperspektive auf die Gegenwart zusammenzieht. Das hat weitreichende Konsequenzen, von denen an dieser Stelle nur eine in den Blick genommen wird. Veränderung kann nicht mehr wahrgenommen werden. Menschen, die im ›Hier und Jetzt‹ leben, konstatieren bei allen Veränderungen, dass es ›eigentlich schon immer so gewesen ist‹. Veränderungen nicht mehr wahrnehmen können, ist eine Form der Blindheit. Eine Gesellschaft, die nur im ›Hier und Jetzt‹ lebt, treibt orientierungslos dahin, wie ein Kapitän, der sich die Richtung von der Fahne auf dem Bug seines Schiffes vorgeben lässt.

Ethische Konsequenzen

In diesem Zusammenhang ist die Sichtweise von Max Weber interessant, der zwischen ›Gesinnungsethik‹ und ›Verantwortungsethik‹ unterscheidet.[3] Dabei ist unter ›Ethik‹ die der ›Moral‹ zugrunde liegende Theorie zu verstehen. Die Verantwortungsethik ist eine moralische Theorie, die Handlungen nach den tatsächlichen Ergebnissen und deren Verantwortbarkeit bewertet. Die Gesinnungsethik dagegen ist eine moralische Theorie, die Handlungen nach der zugrunde liegenden Gesinnung bewertet, und zwar ungeachtet der Handlungsfolgen. Zunächst gilt es die Gesinnung in den Blick zu nehmen,

---

3   Vgl. Max Weber: *Politik als Beruf*, 1992.

die handelnd in die Welt eingreift, ohne auf die Konsequenzen Rücksicht zu
nehmen, und deren Verantwortlichkeit sich denn wohl nur auf die Reinheit
der eigenen Gesinnung bezieht. Zentral für die Unterscheidung nach Max
Weber ist also die Verantwortlichkeit für Folgen des eigenen Handelns.

Daher wird zunächst der Zusammenhang zwischen den Begriffen Ethik
und Verantwortung untersucht. Ist es überhaupt möglich, so muss man fragen, die einer Handlung zugrunde liegende Moral und die Verantwortung
dafür zu trennen? Wenn eine Person handelnd in die Welt eingreift, ist sie
doch selbstverständlich für die Folgen ihres Handelns verantwortlich. Allerdings gibt es Personenkreise, die von den Folgen ihres Handelns nicht be-
troffen werden; dann kann sich unter diesen Personenkreisen ein gesin-
nungsethisches Verhalten ausbreiten. »Das sind, um es kurz zu sagen, in
großen und wortführenden Teilen die Schriftsteller und Redakteure, die
Theologen, Philosophen und Soziologen, also ideologisierende Gruppen, erhebliche Teile der Lehrerschaft aller Schularten und der Studenten, und
schließlich die generellen Nutznießer der gesellschaftlichen Nachsicht:
Künstler und Literaten.«[4]

Ganz offensichtlich unterscheiden sich die Verantwortungsethiker und die
Gesinnungsethiker hinsichtlich ihres Zeitbewusstseins. Aber dieses ist bereits bei der Betrachtung eines Menschen wichtig; denn wer ein Mensch ei-
gentlich ist, das offenbart sich doch erst in der zeitlichen Ausdehnung seiner
Biographie. Sich nicht für die Folgen seines Handelns verantwortlich zu fühlen, sondern nur für die Reinheit der eigenen Gesinnung, deutet auf eine
Schwächung des Zeitbewusstseins hin. Die Leute neigen dazu immer mehr
im ›Hier und Jetzt‹ zu leben. Auf der einen Seite das Zusammenziehen des
Zeit-Bewusstseins zu einem Punkt in der Gegenwart und auf der anderen
Seite die Ausdehnung der Menschenliebe auf die ganze Menschheit, der Hu-
manitarismus, die ethischen Pflicht gemachte allgemeine Menschenliebe.

Hypertrophie der Moral

Der Mensch, der sich selbst als identisch mit seinem Denken und Handeln
sowie seiner Lebensweise erlebt, ist in der Regel unfähig zu einer sachlichen

---

4   Baader, Roland: *Totgedacht. Warum Intellektuelle unsere Welt zerstören*, 2002.

bzw. objektiven Betrachtung der Welt, wobei Objektivität die Beurteilung der Welt unabhängig vom Beobachter bedeutet. Wir beobachten eine Transformation vorwiegend sachlicher Probleme in moralische Probleme. Damit ist die Bahn frei gemacht in eine *Hypertrophie der Moral,* in einen *Moralismus,* der alle Probleme als vorrangig moralische Probleme erscheinen lässt. Eine solche moralhypertrophe Betrachtung versetzt den Menschen in eine ständige latente *Empörung;* denn natürlich ist die Welt voller Probleme, die der Lösung harren. Nun hat aber die Empörung eine anklägerische Struktur; sie sucht immer aus einer latenten *Aggressivität* heraus nach einem Schuldigen, den es an den Pranger zu stellen gilt. Sachliche Probleme müssen durch denkerisches Durchdringen des Sachverhalts gelöst werden. Aber das findet zunehmend häufiger gar nicht mehr statt. Die Begriffe ›richtig‹ und ›falsch‹ werden ersetzt durch ›gut‹ und ›böse‹.

Störung in der Wirklichkeitserfassung

Wie erschließt sich dem Menschen die Wirklichkeit? Zunächst einmal gilt es sich zu vergegenwärtigen, dass allem, was in dieser raumzeitlichen Welt zur Erscheinung kommt, etwas ursachenhaftes Geistiges zugrunde liegt. Und beides zusammen, das zur Erscheinung kommende und das zugrundeliegende ursachenhafte Geistige, bildet ein Sein, eine Wirklichkeit. Der Mensch ist nun von Gott so geschaffen worden, dass ihm die Wirklichkeit der Welt auf zwei Wegen zufließt: Einmal von außen her durch Wahrnehmungen über die Sinne und zum anderen von innen her durch die zu den Wahrnehmungen gehörenden Begriffe, die dem Menschen durch Intuition zufließen. Im Bewusstsein des Menschen findet dann durch Zusammenfügung von Wahrnehmung und Begriff ein Wirklichkeitsaufbau statt. Die ehemals eine Einheit bildenden Bestandteile der Wirklichkeit Wahrnehmung und Begriff müssen zueinander eine natürliche Affinität haben. Diese Tatsache beantwortet die Frage, wie zu einer Beobachtung der richtige Begriff gefunden wird. Keinesfalls darf einer Beobachtung ein bestimmter Begriff aufgedrängt werden. Vielmehr muss das menschliche Bewusstsein von jeglicher schlussfolgernden Tätigkeit des Verstandes und auch von allen Emotionen freigehalten werden, damit sich im Bewusstsein auf Grund der inneren Affinität der richtige Begriff zu einer Beobachtung findet. Dazu muss das Denken aus der begrifflichen Phantasie solange schöpfen, bis die Vereinigung von Wahrnehmung und Begriff gelingt?

Zwei Beobachtungen zeigen eine Störung der Wirklichkeitswahrnehmung: Erstens kann man immer wieder beobachten, dass manche Menschen die Wirklichkeit der Welt, so wie sie, ist nicht zur Kenntnis nehmen. Vielmehr bilden diese Menschen sich eine Vorstellung von der Welt, wie sie ihrer Ansicht nach sein sollte, aber eben nicht ist. Den Hintergrund dieser Entwicklung bildet ein Konflikt zwischen Sein und Sollen. Der Sollens-Gedanke entspringt aus der Weigerung, die Welt so zu nehmen, wie sie ist. In gewisser Weise ist diese Weigerung zugleich ein ›Nein‹ zum Leben. Und zweitens lässt sich beobachten, dass manche Menschen die Wirklichkeit der Welt durch eine Brille sehen, welche die Welt filtert und neu strukturiert. Im Wesentlichen sind es zwei solcher Brillen: der Viktimismus und der Moralismus, die beide eng zusammenhängen.

Zunächst zum *Viktimismus*: Dieser aus der englischen Bezeichnung ›victim‹ für ›Opfer‹ in allgemeiner Bedeutung hergeleitete Begriff kennzeichnet eine innere Haltung oder Einstellung, die sich dadurch auszeichnet, sich selbst oder andere Personen als Opfer von irgendwelchen gesellschaftlichen Erscheinungen zu sehen. Wir hatten gesehen, dass der Mensch, der seinen Glauben verworfen hat, dazu neigt, die Welt unter moralischen Gesichtspunkten zu sehen. Denn er lebt in einer Rebellion gegen die Welt, weil sie nicht so ist, wie er sie gern hätte. Er ist ständig empört und sucht Schuldige; das sind die Täter, nicht in einem kriminologischen Verständnis, sondern in einem umfassenderen soziologischen Verständnis. Zu diesen Tätern gehören natürlich Opfer, für die das volle Mitgefühl eingefordert wird. Dieser sogenannte Viktimismus wird von zwei Seiten her instrumentalisiert. Einmal versuchen zunehmend irgendwelche Minderheiten sich eine Opferrolle überzustülpen, weil sie dann materielle und immaterielle Zuwendungen der Gesellschaft erwarten können. Zum anderen finden sich Menschen – in der Regel solche, die in Rebellion zur Welt leben – die als Anwalt der Opfer auftreten, um sich in dem Gefühl zu baden, ›hilfreich, edel und gut‹ zu sein. Und was den Moralismus angeht, so haben wir ihn eigentlich schon besprochen. Menschen, die keine Distanz zu sich selber aufbauen können, transformieren alle sachlichen in moralische Probleme. Dieser selbstgerechte Moralismus, der ständig anklagen auf andere zeigt, ist Grundlage für den Viktimismus.

Zerstörerisches Handeln in der Welt

Als letztes werfen wir einen Blick auf den handelnden Menschen, der in der Regel ein denkendes und aus Erkenntnis handelndes Wesen ist. In seinem Denken und seinen dadurch entstehenden Absichten entwickelt der Mensch eine Vorstellung von Vorgängen und Ereignissen in der Zukunft. Und diese Vorstellung leitet das Handeln des Menschen in der Gegenwart. Damit wird aber der zeitliche Verlauf des Kausalprinzips umgekehrt und dieses somit aufgehoben. Das heißt also: Hier entfaltet sich die Sphäre der Freiheit. Damit von einer wirklich freien Handlung die Rede sein kann, darf das Denken von keinen Vergangenheitseinflüssen geprägt sein. Nur Gegenwartsintuitionen müssen die handlungsleitenden Vorstellungen von der Zukunft bestimmen. Woher aber kommen diese Intuitionen? Sie entstammen dem allem Gegebenen und allen Erscheinungen zugrundeliegenden geistigen Urgrund der Welt. Gewonnen werden diese Intuitionen durch das Denken; denn wahres Denken ist das sich hineinarbeiten in den geistigen Urgrund der Welt.

Faszinierend zu sehen, wie die Existenz des Menschen als aus Erkenntnis handelndes Wesen in Raum und Zeit offenbar Aufforderungscharakter hat, sich zur Freiheit hin zu entwickeln. Meine Frage ist: Kann die handlungsleitende Vorstellung von der Zukunft willkürlich gebildet werden? Natürlich geht das nicht. Vielmehr muss sich das diese Vorstellung bildende Denken in die Grundgesetzlichkeit des Weltprozesses einfügen. Aber das geschieht eben bei dem Menschen ohne Religion nicht; denn er bildet sich die handlungsleitende Vorstellung von der Zukunft durch ein Denken, das von seinen Wünschen geleitet wird und nicht durch das, was auf Grund der Gegebenheiten möglich ist. Es entsteht ein Handeln in der Welt, das nur von Wunschbildern und Gesinnungen geleitet wird ohne Rücksicht auf die Folgen des Handelns; das Handeln wird verantwortungslos. Das Handeln wird geleitet von einer Vorstellung von der Welt, wie sie sein soll aber nicht ist.

Schlussbemerkung

Der Zusammenhang zwischen Religion und Denken erweist sich als viel tief-
greifender als dies zunächst zu vermuten wäre. In der heutigen ›veränderten
Welt‹ stehen diese beiden Begriffe unverbunden nebeneinander. Genauso ist
es mit den verwandten Begriffen Theologie und Philosophie. Theologie bedeutet ›die Lehre von Gott‹ im Allgemeinen sowie auch die Lehren vom Inhalt eines spezifischen religiösen Glaubens und seinen Glaubensdokumen-
ten im Besonderen. Und Philosophie mit der wörtlichen Bedeutung ›Liebe
zur Weisheit‹ versucht, die Welt und die menschliche Existenz zu ergründen, zu deuten und zu verstehen. Es ist von einiger Bedeutung, dass Philosophie und Theologie in früheren Jahrhunderten einmal eine Einheit bildeten. Dabei hatte die Philosophie die Aufgabe, die Glaubensinhalte in ein ver-
stehendes Bewusstsein zu überführen.

Dies wird durch Alanus ab Insulis belegt, der ein bedeutender Philosoph
und Theologe der Scholastik war. Eine wichtige theologische Abhandlung
des Alanus ab Insulis ist unter dem Titel ›Quoniam homines‹ überliefert.[5] In
ihr entwirft Alanus am Ende des 12. Jahrhunderts eine Zukunftsperspektive,
die noch heute hoch aktuell erscheint: »Es ist überliefert, dass der Glaube in
Zukunft überflüssig sein und seine Nachfolge die Wissenschaft sein wird,
also die sichere Erkenntnis. So wird das Verständnis ein anderes sein als das
heutige rätselhafte«. Alanus spricht also von einer Zukunft, in der aus
Glaube Wissenschaft wird, in der also die alte christliche Spiritualität des
Mittelalters durch eine wissenschaftliche Erkenntnishaltung abgelöst wird.
Die christliche Grundhaltung, die bis dahin durch gläubige Aufnahme und
Weitergabe alter Überlieferung bestimmt war, soll in das Element der Ge-
dankenklarheit übergehen. Die neue menschliche Grundhaltung ist dann
nicht mehr an feststehende Traditionen gebunden, sondern sie wird als ei-
genverantwortliche Erkenntnis voraussetzungslos und der Beurteilungsfä-
higkeit des erkennenden Menschen anheimgestellt. Weiter sagt Alanus:
»Wissenschaft ist die Wahrnehmung der Wahrheit der Dinge mit innerer
Zustimmung und Erkenntnis der Ursachen«. Damit ist die Veränderung der

---

[5]   Klünker, Wolf.-Ulrich: *Alanus ab Insulis – Entwicklung des Geistes als Michael-Prin-
      zip*, Stuttgart 1993.

Erkenntnisfähigkeit genauer beschrieben. Der Begriff Wissenschaft umfasst mehr als heute darunter verstanden wird. So beinhaltet er auch die innere Zustimmung des erkennenden Menschen und dessen Einsicht in die Ursachen des erkannten Wirklichkeitsbereiches. Die innere Verbindung des Menschen mit dem Erkenntnisgegenstand ist entscheidend; durch sie fallen Erkenntnissubjekt und Erkenntnisobjekt nicht mehr auseinander. Daneben weist die Nennung der Ursachen daraufhin, dass der Erkenntnisgegenstand nicht einfach so genommen wird, wie er ist, sondern von seinem Herkommen her, also in seiner Entwicklung begriffen werden soll.[6] Man sieht, wie eng die Verbindung zwischen Religion und Denken früher einmal war.

---

[6]   Gerdsen, Peter: *Glaube und Erkenntnis, Offenbarung und Wissenschaft, Journal des Professorenforums*, Vol. 3, No.1, 2002.

Der Philosoph und der Yogi

Andras Mascha

Als ich die Anfrage von Hamid R. Yousefi zu einem Beitrag für die Festschrift zu Ehren meines Freundes Harald Seubert bekam, war der Titel meines Beitrags blitzartig da – und die Inspiration aus diesem Anlass unsere Freundschaft und unsere langjährigen Gespräche etwas näher zu reflektieren. Obwohl es über die letzten ca. 15 Jahre seit unserer ersten Begegnung im Münchner Nietzsche-Forum in der Seidl-Villa glücklicherweise viele Gespräche ab, wurde mir die archetypische Dimension unserer Begegnung erst im Jahr 2016 in Kontext des Entstehens und Erscheinens der Seubertschen *Weltphilosphie*[1] so richtig bewusst. Die *Weltphilosophie*, die ja zugleich auch Auftaktband der neuen, von Seubert herausgegebenen Reihe ›Philosophie der Interkulturalität‹ ist, sowie der intensive Austausch über Sri Aurobindo und Jean Gebser (und speziell seine *Asienfiebel*[2]) machten die Notwendigkeit und hohe Potenzialität einer ›west-östlichen Ergänzung‹ sowie der ›Großen Begegnung‹ zwischen West und Ost noch deutlicher. Diese Begegnung zwischen West und Ost – zwischen dem Philosophen und dem Yogi – sehe und empfinde ich auch als das Herzstück unserer Freundschaft.

Der Philosoph

›Und wer ist der Philosoph?‹ fragt Harald Seubert auch in der Überschrift des III. Kapitels im zweiten Teil seines Werks ›Philosophie. Was sie ist und sein kann‹, in dem er sich mit dem Wesen der Philosophie und ihren Disziplinen erhellend auseinandersetzt. Schon der dortige Eingangsverweis auf Platon, der meinte, »es habe noch keinen Philosophen gegeben; der Sophist sei aber oftmals fälschlicherweise für einen Philosophen gehalten worden,«[3]

---

[1]   Seubert, Harald: *Weltphilosophie. Ein Entwurf*, Baden-Baden 2016.
[2]   Vgl. Seubert, *Weltphilosophie*, a.a.O., S. 208 ff.
[3]   Seubert, Harald: *Philosophie. Was sie ist und sein kann*, Basel 2015, S. 267.

macht er den hohen Anspruch an den Typus des Philosophen deutlich. Für Seubert reicht dabei die bloße erwerbsberufliche Beschäftigung mit der akademischen Disziplin ›Philosophie‹ bei weitem nicht aus, in dieser Hinsicht teilt er auch Poppers Kritik an den Berufs- bzw. Fachphilosophen. Wesentlich für Seuberts Philosophenverständnis ist der »Selbstdenker« aber auch: »Erstens sollte man im historischen und systematischen Kanon seines Faches, und dies keineswegs nur auf den schmalen Spuren der unmittelbar diskutierten modischen Diskurse, so souverän bewandert sein, dass man die eigenen Position in einem großen philosophischen Gespräch formulieren, verteidigen, aber auch immer wieder in Frage stellen kann. Zum Zweiten sollt der philosophierende Mensch umfassend gebildet sein. Er sollt in der Lage sein, die Weltliteratur, die große Kunst verschiedener Epochen, nach Möglichkeit aber auch leitende wissenschaftliche Diskurse ansatzweise zu überblicken oder sich doch in sie einarbeiten, wenn er seine Kompetenz nicht nur auf ein schmales Tröpfchen Rationalität reduzieren möchte.«[4] Durch diese (Selbst-)Beschreibung wird Seuberts Begriff vom Philosophen schon klarer. Speziell sein Philosophie-Buch aber auch die anderen philosophischen Werke sowie sein unermüdlicher akademischer und außerakademischer Einsatz für die Sache der Philosophie, die er mit Platon, Hegel oder Husserl auch als ›Erste Wissenschaft‹ versteht, dokumentieren nicht nur seine Liebe zur Philosophie, sondern eben auch jene Liebe zur Weisheit die die *philosophía* schon in ihrem Namen trägt.

Ich erinnere mich noch gut an die erste *Lecture-Performance* von Harald Seubert die ich am 10.11.2000 in der Münchner Seidl-Villa im Rahmen der Fachtagung des Nietzsche Forums München ›Die Auflösung des abendländischen Subjekts und das Schicksal Europas‹ anlässlich des 100. Todestages von Friedrich Nietzsche miterleben durfte: Nach einem geistreichen und gut gehaltenen Vortrag der Philosophen Eberhard Simons (1937 – 2005) trat Harald Seubert (damals auch 33 Jahre alt – wir sind ja beide Jahrgang 1967) ans Pult und sprach zum Thema: »Grund und Abgrund der Subjektivität. Zur

---

4   Seubert, *Philosophie*, a.a.O., S. 267 f.

Ontologie und Dialektik des Selbstbewusstseins im Ausgang von Schleiermacher und Nietzsche.«[5] Nicht nur, dass ich mich schon damals stark für Subjektivitätsphilosophie und die ichologische Frage nach dem Selbstbewusstsein interessiert hatte und für die Thematik rezeptiv sehr offen war, sondern die Performance dieses Redners elektrisierte mich zunehmend. Es war sogar weniger das Feuerwerk aus fundiertem Wissen und geistvoller Eloquenz, dass mich schon bei dieser *Lecture Performance* in den Bann schlug, sondern vielmehr die Leidenschaft des Denkend-bei-der-Sache-seins, die hier sprühte. Hier trug nicht jemand nur Theorien und Denkansätze großer Geister vor, sondern, es war in der Atmosphäre des Raumes spürbar, dass hier auch für den Sprecher selbst existenziell wichtige Fragen verhandelt wurden – gerade bei diesem subjektivitätsphilosophischen Thema. Die Funken sprangen über und ich konnte in meiner eigenleiblichen Selbstwahrnehmung beobachten, wie sich meine Körperhaltung aus einer bequem zurückgelehnten Sitzhaltung in eine vertikal aufrechte Meditationshaltung veränderte. Diese erfrischende Performance inspirierte mich schon damals zur optimaler Aufmerksamkeit und vollen Konzentration – und dies hat sich über all die Jahre und die vielen Vorträge und Vorlesungen, die ich miterleben durfte, nicht geändert. Eben diese Übereinstimmung von geistvollem Inhalt und fundierter sprachlicher Form fasziniert mich bis heute und so war es damals an dem besagten Freitag Nachmittag im November 2000 im Münchner Nietzsche-Forum auch nur selbstevident als Seubert aus Robert Brandoms Werk ›Expressive Vernunft‹ zitierte: »Diese expressive Theorie von Sprache, Geist und Logik (ist) eine Theorie darüber, wer *wir* sind. Denn es ist eine Analyse der Art von Ding, das sich selbst als ein expressives Wesen konstituiert – als ein Geschöpf, das explizit macht und sich selbst explizit macht. Wir sind Verstandesfähige: rationale, expressive – das heißt, diskursive – Wesen. Aber wir sind auch mehr als das. Wir sind auch *logische, uns selbst* ausdrückende Wesen. Wir machen nicht nur *es* explizit, wir machen

---

5   Der Text des Vortags ist in vom Autor selbst »leicht, vor allem stilistisch, überarbeiteter Version« veröffentlicht in: *Die Auflösung des abendländischen Subjekts und das Schicksal Europas. Symposion 2000 des Nietzsche-Forums München. Vorträge aus den Jahren 2000 – 2002*, Publikationen des Nietzsche-Forums Band 3, herausgegeben von Beatrix Vogel und Harald Seubert, München 2005, S. 49 – 80.

uns selbst explizit *als* Explizitmachende.«[6] Ja, das traf es und das trifft es bei Harald Seubert noch heute, auf den Punkt genau: *Performanz Expressiver Vernunft.*

Es ist natürlich ein Glücksfall für die Studierenden und am Thema wirklich Interessierten einen akademischen Lehrer zu haben, dem die Bildung, im hohen Sinne der *Paideia*, seiner Schüler so am Herzen liegt und der trotz den vielen Jahren der Lehre im Wissenschaftsbetrieb noch mit solchem inneren Antrieb und Feuer auf das Wahre, Schöne und Gute sowie den Gipfel der Betrachtung (Cusanus' *Apex theoriae*) orientiert und ausgerichtet ist.

Der Yogi

Seuberts publiziertes Werk spricht für sich, und hier ist für mich auch nicht der Ort es näher zu kommentieren, aber eben jene Performanz Expressiver Vernunft hat mich – nun auch als einer seiner Verleger – bewogen einige seiner *Lecture* Performances auch in O-Ton und Bild aufzuzeichnen und als Audio-Books[7] oder als Online-Videos[8] zu veröffentlichen. Natürlich ist die Aufzeichnung nur der digitale Schatten des je einmaligen Sprechereignisses, aber trotzdem ist die Informationstiefe durch Betonungen, Pausen und Stimmmodulationen sowie durch Mimiken und Gestiken im Sprechakt im Ton- und Film-Medium weitaus höher als im gedruckten Text. Die Selbstreflexion der Expressiven Vernunft kommt zwangsläufig zu der Frage nach dem besten Medium für ihre Philospheme und das digitale Zeitalter bzw. das Internet bietet im heutigen 21. Jahrhundert hierfür stetig fortscheitende technische Möglichkeiten.

Aber ich schreibe diese Überlegungen nicht zuerst in der Identität des Verlegers, obwohl diese Funktion uns natürlich noch näher zusammengebracht und auch produktiv verbunden hat und weiter verbindet, sondern in meiner Primäridentität als Yogi – um genau zu sein als *Integral-Yogi*.

Was ist ein Yogi? Das aus dem indischen Kulturraum stammende Sanskritwort ›Yogi‹ (gelegentlich auch ›Yogin‹) bezeichnet einen Yoga-Praktizierenden und Bewusstseinsforscher und für mich ist Sri Aurobindo (1872-

---

6   Vgl. Seubert: *Grund und Abgrund der Subjektivität*, a.a.O., S. 65.
7   Vgl. http://www.AndreasMascha.de/Verlag/Audio-Books.html
8   Vgl. z.B.: http://der-grosse-frieden.org/videobeitraege-zur-weltphilosophie/

1950) *das* Sinnbild und *der* archetypische Repräsentant für *den* Yogi schlechthin. ›Wer ist ein Yogi?‹, fragt auch Michel Montecrossa in seinem Werk ›Der Yogi Sri Aurobindo zu Transformation und spiritueller Evolution‹ und erläutert: »Ein Yogi ist jemand, der Yoga studiert, praktiziert, durch seine eigene Entwicklung bereichert und eventuell weiterentwickelt. Was nun ist Yoga? Yoga in seiner ursprünglichen Definition bedeutet, den Weg zu finden zu der Vereinigung des Menschen, der menschlichen Seele, mit dem Göttlichen oder mit Gott, dem Göttlichen Wesen und dessen Großen Bewusstsein.«[9] Wenn ich im Folgenden von ›Yoga‹ und dem den Yoga lebenden ›Yogi‹ spreche, beziehe ich mich explizit auf das integrale Yoga-Verständnis von Sri Aurobindo. Die Weite seines Yoga-Begriffs übersteigt die Gymnastikübungen, mit denen Yoga im Westen nicht selten verkürzend assoziiert wird, bei weitem und der Integrale Yoga ist auch nicht auf einen lebensabgewandten Asketismus zu reduzieren.

Der/die Praktizierende (Sanskrit: *Sadhak*) der *Sadhana*, d.h. der spirtuellen Disziplin, des Integralen Yoga kann präzisierend als *Integal-Yogi* bezeichnet werden. Sri Aurobindos Integraler Yoga erweitert den traditionellen »Yoga der Gita«[10], bestehend aus den Yoga-Wegen des »Göttlichen Wirkens« (*Karma-Yoga*), des »Integralen Wissens« (*Jnana-Yoga*) und der »Göttlichen Liebe« (*Bhakti-Yoga*), in seiner »Synthese des Yoga«[11] um den »Yoga der Selbst-Vollendung« (*Yoga of Selfperfection*) zum *Integralen Yoga*. Als *Sadhak* des Integralen Yoga stehe ich für diesen Ansatz und für die Integral-Yoga-Tradition im Geist Sri Aurobindos. Er ist der Mahayogi und der Supramentale Avatar und damit Maßgebender – auch im Sinne Jaspers – und Leuchtstern für alle Yogis. Um Sri Aurobindos Yoga zu praktizieren, muss man weder ein ethnischer Inder noch ein religiöser Hindu sein. Dieser Yoga ist inter- und transkulturell, kann menschheitsweit praktiziert werden und ist

---

[9]   Montecrossa, Michel: *Der Yogi Sri Aurobindo zu Transformation und spiritueller Evolution,* Gauting 2012, S. 15 ff.
[10] Sri Aurobindo: *Essays über die Gita,* Gladenbach 1977.
[11] Sri Aurobindo: *Die Synthese des Yoga,* Gladenbach 1972.

auf den Punkt gebracht »das Abenteuer des Bewusstseins« (Sri Aurobindo).[12] Daher ist – im Kontext der Sprachspiele des gegenwärtigen 21. Jahrhundert – die wahrscheinlich beste Übersetzung des Begriffs des ›Yogi‹: ›der
Bewusstseinsforscher‹ (wobei es natürlich außer Frage steht, dass damit
gleichberechtigt auch immer die Yogini bzw. Bewusstseinsforscherin mit gemeint ist). Ohne hier die Überschneidungen und Charakteristika Integraler
Bewusstseinsforschung zu vertiefen, möchte ich beim Begriff und Typus des
Yogi bleiben.

Spätestens mit Arthur Koestlers Werk ›Der Yogi und der Kommissar‹
(1944 in Englisch und 1950 in Deutsch erschienen) kann der Typus des Yogi
– und zwar jenseits der irreführenden Projektionen exotisch-morgenländi-
schen Fakirtums – als eingeführt gelten. Der Weg des (Integral-)Yogi aber ist
universell, transreligiös und bewusstseinsevolutionär, d.h. die *Evolution als
Höherentwicklung des Bewusstseins*[13] bewusst zu fördern, zu unterstützen und
nach Möglichkeit weiter zu beschleunigen.

Koestler sah im nach innen gerichteten Yogi noch den Antipoden zum
Kommissar – im Sinn eines welthaft nach außen gerichteten Politkommis-
sars (sowjetischer Prägung) und gesellschaftlichen Revolutionärs – und
diese beiden Typen als die zwei extremen Pole des Lichtspektrums: Vom
infraroten Ende (Kommissar) bis zum ultravioletten Ende (Yogi). »Die wirkliche Auseinandersetzung hat zwischen dem Yogi und dem Kommissar zu
erfolgen, zwischen den grundsätzlich verschiedenen Auffassungen, nämlich
der Veränderung von außen und der von inner her. Es ist leicht zu sagen,
dass alles, was verlangt wird, eine Synthese zwischen dem Heiligen und
dem Revolutionär ist, aber sie ist bisher nie gelungen.«[14] Dem letzten Satz ist
jedoch gerade mit Hinblick auf Sri Aurobindo als Person und auf die Methode des Integralen Yoga zu widersprechen, denn gerade der *Karma-Yoga*,

---

12   Vgl. Satprem: *Sri Aurobindo oder Das Abenteuer des Bewusstsein*, Gladenbach 1991.

13   Vgl. hierzu auch die Arbeit von Christian Kummer: *Evolution als Höherentwicklung
     des Bewusstseins. Über die intentionalen Voraussetzungen der materiellen Selbstorgani-
     sation*, Freiburg 1987.

14   Koestler, Arthur: *Der Yogi und der Kommissar. Auseinandersetzungen*, Esslingen
     a.N. 1950; Suhrkamp Taschenbuch, S. 12.

der in Sri Aurobindos Yoga eine so zentrale Rolle spielt, ist in der Lage diese Synthese zu leisten.

Vor dem Hintergrund unseres Auseinandersetzung mit dem Philosophen und dem Yogi soll der Fokus aber weniger auf dem Aspekt des *Karma-Yoga* liegen, sondern vielmehr auf dem *Jnana-Yoga*, dem Yoga des Integralen Wissens, denn das höchste Wissen (Sanskrit: *vidya*) ist das gemeinsame Ziel sowohl des Philosophen als auch des Yogi. »Der Philosoph bedarf vielleicht des Yogi als Korrektiv. Und damit treten nicht nur Yogi und Kommissar, wie einst bei Arthur Koestler, sondern Weiser und Philosoph als signifikantes *Paar* auf.«[15] Mit diesem Gedanken schließt Harald Seubert seine *Weltphilosophie* ab und eröffnet gleichzeitig einen neuen Horizont – sowohl für den Philosophen als auch für den Yogi.

Der Philosoph als Intellektueller *und* Yogi

Seuberts Philosophen-Verständnis hat viel mit dem Typus des Intellektuellen zu tun – nicht nur im Hinblick auf hoch gebildete Kompetenz und öffentliche Einmischung und Positionsbeziehung, sondern auch im Sinn der ›freischwebenden Intelligenz‹ (Karl Mannheim), d.h. der weitgehenden Unabhängigkeit von externen normativen Denkvorgaben und der relativen Ideologieungebundenheit. Aber gerade seine *Weltphilosophie* öffnet den Blick auch für »die yogische Dimension«[16]: Nicht nur von den »Eleusinen und der verborgenen antiken Meditationspraxis«[17] ist dort die Rede, sondern sein Blick richtet sich vor allem auf den Apex-Punkt in Sri Aurobindos Yoga-Philosophie: »Auf Sri Aurobindo greife ich dabei in besonderem Maß zurück, weil er Spekulation und Sachlichkeit, westlichen und östlichen Kosmos wie kaum ein zweiter vertritt. Ein Denker aus Indien oder China täte vielleicht gut daran, seinen weltphilosophischen Ansatz eher mit Hegel oder Heidegger zu begründen – im Sinn eines responsorischen Gesprächs zwischen den Kulturen.«[18] Und: »Der integrale Yoga Aurobindos versuchte, aus yogischer

---

[15] Seubert, *Weltphilosophie*, S. 281.
[16] Seubert, *Weltphilosophie*, Dritter Teil, II. Kapitel, 3. Die yogische Dimension, S. 230 ff.
[17] Seubert, *Weltphilosophie,* S. 230.
[18] Seubert, *Weltphilosophie*, S. 217.

Tradition das Ereignis, das sich auf dieser Ebene der Meditation einstellt, zu beschreiben.«[19] Auch wenn Sri Aurobindo sich selbst nicht primär als Philosoph gesehen hat, so ist neben seiner Biographie[20] auch sein philosophisches Werk – erinnert sei hier nur exemplarisch an sein philosophisches Hauptwerk ›Das Göttliche Leben‹ – Grund und Zeugnis genug bei ihm auch vom Yogi als Philosophen und Intellektuellen zu sprechen.

In jüngerer Zeit hat sich vor allem der Kultur- und Sozialwissenschaftler Hans-Willi Weis mit dem Intellektuellen *als* Yogi beschäftigt[21] – und zwar sowohl als *Intellektueller* als auch als praktizierender Yogi. Gerade diese Personalunion, für die er in seinem Werk auch unermüdlich und geistreich plädiert, macht seinen Zugang zu unserem Thema nicht nur so interessant, sondern auch existenziell authentisch. Und war es nicht vor allem der hohe Maßstab auch existenzieller, eigenbiographischer Authentizität die Platon zu der Einschätzung veranlasst hat, »es habe noch keinen Philosophen gegeben«[22]? In seinem Werk mit dem programmatischen Titel ›Der Intellektuelle als Yogi‹ liefert Hans-Willi Weis nicht nur espritvolle und eloquente intellektuelle Unterhaltung – durchweht von einer erfrischenden Brise Lach-Yoga – sondern er zielt auch erfreulich revolutionär auf das Übersteigen »des kardinalen akademischen Tabus – oder muss man sagen: die intellektuelle Selbstüberwindung schlechthin? *Der Übergang vom Diskurs zur Übung als meditativem Exerzitium.*«[23] Auch wenn einige seiner »Einrenkungsversuche an gedanklichen Verrenkungen« zu weiteren Verrenkungen führen, so wie z.B. Peter Sloterdijks durchaus auch auf die vertikal-aufrechte Meditationshaltung fruchtbar applizierbare Idee der »Vertikalspannung« zur bloßen mentalen »Hyperspannung«[24] zu verdrehen, die als Kriterium des Übens »grundsätzlich in die falsche Richtung«[25] weise, sowie einige offensichtliche

---

[19] Seubert, *Weltphilosophie*, S. 232.

[20] Vgl. diesbezüglich z.B. das Werk von Wilfried Huchzermeyer: *Sri Aurobindo. Leben und Werk. edition sawitri*, Karlsruhe 2010.

[21] Weis, Hans-Willi: *Der Intellektuelle als Yogi. Für eine neue Kunst der Aufmerksamkeit im digitalen Zeitalter.* Transcript X Texte, Bielefeld 2015.

[22] Vgl. Fußnote 3.

[23] Weis, Hans-Willi: *Der Intellektuelle als Yogi*, S. 220.

[24] Weis, Hans-Willi: *Der Intellektuelle als Yogi*, S. 131.

[25] Weis, Hans-Willi: *Der Intellektuelle als Yogi*, S. 130.

performative Selbstwidersprüche[26], so ist dies doch ein sehr wertvolles, wichtiges, ja richtungsweisendes Buch. Gerade vor dem Hintergrund der immensen Aufmerksamkeitszerstreuungsrisiken im heutigen digitalen Zeitalter plädiert Weis mit großer Überzeugungskraft für eine neue Kunst der meditativen Aufmerksamkeitspraxis durch yogisches Gegenwärtig-Sein, sowie für eine »Peronalunion des Intellektuellen und des Yogi« – d.h.: »intellektuelle Einsicht *und* Gewahrsein, Denken *und* ›gedanklich schweigende‹ Achtsamkeit. Reflektierende und Meditierende in Personalunion. Intellektueller *und* Yogi.«[27] Erkenntnistheoretisch entspricht diese Doppelannäherung an den Untersuchungsgegenstand – was dieser auch immer sei – der aussichtsreichen komplementären Kombination aus objektiv-wissenschaftlichem und subjektiv-phänomenologisch *experienziellem*[28] Zugang, wobei es gerade der letztere ist, den es heute besonders zu kultivieren gilt.

Der Philosoph westlicher Prägung versteht sich selbst zumeist als ›Denkarbeiter‹. Die Herausforderung an den Philosophen, der auch den Yogi in sich entwickeln möchte, ist *aber* gerade das Nicht-Denken, das »Schweigen des Mentalen« (Sri Aurobindo) während der Meditation bzw. des Exizitiums (Sanskrit: *Sadhana*) der methodischen Unterbrechung von Denkarbeit und Denkprozessketten. So weist Hans-Willi Weis im Kapitel ›Der Yogi, ein Kurzporträt für anspruchsvolle Leser‹ auf die Yoga-Sutra des Patanjali hin, der seine Unterweisung in der Disziplin des Yoga beginnt »mit den Worten *Yoga Chitta Vrtti Nirodha.* Auf Deutsch: Im yogischen Bewusstsein sind die Denkvorgänge zur Ruhe gekommen. Oder, angelehnt an die Bildlichkeit des Sanskrit (*Nirodha*): Yoga ist das ›Verwehen‹ der Gedanken, Windstille der Reflexion gleichsam. – Im Zen spricht man kürzer noch von *Nicht-Denken*

---

26 Sei es die relativ undifferenzierte Kritik an der digitalen Aufmerksamkeitszerstreuung im digitalen Medium des Youtube Clips, wobei Weis diesen performativen Widerspruch dort eingangs selbst thematisiert); oder sei es die zu strikte und daher verzerrende Entgegensetzung von Vordenkertum und Aufmerksamkeitskunst (vgl. Der Intellektuelles als Yogi, u.a. Kapitel 93), wobei Weis durch sein Buch selbst zum Vordenker des *Intellektuellen als Yogi* geworden ist.

27 Weis, Hans-Willi: *Der Intellektuelle als Yogi*, S. 26.

28 Als auch begrifflicher Zusammenklang von Erfahrung (experience) und Experiment bzw. Experimentellem.

bzw. *Nicht-Geist.*«[29] Die Kunst der yogischen Sadhana besteht also primär in der ›Denkfreiheit‹ (BĀLAVAT), d.h. zwar denken – im Sinne von mentaler Reflexion – zu *können*, aber nicht denken zu *müssen*, sprich: denkfrei zu SEIN. Wobei diese Denkfreiheit – als konkrete Freiheit von allen Denkzwängen – nicht ›herbeigedacht‹ werden kann, sondern das Resultat des Wissens (Sanskrit: *vidya*) um die tatsächlichen universellen Zusammenhänge ist. So schreibt der Integral-Yogi BĀLAVAT in seinem Werk Das SEIENDE NICHTS im Kapitel ›Denken – Denkfrei durch Wissen‹: »Richtet man das Denken über das allgemeine, instinktiv ablaufende Nutzdenken hinaus auf die Erkenntnis der tatsächlichen universellen Zusammenhänge, führt das auf den höchsten Stufen zur Stilllegung des Denkens durch die abschließende und kulminierende Erkenntnis. Nach dem – aus der indischen Philosophie stammenden – Motto: ›Dies gewusst, alles gewusst‹ hat das Denken, weil es durch das prinzipielle Erkennen nun alles weiß, nichts mehr zu denken und verstummt in der Stille der Erscheinungslosigkeit des SEIENDEN NICHTS.«[30] »In seinen ›Grundlagen des Yoga‹ schreibt Sri Aurobindo: ›Es ist nicht möglich, eine Grundlage für den Yoga zu schaffen, solange das Mental rastlos ist. Das wichtigste Erfordernis ist Ruhe im Mental. [...] Das erste in der Sadhana ist, einen beständigen Frieden, eine beständige Stille im Mental zu erlangen. Andernfalls ist es zwar durchaus möglich, Erfahrungen zu haben, doch wird nichts von Dauer sein. Das stille Mental ist es, in dem man das wahre Bewusstsein errichten kann. Ein stilles Mental bedeutet nicht, dass gar keine Gedanken oder mentalen Regungen vorhanden sind, sondern dass sich diese an der Oberfläche befinden und du dein wahres Wesen im Inneren als von ihnen getrennt empfindest; es beobachtet zwar, wird aber nicht fortgerissen und ist fähig, sie zu überwachen und zu beurteilen und alles zurückzuweisen, was zurückgewiesen werden muss, sowie alles anzunehmen und zu bewahren, was zum wahren Bewusstsein und der wahren Erfahrung gehört. [...] Es ist nichts Unerwünschtes, wenn das Mental zum Schweigen kommt, wenn es zu denken aufhört und still wird – denn dann findet meist die volle Herabkunft eines weiten Friedens statt, und in

---

[29]   Weis, Hans-Will: *Der Intellektuelle als Yogi*, S. 75.
[30]   BĀLAVAT: *Das SEIENDE NICHTS*, Buch II 1.5, München 2010, S. 220.

dieser weiten Ruhe breitet sich allenthalben die Verwirklichung des schweigenden Selbstes über dem Mental in seiner Unermesslichkeit aus. Sobald jedoch der Friede und dieses mentale Schweigen eingetreten sind, versucht das vitale Mental einzudringen und den Platz einzunehmen, oder aber das mechanische Mental versucht mit dem gleichen Ziel, seine kreisenden, banalen und gewohnten Gedanken geltend zu machen. Der Sadhak hat daher diese Eindringlinge vorsichtig zurückzuweisen und zu vertreiben, damit zumindest während der Meditation der Friede und die Stille des Mentals und Vitals vollständig bewahrt werden. Dies geschieht am besten, indem man einen starken und schweigenden Willen bewahrt. Dieser Wille ist der Wille des *Purusha* (= der bewussten Seele[31]) hinter dem Mental, und sobald das Mental zu Frieden und Schweigen gelangt ist, kann man diesen *Purusha* wahrnehmen – der ebenfalls schweigend und von der Tätigkeit der Natur getrennt ist. [...] Alle entwickelten überdurchschnittlichen mentalen Menschen müssen auf die eine oder ander Weise oder zumindest zeitweilig und für bestimmte Zwecke die beiden Teile des Mentals trennen, den aktiven Teil, der eine Gedankenfabrik ist, und den, der der ruhige Meister ist, zugleich ein Betrachter und ein Wille, der sie (die Gedanken) beobachtet, beurteilt, zurückweist, eliminiert, akzeptiert, Richtigstellungen und Veränderungen anordnet, der der Herr im Haus des Mentals ist, der eigenen Herrschaft fähig, *samraja*. Der Yogi geht noch weiter; er ist dort nicht nur Meister, sondern, auch solange er noch im Mental lebt, tritt er gleichsam daraus heraus und steht darüber oder ganz davon zurück und ist frei.«[32]

Tiefere Exkusionen in die von Sri Aurobindo differenzierten höheren Bewusstseinsebenen jenseits des »mentalen Bewusstseins«, wie der »Overmind« oder das ›Supramental‹ (Supermind), würden den Rahmen dieses Essays sprengen. Klar ist jedoch, dass es beim Yogi weniger um ein theoretisches Vordenkertum eines philosophischen Denkarbeiters geht, als vielmehr um eine radikale Selbsttransformation des *Sadhak* selbst. Für den Vollzug

---

[31] Zu den hier verwendeten Sanskrit-Begriffen sei noch verwiesen auf die Publikation: Verzeichnis der Sanskrit-Ausdrücke im Werk Sri Aurobindos, Hinder + Deelmann, Gladenbach 1989.

[32] Sri Aurobindo: *Grundlagen des Yoga. Ausgewählte Briefe, Sri Aurobindo Ashram Trust*, Pondicherry 1980, S. 1 ff.

dieser integralen Selbsttransformation, die Sri Aurobindo weiter in die drei Phasen der psychischen, der spirituellen und schließlich der supramentalen Transformation unterteilt hat, ist jedoch der *Jnana-Yoga*, der Yoga des Wissens, von großer Bedeutung und gerade hier können sich Philosoph und Yogi gegenseitig stark bereichern und synergetisch ergänzen. Denn das zentrale gemeinsame Medium dafür ist die Sprache und damit auch die Herausforderung der möglichst klaren, präzisen und intelligenten Begriffsarbeit, oder wie Hegel in seiner ›Phänomenologie des Geistes‹ für die Philosophie forderte, die »Anstrengung des Begriffs« auf sich zu nehmen – und dies eben auch als jnana-yogische Disziplin. Wie auch Seubert in seiner *Weltphilosophie* deutlich macht, eröffnet die Hegelsche Dialektik – gerade in Hegels ›Phänomenologie des Geistes‹, die ja den Untertitel »Wissenschaft der Erfahrung des Bewusstseins« trägt – eine »kaum irgendwo sonst artikulierte Möglichkeit, die Identität in der Differenz, die Differenz in der Identität *zwischen Erfahrung und Begriff* sichtbar zu machen und einen Rationalitätsbegriff zu begründen, der auf der Genese gleichermaßen der Sache wie des Bewusstseins von ihr beruht.«[33] In sehr vereinfachender Weise – Ken Wilber spricht in diesbezüglich vom hilfreichen Prinzip der »Orientierungs-Verallgemeinerungen«[34] – steht der Yogi exemplarisch für das Feld der *Erfahrung* und der Philosoph für das Feld des *Begriffs*. Eine »Wissenschaft (intelligente Begriffsarbeit) der (yogischen) Erfahrung des Bewusstseins« hat z.B. das (theoretische) Potenzial einer Synthese aus *Philosoph und Yogi*.

Hier schließt sich der Kreis zwischen dem yogischen Philosophen und philosophischen Yogi und vielleicht liegt gerade darin ja nicht nur die Zukunft des Yoga, wenn er nicht immer mehr als zum bloßen gymnastischen Wellness degenerieren will, sondern auch die Zukunft der Philosophie, die dann aus neuen und tiefen GEIST-Quellen schöpfen könnte.

---

[33]   Seubert, Harald: *Weltphilosophie*, S. 134.
[34]   Vgl. Wilber, Ken: *Eros, Kosmos, Logos*, Frankfurt a.M. 1996, S. 12.

Der Philosoph und der Yogi – Ein Dialogprojekt

»Philosophie ist selbst ein Gespräch«[35] – so ein weiterer wesentlicher Aspekt von Seuberts Philosophie-Verständnis und ein spannendes Gespräch zwischen dem Philosophen und dem Yogi läuft bereits seit vielen Jahren. Im engeren Sinne könnte man aber das Erscheinen der Seubertschen Weltphilosophie und den diesbezüglichen Dialog als eigentlichen Startschuss dieses Dialogprojekts im Verlag Andreas Mascha benennen. Nicht zuletzt hat die Weltphilosophie auch einen wertvollen hermeneutischen Rahmen und einen fruchtbaren interkulturell dialogischen Boden für hochkommunikative Begegnungen und ein tiefes gegenseitiges Verstehen geschaffen. Das nächste Thema (und Audio-Book Publikation), das wir uns als Gesprächsfokus vorgenommen haben ist: »Zur Theologie der Zukunft.«

---

[35] Seubert, Harald: *Weltphilosophie*, S. 13.

Ghazalis ganzheitliche Philosophie
im Kontext der Denkgeschichte

Ur-Sehnsucht und Skepsis im Gespräch

Hamid Reza Yousefi und Matthias Langenbahn

Ein Wort zuvor

Die ›Theologie des Friedens‹ ist eine Grundausrichtung des Werkes von Harald Seubert. Er gehört zu denjenigen Wissenschaftlern und Forschenden Europas, die Philosophie, Theologie und Religionswissenschaft nicht als rein akademische Diskursfelder betrachten, sondern den wissenschaftlichen Auftrag und damit die Korrespondenz zwischen Wissenschaft und Gesellschaft ernst nehmen.[1] Diese Denkpraxis der neuen Schule der interkulturellen Orientierung sieht eine zentrale Aufgabe von Wissenschaft s darin, sich für eine Praxis der Kommunikation in ihrer Vielfältigkeit einzusetzen.

Harald Seubert erfüllt diesen Anspruch und gehört zu den Führenden seines Faches. Er ist derjenige Denker, der das Ethos des liebenden Denkens mit der würdevollen Kritik in seiner Denkpersönlichkeit vereint. Insofern ist dieser Beitrag, der sich mit Leben, Werk und der philosophischen Skepsis von Abu Hamed Ghazali auseinandersetzt, eine würdige Widmung für einen Freund, der in diesem Jahr seinen 50. Geburtstag begehen wird. Ihm sind weitere 50 Jahre für eine fruchtbare Denktätigkeit zu wünschen.

Philosophie der Ganzheit

Wenn von einer ›ganzheitlichen Philosophie‹ die Rede ist, so wird damit auf die vielschichtige Komplexität verwiesen, welche Philosophie in der allumfassenden Breite ihres Wesens begreift. Ganzheitliche Philosophie äußert

---

[1] Vgl. Seubert, Harald: *Weltphilosophie. Ein Entwurf*, Baden Baden 2016, S. 10 ff.

sich als eine Denkbewegung, deren Ausgangspunkt in der Tiefe der menschlichen Psyche verankert ist, nämlich der Ur-Sehnsucht des Menschen. Diese
motiviert ihn dazu, sich beständig mit der ihn umgebenden Welt kritisch
auseinanderzusetzen. Sie ist diejenige Instanz, die Menschen trotz erhellen-
der Unterschiede verbindet. Aber wo tritt an dieser Stelle die Skepsis in den
titelgebenden Dialog ein? Auch dies steht in engem Zusammenhang mit
Seuberts wissenschaftlichem Ethos. Er hat in seiner programmatischen Veröffentlichung Philosophie aus der Verbindung der Suche nach letzten Gründen und einer radikalen skeptischen Infragestellung von vermeintlichen Ge-
wissheiten entwickelt. Damit hat er gezeigt, wie Skepsis und spekulative
Frage zusammengehen.[2]

Der Mensch ist fortwährend bemüht, Sinn und Grund seiner Existenz zu
verstehen, was ihn in seiner herausragenden Stellung im Kosmos auf einzigartige Weise hervorhebt. Zu reflexivem Denken befähigt, ebenso dazu, seine
Vernunft zu aktivieren und sich seiner selbst vollziehend bewusst zu werden, sucht der Mensch danach, Antworten auf ihn leitenden Fragen zu finden.

Der persische Denker Abu Hamed Mohammad Ghazali (1058-1111) entwickelt in seinem genuin philosophischen Lebenswerk eine Möglichkeit,
diese Antworten systematisch zu erschließen. Drei methodische Elemente
greifen im Denken Ghazalis ineinander und entwickeln ein Ganzes. Es handelt sich um eine historische, eine vergleichende und eine systematische Methode. Zugrunde gelegt wird in seinem Werk ein ganzer Begriffsapparat, zu
dem der ›Wahrheitsbegriff‹, die ›Freundschaftsidee‹, das ›Liebeskonzept‹
sowie ›Mystik‹, ›Metaphysik‹ und ›Erkenntnistheorie‹ gehören, ganz zu
schweigen von ›Gerechtigkeit‹ und dem ›Wechselverhältnis zwischen Rationalität und Mystik‹. Im Kontext des vorliegenden Beitrags geht es der Sache nach um die Zugrundelegung seiner methodischen Skepsis, die sein
Werk in einem bestimmten Sinne einzigartig macht. Seine Methode des
Zweifels als essentieller Katalysator des menschlichen Daseins sowie die
grundsätzliche Befähigung zur Frage nach dem ›Wozu?‹ stellen Ghazali als

---

2   Vgl. Seubert, *Philosophie. Was sie ist und sein kann*, Basel 2015, S. 70 ff.

einen Universalgelehrten vor, der zudem ein zentraler Vordenker der europäischen Philosophie der Neuzeit ist.

In diesem Beitrag wird versucht, Ghazali als Wegbereiter des skeptischen Denkens sowie der aufklärerisch anmutenden Aufforderung zur Selbsttätigkeit kritischen Denkens darzustellen. Ausgangspunkt hierbei ist, dass Ghazali nicht als destruktiver Geist die Entwicklung der Philosophie im westasiatischen Raum behindert oder gar zum Erliegen gebracht hat – wie dies im europäischen Raum häufig vertreten wird –, sondern als ein Revolutionär, dessen Verdienst es ist, die Philosophie auf eine neue Ebene gehoben zu haben. In dieser Verbindung zwischen Skepsis und der Suche nach den letzten Gründen der Transzendenz liegt die tiefe Affinität Harald Seuberts zu Ghazali.

Ghazalis Leben und Werk

Um zu verstehen, wie Ghazali eine solche zentrale Rolle einnehmen konnte ist es wichtig, die gesamte Person im Kontext seiner Zeit zu betrachten. Hierbei gilt anzumerken, dass im Laufe der europäischen Transkription seiner Schriften Ghazalis Name, ebenso wie diejenigen zahlreicher anderer, ursprünglich islamischer Denker, durch vielfache, teils stark fehlerhafte Notation vereinfacht und verfälscht worden ist. Al-Ghazali, al-Ghasal, al-Gazali, al-Ġazūlī, al-Ghazālī, Algazel, al-Ghasāli, Gazzāli, al Ghasāli, um nur einige Schreibweisen zu nennen[3], zeugen von einem stark hierarchisch geprägten Dominanzstreben europäischer Sprachen im Kontext von Übersetzungen, die eine willkürliche Beliebigkeit von Schreibweisen vorschlagen.[4] Die hier

---

[3]   Dies liegt auch am Mangel zahlreicher Übersetzungsarbeiten, tatsächlich in den kulturellen Kontext der persischen und arabischen Sprachen auf phonetischer und grammatischer Ebene einzudringen. Hierbei wird versäumt, die Denk-Sprach-Relation angemessen zu würdigen, was nicht zuletzt an der problematischen Übertragbarkeit lautlicher in schriftliche Zeichen liegt. Ein weiteres Hindernis ergibt sich dadurch, etwas präsent zu machen, ohne dieses Etwas selbst vorzustellen. Ein bestimmter Baum etwa kann durch unterschiedliche Begriffe in der gesprochenen Sprache beschrieben werden, doch ist keine von ihnen in der Lage, den fraglichen Baum vollständig zu charakterisieren. Vgl. Peirce, Charles Sanders: Phänomen und Logik der Zeichen, Frankfurt/Main 1983, S. 64.

[4]   Vgl. Yousefi, Hamid Reza: Einführung in die islamische Philosophie. Eine Geschichte des Denkens von den Anfängen bis zur Gegenwart, Paderborn 2014, S. 11.

verwendete Schreibweise von Ghazalis Namen ist nicht als eine weitere Variante zu betrachten, sondern stellt vielmehr eine Möglichkeit neuartiger Forschungsleistungen dar, Ghazali für zukünftige, weltphilosophische Forschungen zu etablieren.[5]

Ghazali wird 1058 in Tus bei Maschad in Persien geboren. Er ist Zeitzeuge des Aufrufes von Urban II. (1035-1099) zur bewaffneten Pilgerfahrt abendländischer Christen ins Heilige Land. Allein dieses historische Ereignis genügt, um Ghazalis Epoche als eine Zeit religiöser, politischer, wie auch gesellschaftlicher Unruhen und Umbrüche zu kennzeichnen. Dessen Leben selbst ist von weitreichenden Veränderungen geprägt. In seiner philosophischen Autobiographie »Der Erretter aus dem Irrtum«, in der er den Werdegang seines Denkens und die Grundabsichten seines Philosophierens beschreibt, schildert Ghazali, er sei immer bestrebt gewesen, die Breite aller Denk- und Schulrichtungen der Wissenschaften, insbesondere der islamischen Theologieschulen, Philosophie und Mystik zu erfassen. Sein Ziel ist indes nicht, diese in ein hierarchisches Verhältnis zueinander zu bringen, sondern allen auf diese Weise untersuchten Wissenschaften den ihnen zukommenden Platz in der Welt zuzuweisen.

Dies widerspricht der populären These, Ghazali habe im islamisch geprägten Kulturraum die Philosophie verhindert oder gar gänzlich zu ihrem Niedergang beigetragen.[6] 1091 bekleidet er an der Nizamiyya-Hochschule in Bagdad einen Lehrstuhl, verlässt diesen nach vierjähriger Lehrtätigkeit jedoch wieder und zieht sich zehn Jahre in die Einsamkeit zurück, die er als eine zentrale Phase seines Lebens beschreibt. Auf Befehl des Sultans nimmt Ghazali nach dieser Zeit seine Lehrtätigkeit wieder auf, kehrt dieser jedoch nach kurzer Zeit den Rücken und geht nach Tus zurück. Dort errichtete er neben seinem eigenen Haus ein Kloster für Sufis, Mystiker der islamischen

---

[5] Vgl. Yousefi, Hamid Reza: *Die Bühnen des Denkens*. Neue Horizonte des Philosophierens, Münster 2013.

[6] Zakzouk, Mahmmoud: *Al-Ghazalis Philosophie im Vergleich mit Descartes*, Frankfurt/Main 1992, S.11f.

Religionsgemeinschaft sowie eine Schule für Gesetzes- und juristische Wissenschaften.[7] Diese Entscheidung markiert eine zentrale Wende in seinem Leben, die Eingang in sein Lebenswerk gefunden hat.

Seine Beschäftigung mit islamischer Theologie und Philosophie, der sufischen Mystik sowie juristischen Wissenschaften macht Ghazali zu einem Universalgelehrten, der bis heute weitreichenden Einfluss ausübt, nicht zuletzt auch auf die Entwicklungsgeschichte der europäischen Geistesgeschichte des Denkens. Als zentraler Vordenker der cartesischen Philosophie ist Ghazali eine bedeutende Gestalt. Sein genuin philosophisches Werk weist eine inhärent logisch-analytische Argumentationsweise auf, die das Charakteristikum einer ganzheitlichen Philosophie trägt. Zentral in seiner sowie der gesamten islamischen Philosophie ist die Frage nach dem Sein, ein unmittelbarer Ausgangspunkt seines Überlegungsgebäudes. Damit durchmisst Ghazali den Raum zwischen Erster Philosophie und Metaphysik in einer Weise, die Harald Seubert seinerseits immer als maßgeblich aufgefasst hat.[8]

Zentral in Ghazalis Werk ist der methodische Zweifel, der im europäischen Kontext erst wesentlich später etabliert wurde und erstmals in dieser Form im Denken von René Descartes (1596-1650) auftritt. Als allumfassenden, grundsätzlichen Zweifel an den Erkenntnismöglichkeiten der Wahrheit über die Dinge sowie das Wesen des Menschen hält Ghazali Erkenntnisse für möglich. Doch eine eindeutige Gewissheit über diese sei nur schwerlich zu erlangen. Von dieser Voraussetzung aus, die Descartes als methodischen Zweifel grundlegt, ist es dem zweifelnden oder skeptischen Denken möglich gewesen, vielfache Ausprägungen in der europäischen Geistesgeschichte zu entfalten, an deren Anfang Ghazalis Werk steht.

Zweifel als Methode des Denkens

Für Ghazali reicht es nicht aus, den Menschen als endogenes Vernunftwesen zu begreifen. Der Mensch sei nicht nur darauf zurückgeworfen, das »Ich

---

[7]　Vgl. Yousefi, Hamid Reza: *Liebe und Freundschaft in der Mystik Abu Hamed Ghazalis,* in: ders. (Hrsg.): *Spektrum Iran.* Zeitschrift für islamisch-iranische Kultur, 1. Heft, 2015 (27-40), S. 29.

[8]　Seubert, Harald: *Zwischen Religion und Vernunft.* Vermessung eines Terrains, Baden Baden 2013, S. 149 ff.

denke« zum Ausgangspunkt seines Verstehens zu erheben, sondern er müsse über das grundsätzliche Instrumentarium des Denkens sowie die Eigenschaft der selbstreflexiven Vernunft verfügen. Hier liegt ein zentraler Aspekt von Ghazalis humanbasierter Philosophie.[9]

Dies macht ihn zu einem Korrespondenten zwischen Vernunft und analytischem, methodisch geprägtem Denken einerseits sowie gefühlsmäßigem Verstehen und der körperlichen Natur des Menschen andererseits. Mit dem Begriff ›Herz‹ ist nicht allein die emotionale Verfassung des Menschen erfasst, sondern vielmehr sein grundsätzliches Vermögen, ästhetische und wesensberührende Urteile zu fällen. Gleichsam drückt es menschliche Empfindungsfähigkeit aus, alle Ebenen der Schönheit zu durchblicken.[10] Späterer Metaphysik des Schönen als der Wahrheit in der Erscheinung würde Ghazali uneingeschränkt zustimmen.[11]

Neben dieser grundsätzlichen Fähigkeit bestimmt das analytische, funktionale Denken, der fortwährende Zweifel an Erkenntnissen sowie die Möglichkeit derselben den Menschen. Alles, was ihn ausmache, sei ein Resultat seines beständigen Zweifels. Dieser Zweifel, den Ghazali in seinem Werk »Der Erretter aus dem Irrtum« zugrunde legt, ist ein methodischer, ein zunächst radikal anmutender Zweifel, der alle vorherrschenden Lehrmeinungen und Schulrichtungen sowie differente Auslegungen der islamischen Theologie, griechischen Philosophie und bis zu diesem Zeitpunkt bekannten Denkschulen überwindet und sie zur Grundlage seiner eigenen, systematischen Darstellung des Denkens aufwertet. Die zweifelnde Orientierung charakterisiert das Denken als Bewegung. Ghazali überwindet den bloß stagnierenden Zweifel und überführt ihn in die Grundlage einer weiteren Zweifelsbewegung, indem er jedwede Erkenntnis einem neuerlichen Zweifel unterzieht.

---

[9] Yousefi, Hamid Reza: *Einführung in die islamische Philosophie*. Eine Geschichte des Denkens von den Anfängen bis zur Gegenwart, Paderborn 2014, S. 99.

[10] Hierin äußert sich eine Verbindung zur Raison du cœur von Blaise Pascal, siehe: Yousefi, Hamid Reza: Liebe und Freundschaft in der Mystik Abu Hamed Ghazalis, in: ders. (Hrsg.): Spektrum Iran. Zeitschrift für islamisch-iranische Kultur, 1/2015 (27-40), S. 33.

[11] Dies arbeitet heraus Seubert, Harald: *Ästhetik. Die Frage nach dem Schönen*, München 2015, S. 212 ff.

Alles, was den Menschen bewege, sei zurückzuführen, auf die beständige Ur-Sehnsucht[12], die ihm ein rechtes, d.h. skeptisches Denken, welches den Menschen mit unbändiger Macht dränge, denkend selbsttätig zu werden.[13] Der Mensch als solcher wäre daher bewegt durch den fortwährenden Zweifel an sinnlich-wahrnehmbarer wie theoretisch-abstrakter Erkenntnis. Ihn quäle mit fast unerträglicher Intensität die beständige Frage nach der bloßen Möglichkeit eines gelingenden, glücklichen Lebens sowie der Angst, ein bestimmtes Maß von Glückseligkeit niemals für sich in Anspruch nehmen zu können.

Dies sei der Grund, warum der Mensch immer unterwegs, rastlos danach bestrebt wäre, seine Ur-Sehnsucht auf der Grundlage des Selbsterwirkten zweifelnd zu realisieren. Der Zweifel sei sein Antrieb, die Ur-Sehnsucht jene absolute Katharsis, reine, vollendete Sehnsucht, in der die Begründung der Frage nach dem eigenen Denken grundgelegt wird. Auf diese Weise sei der Zweifel Vermittler und zugleich Quell aller Erkenntnis des Menschen, so dieser überhaupt zu irgendeiner unbezweifelbaren Erkenntnis gelangen könne. An der Vorstellung, irgendeine absolute Erkenntnis für sich in Anspruch nehmen zu können, krankt die Geisteswissenschaft zur Zeit Ghazalis, was ihm veranlasst, gegen derartige Doktrinen vorzugehen. Seine Philosophie unterscheidet sich vordergründig von einem späteren 7Zweifelsbegriff, wie ihn etwa David Hume (1711-1776) mit dem *moderate scepticism*[14] vorstellt, doch ein genauerer Blick auf sein Werk zeigt, dass Ghazalis methodische Skepsis den Grundgedanken eines moderaten, d.h. zielgerichteten sowie sinnhaften Zweifels enthält.[15]

---

12 Vgl. Yousefi, Hamid Reza: *Das Heilige mit vielen Namen.* Nächstenliebe als Grundlage der religiösen Toleranz, in: Das Heilige als Problem der gegenwärtigen Religionswissenschaft, hrsg. v. Wolfgang Gantke und Vladislav Serikov, Frankfurt/Main 2015 (133-141), S. 135.

13 Benner, Dietrich: *Allgemeine Pädagogik.* Eine systematisch-problemgeschichtliche Einführung in die Grundstruktur pädagogischen Denkens und Handelns, München 2010; S. 58.

14 Green, Thomas Hill und Grose, Thomas Hodge (Hrsg.): Hume, David: *An Enquiry concerning Human Understanding*, London 1964, S. 171.

15 Vgl. Langebahn, Matthias: *Skepsis als Lebensform.* Kritische Untersuchung der skeptischen Philosophie im Werk David Humes, Nordhausen 2017.

Dieser Zweifel motiviert Ghazali letztendlich, indem er sagt: »Wer also nicht zweifelt, denkt nicht nach, und wer nicht nachdenkt, sieht nicht, und wer nicht sieht, bleibt in Blindheit und Irrtum.«[16] Daraus lässt sich ableiten, inwiefern derjenige, der seiner selbst gewahr wird und versteht, dass es einen grundsätzlichen Antrieb seines Selbst gibt, begreift, welche Wirkung die Ur-Sehnsucht besitzt. Wer denkt, hat den Sinn seiner Ur-Sehnsucht und damit einen zentralen Ausdruck des Sinns des Lebens verstanden. Die Seins- oder Existenzfrage nimmt in der gesamten, islamischen Philosophie eine zentrale Position ein. Als solche bildet sie den Ausgangspunkt der späteren kantischen Maximenlehre, indem sie einerseits zur Selbsttätigkeit in Denken und Handeln[17] aufruft, andererseits den Zweifel als essentielles Instrumentarium aller Wissenschaften emanzipiert.

Kreuzwege des philosophischen Denkens

Motiviert sich die Erkenntnisfrage in Ghazalis Philosophie zunächst als eine notwendige Dimension zur Erschließung von Wissensbeständen, lässt sich in seiner Nachfolge eine Verschiebung dieses Werk- und Wirkungsschwerpunktes erkennen. Formuliert Ghazali seiner Autobiographie ›Erretter‹ zunächst seinen inhärenten Erkenntnisdurst als grundsätzliches Motiv seiner Beschäftigung mit der Erkenntnistheorie, die er als Antrieb seiner Suche nach der »Erfassung der Wahrheit der Dinge«[18] bemüht, so leitet sich hieraus eine bedeutsame Korrespondenz zwischen der Erkenntnisfrage, Seinsfrage und Skepsisfrage ab.

Ghazalis Kritik an der bloßen Nachahmung vorherrschender Denk- und Wertorientierungen, die den Menschen als zunächst kulturspezifisch anmutende Konzeptionen für die Ausrichtung seines Lebens an einer bestimmten Tugend- und Sittenlehre gelehrt werden, verweist auf einen in späteren

---

[16] Ghazali, Abu Hamed Mohammad: *Das Kriterium des Handelns*, Darmstadt 2006, S. 238.

[17] Yousefi, Hamid Reza: *Liebe und Freundschaft in der Mystik Abu Hamed Ghazalis,* in: ders. (Hrsg.): *Spektrum Iran.* Zeitschrift für islamisch-iranische Kultur, Heft 1, 2015 (27-40), S. 38f.

[18]   Ghazali, Abu Hamed Mohammad: *Der Erretter aus dem Irrtum*, Hamburg 1988, S. 5.

Denksystemen inhärenten Bestandteil kritischen Denkens.[19] Diese internali-
sierte Kritik Ghazalis lässt ihn zu dem Schluss gelangen: »Eine Erkenntnis
aber, die durch keine Gewissheit entsteht, ist keine sichere Erkenntnis.«[20]
Diese elementare Einschränkung fordert notwendigerweise die Ergänzung,
Ghazali in einer kritisch hinterfragenden Distanz zu allen vorherrschenden
Denkschulen seiner Zeit zu sehen, indem er hierin indirekt aussagt.

Philosophien und Denkrichtungen, die der Auffassung sind, der Wahrheit
durch rein analytische Argumentationen oder unkritische Annahme bloß
transzendenter Denkprozesse gewahr werden zu können, versäumen es,
den Menschen zu einem beständigen, selbstkritischen In-Beziehung-setzen
mit der ihn umgebenden Welt zu motivieren. Hierin zeigt sich letztlich die
Übertragbarkeit erkenntnistheoretischer Suche nach der Definierbarkeit von
Erkenntnissen einerseits sowie der vier grundsätzlichen Orientierungsfra-
gen der kantischen Philosophie[21] andererseits. Jene Grundfragen finden somit ihren fruchtbaren Boden bereits in Werk und Denken Ghazalis vor, indem er fordert, dass der Mensch lernen müsse, sich seiner selbst beständig
skeptisch denkend zu seiner Umwelt in Beziehung zu setzen und sich selbst
skeptisch zu betrachten.

An dieser Nahtstelle zeigt sich die Möglichkeit einer kritisch-würdigender
Weiterentwicklung des ghazalischen Denkens durch eine Erkenntnis- und
Skepsistheorie, nach der der Mensch die Möglichkeit besitzt, sich fortwährend skeptisch die Gesamtheit des Seins zu vergegenwärtigen. Dies ist die
Grundlegung einer neuartigen, skeptisch motivierten Erkenntnistheorie, die
alle zu diesem Zeitpunkt bisherigen Thesen der Erkenntnistheorie zu revo-
lutionieren vermocht hat. Ebenso findet dieser Ansatz seine Übertragbarkeit
in der Moderne. Stellt Heidegger in seinem zentralen Werk ›Sein und Zeit‹
die diskreditierende These auf: »Dabei ist die angerührte Frage doch keine
beliebige. Sie hat das Forschen von Plato und Aristoteles in Atem gehalten,

---

19   Ebenda, S. 5f.
20   Ebenda, S. 6.
21   Vgl. Kant, Immanuel: *Anthropologie in pragmatischer Hinsicht* (1798), in: Werke,
      hrsg. v. Wilhelm Weischedel, Bd. 2. Frankfurt am Main 1977.

um freilich auch von da an zu verstummen.«[22] Entwertet diese Aussage zugleich alle Philosophie seit der griechischen Antike in ihrer Wirkung und Bedeutsamkeit für die Geistesgeschichte, so lässt sie im Kontext von Ghazali durchblicken, dass es einen unverkennbaren Zusammenhang zwischen Sein und Schein sowie Erkenntnis und Skepsis gibt. Eine solche neuartige Vernetzung beider Theorien wurde bisher noch nicht geleistet, steht jedoch im Begriff, Ansatz für zukünftige Debatten im philosophischen Diskurs außerhalb bloßer Philosophiehistorie zu sein, insofern Ghazalis Werk diese Theorie ebenso grundlegt wie für eine Übertragbarkeit auf die Gegenwart modelliert. Dies findet Ausdruck in einer skeptischen Erkenntnis- und Wissenschaftstheorie, die sich als angewandte Skepsis verstehen lässt.

Die Hypothese einer solchen, theoretisch wie praktisch fundierten methodischen Skepsis, die in Ghazalis Werk auftritt, lässt den Ausblick zu, jede Bewegung des Denkens als sich vollziehendes und im Vollzug befindliches Werden von Gedanken, in steter Erneuerung begriffen, als skeptische Selbst- und Weltbetrachtung zu verstehen. Auf Basis einer derartigen Veranschaulichung lässt das Denken eine inhärente Vitalität des Geistes als bewegtes und sich bewegendes Ganzes im Menschen erscheinen. Auf diese Weise ist der Mensch grundsätzlich dazu aufgefordert, eine innere Korrespondenz zwischen Herz und Vernunft herzustellen, die nur über eine Versöhnung seiner selbst mit all seinen Eigenschaften gelingen kann.

Theologie des Friedens
Eine solche Versöhnung kann nur erfolgen, wenn der Mensch dazu bereit ist, seinen Geist im Sinne der Skepsis wirksam werden zu lassen, »einerseits Umschau halten und Betrachten, andererseits […] Infragestellen und dahinter schauen.«[23] »Spähen, genau hinschauen«[24] sowie die »Suche nach dem Verborgenen, dem wahren Sein jenseits der trügerischen Welt der Erscheinungen«[25] kennzeichnet den hier vorgestellten Begriff der angewandten

---

[22]   Heidegger, Martin: *Sein und Zeit*, Tübingen, 2006, S. 2.
[23]   Ballauff, Theodor: *Skeptische Didaktik*, Heidelberg 1970, S. 7.
[24]   Gabriel, Markus: *Antike und Moderne Skepsis zur Einführung*, Hamburg 2008, S. 11.
[25]   Ebenda, S. 11.

Skepsis, ebenso die Annahme, Skepsis als eine grundsätzlich kritische Hinterfragung nahezu aller Thesen und Aussagen sowie als Selbstreflexion zu betrachten.

Die maßgeblichen Bedingungen zum Gelingen dieses Unterfangens stellt Ghazali als eine humanbasierte Philosophie vor, ein Denken, das vom Menschen ausgeht, den Menschen zum Ausgangs- und Zielpunkt seiner Überlegungen macht, seine Eingebundenheit in eine spezifische Lebenswelt sowie seine Bezogenheit auf ihn selbst und seine Mitmenschen als Kernaussage begreift. Ghazalis Werk spricht den Menschen direkt an, bringt ihn unmittelbar zur Sprache. Humanbasierte Philosophie dieser Art ist nicht darum bemüht, den Menschen bloß analytisch zu betrachten. Es geht nicht um eine rein kategorische, evidenzbasierte Philosophie, die in ihrer Reinform als analytische Philosophie vorgestellt werden könnte. Vielmehr geht es darum, den Menschen als Gesamtheit aller Dinge zu sehen, die ihn charakterisieren.

Alle Eigenschaften, seine Charakterstärken und -schwächen, seine Eigenarten und Angewohnheiten sind ebenso als Essenz dieser Philosophie zu betrachten, wie es sich bei ihr um eine grundsätzliche Möglichkeit handelt, bei sich selbst anzukommen und sich zu Hause zu fühlen. Hat der Mensch diesen Zustand erreicht, kann er dazu übergehen, sich selbst seiner Ur-Sehnsucht denkend und handelnd bewusst zu werden. Er kann sich nach seinen grundsätzlichen Motiven und Intentionen befragen, wodurch sich eine tiefenpsychologische Dimension der Selbstreflexion eröffnet.

Diese Schritte stellen die Grundlage einer Theologie des Friedens dar, die Ghazali derart begründet, dass er, im Sinne eines konsequent-logischen Argumentationsweges, die Vernunft in zwei Subkategorien unterscheidet: Einerseits die angeborene Vernunft, andererseits die erworbene Vernunft. Fallen unter die Erstgenannte grundsätzliche Fähigkeiten des Menschen, wie seine erblichen Vorprägungen und ein sich entwickelndes Begreifen bestimmter Sachverhalte, so versteht Ghazali unter der erworbenen Vernunft alle erlernten und angeeigneten Fähigkeiten, jegliches Wissen und – in letz-

ter Konsequenz – auch die jeweiligen religiösen Welt- und Wertvorstellungen: »Jedes Kind wird in seiner natürlichen Beschaffenheit (fitra) geboren.
Es sind seine Eltern, die es zum Juden, Christen oder Magier machen.«[26]

Ghazali kritisiert derlei erworbene und bloß ungeprüft angenommene
Weltbilder, insofern sie nicht, durch die Methode des Zweifels sowie dessen
beständige Wirksamkeit hinterfragt werden. Er erläutert, es komme weniger
darauf an, Lehrmeinungen zu analysieren, sondern deren Argumentations-
struktur zu betrachten und kritisch zu hinterfragen, die zu bloßer Nachahmung animieren.

Ein Blick auf die Dramaturgie seines Zeitgeistes, der unstet und voller Un-
ruhe war, in der einander nahezu gleichartige Religionsgemeinschaften
Menschen zur gegenseitigen Vernichtung animiert haben, lässt die These
von einer Theologie des Friedens zunächst als Glasgebäude auf sehr dün-
nem Eis errichtet erscheinen.

Kehrt man diese Perspektive jedoch auf die Innenwelt des einzelnen Menschen, so zeigt sich, dass in der modernen Gegenwart etliche psychologische,
neurowissenschaftliche und letztlich auch philosophische Untersuchungen
den Gedanken verfolgen, den Menschen als durch seine Zeit geprägtes und
auf sich selbst immer wieder Bezug nehmendes Wesen zu begreifen. Mittels
dieser Perspektive, einer Theologie des Friedens, unabhängig von religiöser
Offenbarungslehre, ist ein Denkweg eröffnet, welcher den skeptischen Blick
bewahrt und zugleich die Erkenntnis der eigenen Sehnsucht zur Maxime erhebt.

Schlussbetrachtungen

Die Betrachtungen in diesem Beitrag zeigen, dass Ghazali als Vertreter einer
interdisziplinären, konsequent skeptischen Methodik verstanden werden
kann. In deren Aktionsumfeld können alle Wissenschaften einbezogen werden, die Philosophie übernimmt jedoch die Funktion eines stringenten Leit-
fadens. Über den Zweifel als Methode einer angewandten Skepsis konnte
gezeigt werden, dass der Mensch sich seiner selbst gewahr werden kann,

---

[26]   Ghazali, Abu Hamed Mohammad: *Der Erretter aus dem Irrtum*, Hamburg 1988, S.
5.

wenn er an den ihn umgebenden Dingen und Erscheinungen zweifelt und sich nicht von bloßer Nachahmung sowie Adaption irgendeiner Lehrmeinung leiten lässt.

Ghazalis Anliegen, die Erkenntnisse der Vernunft mit jenen des Herzens zu verbinden, indem das Herz die Zweifel der Vernunft beruhigt und die Vernunft zugleich die Ruhelosigkeit des Herzens zu zügeln in der Lage ist, lässt durchblicken, dass er eine Archäologie der Skepsis vorschlägt, die eine tiefe Verankerung in seinem Denken erfährt.

Mit dieser Archäologie ist nicht bloß eine historische Herleitung des zweifelsgeprägten Denkens gemeint, vielmehr steht unter ihrem Vorzeichen eine Revolutionierung des Geistes, seine grundsätzlichen Erkenntniskriterien kritisch und sich selbstkritisch zu hinterfragen. Die eigene Befähigung zu den Bedingungen der Möglichkeit von Erkenntnissen über die Wahrheit ist es, die in Ghazalis Werk eine skeptische Weltanschauung tradieren.

Der Mensch ist ein vollziehendes, das heißt denkendes Wesen, während er im Zweifel unterwegs ist, was ihn dazu befähigt, sich seiner selbst bewusst zu werden. Ghazali vertritt somit keine bloße Lehre von der Selbsterkenntnis des Menschen, sondern er setzt vielmehr den Imperativ einer Aufforderung zur Selbsttätigkeit als zweifelndes Denkwesen voraus.

Die Aufforderung, welche Ghazali perspektiviert, könnte daher zukünftig lauten: Ich zweifele also denke ich und werde dadurch meines Mensch-Seins gewahr.

Epochendenken
in der Philosophiegeschichtsschreibung[1]

Daniel von Wachter

Einleitung

Mit Harald Seubert verbindet mich vieles, wir unterscheiden uns aber im philosophischen Stil. Mein Stil, den wir den ›direkten‹ nennen können, ist wie folgt zusammenzufassen: Wähle eine sich stellende philosophische Frage, z.B. ›Hat der Mensch eine Seele?‹ oder ›Gibt es einen Gott?‹. Suche die Antwort. Lies andere die Frage beantwortenden heutige und alte Texte, um dort Beobachtungen, Einsichten, verschiedene Antworten und Argumente zu finden. Verteidige die Antwort in einem Aufsatz oder einem Buch. Schreibe die Antwort nieder. Führe sie möglichst genau aus, beschreibe alle wichtigen Details des Gegenstandes. Verteidige deine Antwort mit Argumenten und setze dich mit den anderen möglichen Antworten auseinander.

Diesen Stil findet man zum Beispiel bei Thomas von Aquin, aber auch in Teilen der heutigen angelsächsischen Philosophie. Im Gegensatz zum direkten Stil haben sich in einer Phase nach dem Zweiten Weltkrieg viele deutsche Philosophieprofessoren auf das Schreiben über andere Autoren und Texte, also auf die Philosophiegeschichtsschreibung beschränkt. Einige halten den direkten Stil für naiv, unhistorisch, plump, vereinfachend, unmöglich oder unzeitgemäß. In diesem Aufsatz möchte ich einige Gründe für diese Beschränkung auf die Philosophiegeschichte erwägen und für den direkten Stil werben.

---

[1]　Der vorliegende Aufsatz enthält Teile des längeren Aufsatzes ›Die Überwindung der Beschränkung auf die Philosophiegeschichte in der deutschen Philosophie‹, *Zurück zur Metaphysik*, Hg. G. Donev, G. u.a., Blagoevgrad: Universitätsverlag Neofit Rilski, 2017, S.104-117.

Obwohl ich diesen Aufsatz Harald Seubert zueigne, möchte ich darin nicht sein Werk untersuchen oder kritisieren. Seine überragende Kenntnis und Gelehrsamkeit ist unser aller Gewinn. Meine im direkten Stil geschriebene Philosophie ersetzt nicht das Verständnis früherer Autoren wie Harald Seubert es uns beispielsweise durch seine Untersuchungen zu Platons Rechtslehre bringt[2], und ersetzt nicht die Erforschung und gedankliche Ergründung historischer Sachverhalte und Gemütszustände. Ich möchte nur behaupten, dass auch der direkte Stil durch nichts zu ersetzen ist.

1 Epochendenken als Grund für die Beschränkung auf die Philosophiegeschichtsschreibung

Nach dem zweiten Weltkrieg gab es in der deutschen Philosophie eine Phase, in der sich viele Philosophieprofessoren auf das Schreiben über andere Autoren und Texte, also auf die Philosophiegeschichtsschreibung beschränkten. Das ging so weit, dass man manchmal hörte: ›Philosophie handelt von Texten.‹ Auch erhielt man schwer eine Professur, wenn man nicht einen historischen Forschungsschwerpunkt hatte, während es kein Hindernis war, wenn man nur einen historischen, aber keinen systematischen Forschungsschwerpunkt hatte. Der Höhepunkt dieser doxographischen Phase, die wir die ›Historische Schule der deutschen Philosophie‹ nennen können, war etwa 1960-2000. Diese Neigung nimmt nun ab, nicht zuletzt dadurch, dass viele Nachwuchsphilosophen in Großbritannien oder den USA studieren, wo die argumentative, selbst Thesen vertretende Philosophie nie aufgegeben wurde, und dass deutsche Philosophen die angelsächsische Philosophie auch durch das Internet immer besser kennen.

Sicherlich gab es viele Gründe für die Beschränkung auf die Philosophiegeschichte, verschiedene Autoren hatten verschiedene Gründe. Ein möglicher Grund ist einfach das Interesse und die Neigung der Autoren. Ein anderer liegt im Positivismus, der lehrt, dass die Philosophie keinen eigenen Gegenstandsbereich hat, so dass Philosophieprofessoren keine andere Aufgabe bleibt, als die die Texte der alten Philosophen zu untersuchen. Doch

---

2   Harald Seubert, *Polis und Nomos. Untersuchungen zu Platons Rechtslehre,* Berlin 2005.

der wirkmächtigste Grund für die Beschränkung auf die Philosophiegeschichte in Deutschland scheint mir im *Epochendenken* zu liegen, genauer gesagt in der Ansicht, dass es *Epochen* und einen *Geist* jeder Zeit gibt, so dass
es Aufgabe der Philosophie ist, das Denken jeder Epoche und die Entwicklung des Geistes zu erforschen. Daher rühren Redeweisen wie ›das griechische Denken‹, »Hier ist der Autor noch dem mittelalterlichen Denken verhaftet«, »Hier zeigt sich schon neuzeitliches Denken«, »In der Renaissance
nahm man an, dass X«. Einige Zitate aus Johannes Hirschbergers *Kleine Philosophiegeschichte* von 1961[3], die veranschaulichen sollen, was ich mit Epochendenken meine.

Der Geist der Neuzeit ist gegenüber dem Geist der alten Philosophie, besonders des Mittelalters, viel bewegter und freier, aber auch zerrissener und
unübersichtlicher, zerrissen manchmal bis zur Hoffnungslosigkeit. Trotzdem dürfte diese Charakterisierung nicht das letzte Wort bleiben. Wer tiefer
schaut und nicht nur starke Programme und laut formulierte Ergebnisse ver-
nimmt, entdeckt bald, dass gewisse Themen sich in der Substanz und Sache
halten, sich aber in den Formeln und Formulierungen wandeln. (102)

Die Renaissance ist eine Zeit des Aufbruches. Alles ist in Bewegung. Man
langt nach allen Seiten aus, versucht es bald mit dem Alten, bald wieder mit
dem Neuen, bäumt sich in selbstgeschaffener Größe auf und verfällt wieder
dem Zweifel, will mit dem klaren Verstand arbeiten und setzt doch wieder
seine Hoffnung auf die Geheimnisse der Natur und die Macht des Schick-
sals, ruft den Menschen als den zweiten Gott aus und kann auch den wahren
Gott nicht vergessen. (102)

Das Epochendenken führt zur Beschränkung auf die Philosophiegeschichte, weil es die Aufgabe der Philosophie nicht darin sieht, die wahren
Antworten auf die philosophischen Fragen zu suchen, sondern darin zu untersuchen, welche Epochen es gibt, welche Ansichten zu welcher Epoche gehören und wie sich der Geist entwickelt hat.

Untersucht ein epochenorientierter Autor einen bestimmten Text, dann ist
sein Ziel nicht herauszufinden und darzustellen, was der betreffende Text
sagt, sondern anhand des Textes das Denken der zugehörigen Epoche zu

---

3   Johannes Hirschberger, *Kleine Philosophiegeschichte,* Freiburg im Breisgau 1961.

entdecken und den Text in eine Epoche und in die Entwicklung des Geistes
einzuordnen. Daher stellen epochenorientierte Untersuchungen oft nicht die
Details eines Textes dar, denn diese sind unwesentlich für die Zugehörigkeit
zur Epoche, sondern sie versuchen, den Text allgemein zu charakterisieren
und ihn in die Epoche einzuordnen. Sie stellen beispielsweise ein bestimmtes Argument für die Existenz der Seele nicht so genau dar, dass man prüfen
könnte, ob das Argument überzeugend ist, sondern sie sprechen davon, dass
der Text stark zwischen Geist und Materie trennt, dass er spätscholastisches
Denken aufweist, dass er sich schon vom mittelalterliches Denken löst. Sie
interessieren sich nicht dafür, ob es gute Argumente für die Existenz der
Seele gibt, sondern für die Eigenschaften der von ihnen angenommenen
Epochen und für die Entwicklung des von ihnen angenommenen Geistes.

Manchmal untersucht ein epochenorientierter Philosophiehistoriker nicht
einen bestimmten Text oder eine bestimmte Gruppe von Texten, sondern er
untersucht eine Epoche oder einen Teil einer Epoche, z.B. »die frühe Neuzeit«, und das ist etwas anderes, als die Auffassungen der Philosophen der
betreffenden Zeit darzustellen. Er untersucht nicht, was es zu jener Zeit für
Auffassungen gab oder welche Auffassungen die präzisesten und am
gründlichsten argumentierenden Texte vertreten, sondern er sucht nach
dem Denken jener Epoche. Dazu gehört auch die Überzeugung, dass es nicht
willkürlich ist, ob man mit ›Neuzeit‹ die Zeit ab 1600 oder die Zeit ab 1700
meint, sondern dass es etwas zu Entdeckendes ist, wann eine bestimmte
Epoche begann und wann sie endete.

2. Einwände gegen das Epochendenken

Der Fehler des Epochendenkens ist, dass es eine Einheitlichkeit der Meinungen zu einer Zeit annimmt, die es nicht gibt. Manche Stämme im Urwald
haben vielleicht ein einheitliches Weltbild, so dass alle Stammesmitglieder
sehr ähnliche Vorstellungen über den Verbleib der Seelen nach dem Tod haben. Auch in Europa im Jahr 1300 oder heute gibt es natürlich einige Ansichten, die allgemein geteilt werden, z.B. dass die Erde kugelförmig ist. Aber in
philosophischen Fragen gab und gibt es in Europa ganz verschiedene, einander widersprechende Ansichten. Die einen meinen, dass der Mensch eine
Seele habe, die anderen meinen, dass er nur aus Materie bestehe. Die einen

meinen, dass es einen Gott gibt, der das Universum geschaffen hat und erhält, die anderen bestreiten dies. Es gibt nicht das Denken der Neuzeit, denn im Jahr 1700 gab es in Europa ganz verschiedene Meinungen.

Descartes beispielsweise wird von Epochendenkern als Anfang der Neuzeit angesehen: So schreibt Hirschberger: Mit Descartes hebt die neuzeitliche Philosophie endgültig an. In vielem gehört Descartes noch zur Scholastik, und wer die Scholastik nicht kennt, kann ihn gar nicht richtig lesen. Aber etwas an ihm ist absolut anders, ist wirklich neu, nämlich der radikale Zweifel, mit dem er die Philosophie beginnen lässt. (106)

Jede These des Descartes wurde von anderen Philosophen bestritten. Vielleicht hat Descartes einige neue Thesen aufgestellt oder neue Methoden verwendet, aber auch diese Thesen wurden und werden von anderen Philosophen bestritten und auch diese Methoden wurden und werden von anderen Philosophen kritisiert. Die Epochendenker wählen einige Autoren und Auffassungen aus – wobei der Verdacht nahe liegt, dass sie diejenigen Auffassungen auswählen, die ihren eigenen am nahesten kommen – und erklären sie für die die Epoche kennzeichnenden. Diejenigen Philosophen, die andere Ansichten haben, behandeln die Epochendenker einfach nicht, sie ignorieren sie. Zum Beispiel ignorieren sie die gesamte protestantische Scholastik des 17. Jahrhunderts, z.B. Rudolf Göckel (1547-1628), Nicolaus Taurellus (1547-1606), Jakob Lorhard (1561-1609), Clemens Timpler (1564-1624), Daniel Cramer (1568-1637), Cornelius Martini (1568-1621), Jakob Martini (1570-1649), Christoph Scheibler (1589-1653). Die Epochendenker erklären Leibniz für maßgeblich und ignorieren die Philosophen mit anderen Auffassungen, insbesondere Christian August Crusius (1715-1775), Johann Georg Walch (1693-1775), Johann Franz Buddeus (1667-1729), Joachim Lange (1670-1744), Andreas Rüdiger (1673-1731), Franz Albert Schultz (1692-1763) und Benedikt Stattler (1728-1797). Im 19. Jahrhundert ignorieren sie weitgehend Rudolf Hermann Lotze, obwohl er zu seiner Zeit einer der anerkanntesten Philosophen war. Die Epochendenker sagen, dass wir seit Kant im ›nachmetaphysischen Zeitalter‹ seien und ignorieren dabei die vielen Philosophen des 19. und des 20. Jahrhunderts, die auf höchstem Niveau Metaphysik betreiben. Sie sagen, man könne seit Kant keine Gottesbeweise mehr vortragen, und ignorieren dabei die vielen Philosophen, die genau dies tun und die keinerlei Grund dafür sehen, weshalb man dies nicht mehr tun können soll.

Zum Epochendenken kann der Gedanke des *Genies* kommen. Wer glaubt, dass es in der Menschheitsgeschichte einige Philosophen gab, die so hervorragend waren, dass allein diese Fortschritt in der Philosophie bringen und dass wir anderen alle im Vergleich zu diesen in der Philosophie kaum etwas Originelles zustande bringen, der wird meinen, dass wir ein Großteil unserer Zeit dem Studium und der Interpretation dieser Autoren widmen sollten oder gar dass wir gar nicht selbst nach Antworten auf philosophische Fragen suchen sollten. Wer in dieses Denkmuster geraten ist, überschätzt den interpretierten Autor, behandelt ihn unkritisch, und unterschätzt sich selbst.

Das Motiv des Genies kommt aber nicht nur im Epochendenken und im Sturm und Drang vor, sondern auf ähnliche Weise wurde auch in der katholischen Tradition die systematische Philosophie dadurch geschwächt, dass Aristoteles oder Thomas von Aquin zu Autoritäten erklärt wurden, so dass viele viel Zeit für die Interpretation dieser Autoren und wenig Zeit und Mühe für selbständiges, systematisches Philosophieren verwendeten und keine eigenständige, optimierte Begrifflichkeit entwickelten. Freilich gab es in der aristotelischen Philosophie auch viel echtes Philosophieren, wenn nämlich Aristoteles und Thomas nur den Rahmen und die Terminologie bereitstellten, und sie hat wesentlich zur enormen Blüte der Philosophie im Christentum beigetragen, aber die Autoritätshörigkeit und die Vorliebe für Interpretation, die sich nicht minder ausgeprägt bei den Anhängern einiger nichtchristlicher Philosophen findet, bremsen die Philosophie.

3. Schluss

Eigentlich könnte man auch aus der Sicht des Epochendenkens den direkten philosophischen Stil pflegen, denn die epochemachenden Philosophen pflegten ihn auch. Nur in der Verbindung mit der Annahme, dass in der Epoche, in der wir uns befinden, man nicht mehr direkt philosophisch forscht, führt das Epochendenken zur Ablehnung des direkten Stils. Dann entsteht der Gedanke, dass man so heute nicht mehr philosophieren ›kann‹. Aber natürlich kann man und soll man auch heute direkt philosophieren, und viele tun dies auch, auch wenn sie aus der Sicht des Epochendenkens nicht existieren. Philosophische Fragen daraufhin zu untersuchen, ob sie Scheinfragen sind, ist wichtig, aber es bleiben große philosophische Fragen bestehen, die eindeutig sinnvoll sind und auf die es eine wahre Antwort gibt. Manchmal ist die Antwort schwer zu erkennen und meist sind philosophische Thesen kontrovers, aber das zeigt nur, dass es ein Fehler ist, so große Gewissheit in der Philosophie und überhaupt in irgendeiner Wissenschaft zu erwarten oder zu fordern, wie Descartes und Kant es taten. Der Kritiker des direkten Stils mag mit Kant einwerfen:

Alle Metaphysiker sind demnach von ihren Geschäften feierlich und gesetzmäßig so lange suspendiert, bis sie die Frage: *Wie sind synthetische Erkenntnisse a priori möglich?* genugtuend werden beantwortet haben. Denn in dieser Beantwortung allein besteht das Kreditiv, welches sie vorzeigen mussten, wenn sie im Namen der reinen Vernunft etwas bei uns anzubringen haben; in Ermangelung desselben aber können sie nichts anders erwarten, als von Vernünftigen, die so oft schon hintergangen worden, ohne alle weitere Untersuchung ihres Anbringens, abgewiesen zu werden. (Prolegomena, § 5)

Doch wenn apriorische Erkenntnisse nicht, wie Kant annahm, apodiktisch gewiss sein müssen, gibt es keinen guten Grund dafür, die Metaphysik für unmöglich zu erklären. Ob und in welchem Sinne sie a priori ist, kann man überlegen, aber es gibt keinen Grund dafür, erst dann metaphysische Fragen zu erforschen, wenn sie ›gnugtuend‹ beantwortet ist, zumal unklar ist, was ›genug‹ hier wäre.

Der vernünftige Mensch lässt sich weder durch solche Möglichkeitsüberlegungen noch durch Epochendenken von der Suche nach den Antworten auf die großen philosophischen Fragen abbringen. Heidegger rief seinen Studenten zu: Zur Philosophie kommen Sie nicht dadurch, dass Sie viele und verschiedenartige philosophische Bücher lesen, aber auch nicht dadurch, dass Sie sich damit abquälen, die Welträtsel zu lösen, sondern einzig und sicher so, dass Sie dem Wesentlichen, was Ihnen in Ihrem jetzigen, dem wissenschaftlichen Studium vorbehaltenen Dasein entgegenkommt, nicht ausweichen.[4]

Doch genau so ist es: Philosophieprofessoren und -studenten sollen sich wieder damit abquälen sollen, die Welträtsel zu lösen!

---

[4] Vgl. Martin Heidegger. Metaphysische Anfangsgründe der Logik im Ausgang von Leibniz, Gesamtausgabe Bd. 26. Frankfurt/Main 1928, S. 23.

Religion und Philosophie – Glaube und Vernunft

Zu Harald Seuberts Gedanken
einer differenten Identität von Philosophie und Religion

Christoph Böhr

Die Begründung für den außergewöhnlichen Umfang seines schon in jungen Jahren im Alter von 46 Jahren vorgelegten opus magnum bietet dessen Verfasser, Harald Seubert, gleich zu Beginn, in der Einführung zu seinem Buch, das der Vermessung des Terrains, wie es sich zwischen Philosophie und Religion – Vernunft und Glaube – eröffnet,[1] gewidmet ist, indem er zutreffend Bezug nimmt auf eine Feststellung des bekannten deutschen Religionsphilosophen Richard Schaeffler. Der nämlich hat darauf verwiesen, dass die »Töne, welche die Religionsphilosophen unterschiedlicher Richtung auf ihren sehr unterschiedlich gebauten Instrumenten erzeugen«, nicht in eine konzertante Symphonie einfließen. Im Gegenteil: Sie klingen disharmonisch. Schaeffler folgert aus diesem Umstand: »Das verbietet eine harmonisierende Darstellung. Und doch kann heute keiner mehr auf seine Weise zu spielen beginnen, ohne auf all diese Töne zu hören; das verbietet es, unter Vernachlässigung der Vielfalt von Religionsphilosophien sogleich auf eigene Weise, einem Solisten gleich, seine Zither zu spielen.«[2]

Ohne Zweifel ist Schaeffler mit seiner Bemerkung im Recht, und Seubert hat sie beherzigt: Über insgesamt 673 Seiten nimmt er den Leser bei der Hand und führt ihn – um in dem oben genannten Bild zu bleiben – durch

---

[1] Harald Seubert, *Zwischen Religion und Vernunft. Vermessung eines Terrains*, Baden-Baden 2013; Seitenangaben, die sich auf dieses Buch beziehen, werden im fortlaufenden Text in Klammern gesetzt.

[2] Richard Schaeffler, *Religionsphilosophie*, Freiburg u. München 1983, S. 16; bei Seubert, *Zwischen Religion und Vernunft*, a.a.O., findet sich der Verweis auf S. 31.

die nicht anders als disharmonisch zu nennende Partitur jener Symphonie, die wir Religionsphilosophie nennen, deren verwickelte Geschichte und deren unterschiedliche Deutungen: mit einer stupenden Sachkenntnis der zahlreichen Quellen, einer beneidenswerten Belesenheit und einer nicht minder beeindruckenden Sachkunde, die es ihm erlaubt, souverän mit der Fülle des Stoffs umzugehen und dabei nicht nur das Erbe der Klassiker, sondern auch die Hinterlassenschaft mancher heute nicht mehr so bekannten Autoren zu sichten. Man spürt, Zeile für Zeile: Die Frage nach dem Zusammenspiel von Religion und Philosophie ist für Seubert nicht nur eine Frage von akademischer Bedeutung, sondern ebenso – und im Einklang mit der besten philosophischen Tradition seit der griechischen Antike – eine Herausforderung der persönlichen Lebensführung. Allein dies schon verleiht dem Buch schon einen besonderen Wert.

Und aus eben diesem Grund ist Seuberts Buch ein Glücksfall für seine Leser: Es verbindet den wissenschaftlichen Zugang mit einer lebhaften Anteilnahme an jenen Fragen, um die es der Religionsphilosophie geht. Um deren Gegenstand – und Selbstverständnis – näher zu bestimmen, erinnert Seubert gleich zu Beginn (S. 32, S. 43) an eine wichtige Unterscheidung, die der – heute kaum noch bekannte – Religionsphilosoph Heinrich Scholz im Jahr 1922 einführte, als er zwischen der von ihm so benannten ›konstruktiven‹ und einer ›rezeptiven‹ Religionsphilosophie unterschied.[3] ›Konstruktiv‹ verhält sich der Religionsphilosoph, Scholz zufolge, wenn ihn der Gegenstand seiner Forschung, die Religion, wie sie seinem Nachdenken vorausgeht, zu-

---

[3] Heinrich Scholz, *Religionsphilosophie*, Berlin ²1922, S. 3 ff.; als Inbegriff einer ›konstruktiven‹ Religionsphilosophie nennt er die Kantische, weil sie, Ebenda, Geltung beansprucht »ganz unabhängig davon, daß etwas existiert, was Religion genannt wird«. Heute wird man begrifflich anders unterscheiden müssen als Scholz: Während die Entgegensetzung von konstruktiver und rezeptiver Religionsphilosophie durchaus ihren guten Sinn behält, scheint doch mehr als fraglich, ob man Kants transzendentalphilosophisches Postulat – Gott als Idee der Vernunft – tatsächlich als Ausweis eines religionsphilosophischen Konstruktivismus verstehen darf; denn dieses ›Postulat‹ konstituiert ja keine Religion, sondern eine Epistemologie, und ist deshalb keine Konstruktion einer Glaubenslehre, sondern Axiom einer Erkenntnislehre; vgl. dazu auch unten, Fußnote 20.

nächst gar nicht interessiert, sondern in der eigenen Begrifflichkeit als For-
schungsgegenstand erst hervorgebracht wird. ›Rezeptiv‹ hingegen verfährt
der Philosoph, wenn er die Religion als Lebensmacht samt deren Wahrheits-
anspruch in seiner Forschung voraussetzt, also seine Begrifflichkeit als das
Bemühen um eine Annäherung an die Wirklichkeit des Vorgefundenen aus-
bildet und versteht.

Seubert nun stellt fest: »Für die veränderte Situation am Beginn des 21.
Jahrhundert, die zu Recht mit dem Stichwort einer ›Wiederkehr der Religion‹ beschrieben werden kann, ist es charakteristisch, dass längst wieder
das Erfordernis einer rezeptiven Religionsphilosophie eingesehen wird.«
Und er fährt fort: Für die Philosophie »bedeutet dies zugleich das Erfordernis, sich Rechenschaft darüber zu geben, dass Religion ein Phänomen sui
generis – eigener Art – ist, das, wenn man daraus einen Erkenntnisgewinn
ziehen möchte, nicht einfach als indifferenter Gegenstand immer gleichen,
indifferenten Begriffsoperationen unterworfen werden darf.« Philosophie,
wenn sie auf Religion stößt, trifft »auf eine Grenze, an der sie nicht umhin
kann, sich selbst zu bestimmen.« (S. 43)

Wer philosophisch über Religion spricht, kommt nicht umhin, eine Selbstbestimmung ganz eigener Art vorzunehmen. Diese Selbstbestimmung
schließt auch die Disziplin, innerhalb derer Religion zum Gegenstand von
Erkenntnis wird, mit ein. Der Philosoph muss sich – und anderen – Rechenschaft darüber ablegen, wie und auf welchem Weg er sich dem Gegenstand
nähert. Diese Rechenschaftspflicht wiederum hat Folgen für das Fach, die
Philosophie im Ganzen. Wenn die Erkenntnis von Religion dabei ›rezeptiv‹
vorgeht, bleibt sie nicht unberührt von dem Gegenstand, den wir Religion
nennen – und zwar in der Weise, dass Religion als Gegenstand ihrer Erforschung nicht nur in einer – sei es sozialen, sei es politischen oder kulturellen
– Funktion wahrgenommen werden kann, sondern als ein Phänomen, das
unabhängig davon besteht, dass wir seiner unter eigenen Nutzengesichts-
punkten ansichtig werden. Religion als Gegenstand der Erkenntnis – in deren rezeptiver Erfassung – muss und wird den Eigenstand ihres Erkenntnis-
gegenstandes in den Mittelpunkt rücken, ja, mehr noch: dieser Eigenstand
muss, will man ihn erkennen, aufgenommen – eben rezipiert – werden.

In diesem Zusammenhang erinnert Seubert an den bedeutenden japani-
schen Religionsphilosophen Keiji Nishitani, der von 1900 bis 1990 lebte und
eine Religionsphilosophie ausgearbeitet hat, die 1961 erstmals in dessen Heimat erschien und in der 1982 erschienenen deutschen Übersetzung den
schnörkellosen Titel ›Was ist Religion?‹[4] trägt.

Seubert nun bemerkt, dass bereits die Frage, welchen Zweck Religion habe
– und entsprechend niedrigrangig die Erkenntnis ihres Eigenstandes einstuft,
weil die Betrachtung des Zweckes vorrangig ist – , in die Irre führt und er
bezieht sich dabei auch auf Nishitani. Der nämlich trifft schon auf der zweiten Seite seines Buches jene grundlegende Feststellung, an die heute zu erinnern besonders dringlich ist, weil die religiöse Apologetik in nicht gerin-
gen Teilen der modischen Attitüde folgt, den Glauben durch seinen – übri-
gens gar nicht bestreitbaren – gesellschaftlichen Nutzen zu rechtfertigen.

Gründlicher jedoch kann man nicht verfehlen, was sich hinter dem Phänomen von Religion verbirgt; Religiosität ist nicht Utilität, beide haben nichts
miteinander zu tun, der Glaube an Gott rechtfertigt sich nicht durch seinen
Nutzen für die Gesellschaft – und darauf weist Nishitani unmissverständlich hin, wenn er schreibt: »Die Behauptung, Religion sei für die gesellschaftliche Ordnung, für das Wohl der Menschheit oder für die öffentliche Moral
nötig, ist darum falsch – zumindest hieße dies, das Primäre dem Sekundären
unterordnen. Ebenso wenig wie das Leben selbst sollte Religion unter dem
Gesichtspunkt der Nützlichkeit betrachtet werden. Wenn eine Religion derartigen Überlegungen den Vorrang einräumt, so beweist das nur, dass sie
bereits degeneriert ist.« Und Nishitani fährt fort: Was Religion hingegen
»notwendig werden lässt, ist dies: Sie lässt uns zum Ursprung des Lebens
zurückkehren. Dort ist Leben etwas jenseits von Funktionalität oder Nützlichkeit; das bedeutet, dort gehen wir über unsere übliche Lebensweise hinaus, unsere gewöhnliche Seinsweise wird durchbrochen.«[5]

---

4   Keiji Nishitani, *Was ist Religion?*, 1961, Frankfurt/Main 1982.
5   Ebenda, S. 40.

Wenn Religion die übliche Seinsweise durchbricht, weil Gott in unser Denken eintritt[6], dann durchbricht sie auch unser alltägliches Verständnis von Vernunft. Nishitanis Schlussfolgerung lautet denn auch: Allein das religiöse Empfinden selbst ist der Schlüssel zum Verständnis dessen, was Religion ist.[7] Jetzt leuchtet auch ein, warum es für die Philosophie nicht folgenlos bleiben kann, wenn sie Religion zum Gegenstand ihrer Erkenntnis macht; die Selbstbestimmung ganz eigener Art, von der oben im Hinblick auf die Disziplin und ihren Repräsentanten die Rede war, wurzelt in der Beschaffenheit der Sache selbst, weil diese Beschaffenheit der Sache eine ganz bestimmte Beschaffenheit ihres Erkennens bedingt: in den Worten Nishitanis: »Allein das religiöse Bedürfnis ist der Schlüssel zum Verständnis dessen, was Religion ist. Einen anderen Weg gibt es nicht.«[8] Epistemologisch hat diese – wohl zutreffende – Einsicht weitreichende Folgen, umso mehr, als nach wie vor »diesseits und jenseits des Atlantiks religionsphilosophische Konzeptionen vorgelegt« werden, »die die Existenz von Religion nicht voraussetzen.« (S. 47) Geht man

den Folgen nach, die Nishitanis Diktum zeitigt, dann steht allerdings – gegenläufig zu den Gewohnheiten unserer Zeit – zu vermuten, dass gut beraten ist, nicht über Religionsphilosophie zu sprechen, wer von sich selbst behauptet, jedes religiöse Empfinden sei ihm fremd oder gar unzugänglich.[9]

---

6   Vgl. Kurt Hübner, *Glaube und Denken. Dimensionen der Wirklichkeit*, Tübingen 2001, S. 16: »Im Gegensatz zum Logos der Metaphysik tritt im Logos des christlichen Glaubens nicht die Beziehung des Seienden (Objekt) auf das menschliche Denken (Subjekt) in Erscheinung, sondern die Beziehung des Seienden auf Gott. Dieser liegt nicht in dem das Sein bestimmende Denken des Menschen, sondern in dem *das Sein bestimmenden Wort Gottes*.« Hervorhebung im Original. Hübners Feststellung trifft wohl auf alle Religionen zu, die in Gott eine Person anerkennen.

7   In den Worten von Seubert, *Zwischen Religion und Vernunft. Vermessung eines Terrains*, a.a.O., S. 55: »Dies bedeutet auch, dass ein reiner Konstruktivismus das Grundmoment von Präsenz verfehlen muss, wie es Religion immer auch zu eigen ist. Jene Präsenz darf keineswegs mit naiver Unmittelbarkeit verwechselt werden.«

8   Nishitani, *Was ist Religion?*, a.a.O., S. 40.

9   Die Begründung für diese vielleicht auf den ersten Blick unverständliche, vielleicht sogar anstößige Feststellung – dargestellt im Bezugsrahmen des christlichen Glaubens – findet sich bei Hübner, *Glaube und Denken*, a.a.O., S. 19: »Die

Damit ist nun keineswegs gemeint, dass Religion sich von der Vernunft abkoppelt. Im Gegenteil: Vernunft und Glaube – und damit auch dessen gefestigte Form, die sich zur Religion verdichtet – sind jedenfalls nach europäisch-christlichem Verständnis miteinander verbunden und bleiben aufeinander zugeordnet. Der Spannungsbogen, wie er sich auf diese Weise aufbaut, ist Gegenstand des Buches *Zwischen Religion und Vernunft* von Seubert. Er vermisst in diesem Buch genauestens das Terrain zwischen ›religio‹ und ›ratio‹, beschreibt die unterschiedlichen Konstellationen zwischen Glaube und Vernunft – im ersten Teil – und widmet sich dann im zweiten Teil unter historischen und systematischen Gesichtspunkten den Problemen und Phänomen, die mit dieser Fragestellung verbunden einhergehen.

Wenn Philosophie – auch – die Aufgabe hat, den Blick auf das Göttliche und die Jenseitigkeit zu richten, dann ergibt sich – wie Seubert erläutert – eine »differente Identität« (S. 499 ff.) zwischen Religion und Philosophie. Religionsphilosophie ist dann immer auch ein Nachdenken der Philosophie über sich selbst, eine Reflexion auf ihre Potenz. Das ist eine wichtige und folgenreiche Feststellung. In diesem Sinne ist Religionsphilosophie dann nämlich kein abgesondertes Teilgebiet der Geisteswissenschaft für besondere Fachleute, die sich als Experten für Fragen der Religion verstehen, sondern Religionsphilosophie richtet, Seuberts Feststellung folgend, den Blick auf das Ganze der Philosophie – als eine grundsätzliche Vergewisserung ihres Anspruchs und ihrer Möglichkeiten. Der Verfasser liefert in seinem opus

---

Weise des christlich verstandenen Logos in Jesu Worten liegt also darin, daß er durch sie göttliche Wirklichkeit innerhalb *unmittelbar* faßbarer, existentiellmenschlicher Wirklichkeit offenbart; und zwar nicht so, daß er *über sie* in Form einer theoretischen Beschreibung oder Erklärung spricht (oder gar schreibt), sondern so, daß er diese Wirklichkeit selbst im Hörenden unmittelbar *wachruft* und entstehen läßt, womit sie im gesprochenen Wort eine mythische Anwesenheit und Gegenwart gewinnen, an welcher der Hörende teilhat, weil er sich hiervon durchdrungen fühlt. Auch hier ist also im Sinne des christlichen Logos das Wort zugleich die Wirklichkeit, die es meint, es ist Schöpfung von Wirklichkeit und nicht deren wie auch immer zu verstehende ›Abbildung‹ oder eine ›Übereinstimmung mit ihr‹, wie es der metaphysische Logos ins einer Scheidung von gegebenem Objekt und es beschreibendem, erklärendem Subjekt auffaßt.« Hervorhebungen im Original.

magnum unzählige Einblicke und Einsichten dazu – jedem, der aufgeschlossen ist für eine philosophische Vergewisserung in religiösen Fragen.

Wenn nun Seuberts These von der differenten Identität, in der sich die Beziehung von Religion und Philosophie bei ihm zusammenfassend beschrieben findet, zutrifft: Ist dann die Philosophie der Vorhof zur Religion, jener Vorhof, in dem sie die Heiden versammeln – vergleichbar jenem Hof, der dem jüdischen Tempel, dem Heiligen und dem Allerheiligsten, vorgelagert war und den auch die ungläubigen Heiden betreten durften, die zum Heiligen selbst keinen Zutritt hatten – den man aber durchschreiten musste, wenn man zum Heiligen und zum Allerheiligsten gelangen wollte?[10]

---

[10] Das Christentum versteht dabei das Heidentum anders als das damalige Judentum, das die Assimilation fürchtete und deshalb eine Art von Selbstausgrenzung vornahm, wobei das Gesetz wie ein Zaun wirkte, der vor einer Vermischung mit den Heiden – den Völkern außerhalb – schützen sollte. Im Christentum wird der Vorhof der Heiden dagegen als Ort der Verkündigung des eigenen Glaubens verstanden. Darauf hat zu Recht Jan Assmann, *Prudentius, Contar Symmachum. Christentum und Heidentum an der Schwelle des christlichen Zeitalters*, in: *Monotheismus, Skepsis, Toleranz. Eine moderne Problematik im Spiegel von Texten des 4. und 5. Jahrhunderts*, hg. v. Wilhelm Geerlings u. Rainer Ilgner, Turnhout 2009, S. 190 ff., hier S. 193, hingewiesen: »Im Christentum nahm die Unterscheidung zwischen Christen und Heiden – sc. anders als im vorgängigen Judentum – den Charakter der Fremdausgrenzung an: Jetzt waren es die Heiden, die sich vom Heil ausschlossen, indem sie die Einladung nicht annahmen und draußen blieben. Aus christlicher Sicht durfte es dieses Außen gar nicht geben, das *Horrendum* ist nicht die Assimilation – sc. wie bei den Juden –, sondern die Differenz.« Hervorhebung im Original. Wenn Assmann fortfährt, dass es galt, , diese Differenz durch Evangelisierung »zum Verschwinden zu bringen«, muss hinzugefügt werden, dass Missionierung im Christentum jeder einzelnen Seele den Zugang zum Heil eröffnen soll und insofern allüberall bis an die Grenzen der Erde stattfindet; aber diese Missionierung erfolgt im Wissen, dass die spärlichen biblischen Auskünfte über die Endzeit mitnichten davon sprechen, am Ende der Zeit seien alle Völker zum Christentum bekehrt. Im Gegenteil: Das Christentum ist darauf hingewiesen, dass es sich zum Ende nur in einer sehr kleinen Herde wiederfindet, und trotzdem gehalten, der ganzen Welt seine Botschaft zu verkündigen.

Dem Heiligen,[11] Mittelpunkt jedweden Glaubens an Gott, kann sich der Mensch auf zwei Wegen nähern: auf dem Weg der Annahme einer Offenbarung – wie auf dem Weg des Gebrauchs seiner Vernunft. Der letztgenannte Weg ist jener, den die Philosophie beschreiten kann – wenn sie denn eine Richtung einschlägt, die der Frage nach dem Sacrum nicht ausweicht und sich den Blick auf das Ganze nicht selbst verbietet. Wenn Immanuel Kant die Metaphysik als eine »durch die Natur der menschlichen Vernunft unentbehrliche Wissenschaft ansieht«[12] – als »Naturanlage (metaphysica naturalis) wirklich« und wirksam, weil von dem der menschlichen Vernunft eigenen Bedürfnis hervorgebracht und getrieben[13] –, dann gilt das auch für die andere Disziplin, die sich mit den letzten Fragen beschäftigt, nämlich die Religion. Man kann versuchen, dieses Bedürfnis ad absurdum zu führen; dann aber steht zu befürchten, dass es unter der Hand – gerade weil es aus einem Bedürfnis der menschlichen Vernunft erwächst – seine Befriedigung anderenorts sucht – und regelmäßig auch findet: im weiten Feld der Mythen und Pseudoreligionen.

In diesem Sinne – als Hinführung zum Glauben – kann man mit guten Gründen die Vernunft als den Vorhof der Heiden bezeichnen. Wie im Tempel von Jerusalem stößt dieser Vorhof an jene Grenze, die man überschreiten muss, um den Bereich des Heiligen zu betreten. Philosophie und Religion haben tatsächlich eine gemeinsame Grenze, die sich zwar manchmal als fließend darstellt – aber doch immer eine Nahtstelle bleibt und Differentes trennt.

Seubert argumentiert, dass die Genealogie der Philosophie, »zumindest im Abendland, unverständlich würde, wenn man von der Kontrastierung zur Religion absähe. Ihr gegenüber haben Philosophen von den Vorsokratikern bis hin zu Wittgenstein oder Heidegger ihr Selbstverständnis formuliert.« (S.

---

11 Zum Begriff vgl. Christoph Böhr, *Die Fundierung des christlichen Sacrum unter philosophischen Aspekten: zur Unterscheidung von Profanität und Sakralität*, in: *Das Heilige*, hg. v. Helmut Prader, Kisslegg 2017 (im Ersch.).

12 Immanuel Kant, *Kritik der reinen Vernunft*, 1781, B 18; vgl. auch Ebenda, A VII; zitiert wird hier und im Folgenden nach der von Wilhelm Weischedel in erster Auflage 1956-1964 herausgegebenen Ausgabe.

13 Ebenda, B 21.

502) Tatsächlich darf man vermuten, dass es die Philosophie von ihrem Anfang her darauf anlegt, die ihr vorgängige Erfahrung des Göttlichen zu erfassen und zu durchdringen – mit den Mitteln der Vernunft. Das gilt vielleicht in ganz besonderer Weise für die Metaphysik. Dazu findet sich eine aufschlussreiche Bemerkung in George Samuel Albert Mellins *Wörterbuch der kritischen Philosophie*. Mellin bezeichnet das Geschäft der Vernunft im Ausgang von Volksbegriffen, die einer Beschreibung der Erfahrung des Heiligen dienen, als Aufklärung: »Es ist merkwürdig genug, daß die Theologie die Metaphysik erzeugt hat ... Die alten Gebräuche, die noch von dem rohen Zustand der Völker übrig waren, hatten grobe Religionsbegriffe eingeführt. Allein dies hinderte doch nicht den aufgeklärten Theil der Menschen, sich freien Nachforschungen über diesen Gegenstand zu widmen.« So waren »Theologie und Moral die zwei Beziehungspuncte zu allen abgezogenen Vernunftforschungen ... Die erste war indessen eigentlich das, was die bloß speculative Vernunft nach und nach in das Geschäft zog, welches in der Folge unter dem Namen *Metaphysik* so berühmt geworden ist.«[14]

Metaphysik – nach Kant die »Vollendung aller Kultur der menschlichen Vernunft«[15] – wäre demnach die Nachhut der Vernunft zu einem ihr vorauseilenden Glauben. Seubert folgt dieser Ansicht, wenn er die »komplementäre Interpretation von Religion und Philosophie« als ein »Sich-selbst-Finden im Anderen« bezeichnet. (S. 503) Die Vernunft nimmt die vom Glauben aufgeworfenen Fragen auf, um sie mit ihren eigenen Mitteln zu erforschen, und sie anschließend – nach erfolgter Aufklärung mittels vernunftgeleiteter Forschung – wieder dem Volksglauben einzuverleiben. Den Sachverhalt so zu beschreiben, deutet indessen mehr auf eine Vermischung und ein wechselseitiges Ineinandergreifen – im Sinne einer, wie Joseph Ratzinger sagt,

---

[14] George Samuel Albert Mellin, *Enzyklopädisches Wörterbuch der kritischen Philosophie*, 6 Bde., Züllichau,. Jena u. Leipzig 1797-1804, Neudr. Aalen 1970-1971, Bd. 4, 1801, S. 284 f., Hervorhebung im Original; mit Verweis auf die *Kritik*, in der sich der Eintrag nahezu wortgleich findet: vgl. Kant, *Kritik der reinen Vernunft*, a.a.O., B 880.

[15] Kant, *Kritik der reinen Vernunft*, B 878 / A 850.

Korrelationalität[16] – der beiden Bereiche denn auf ihre – oben behauptete – Trennung entlang einer beidseitig verlaufenden Nachbarschaftsgrenze hin.

Folglich scheint die Art und Weise, wie die Vernunft den Glauben aufnimmt und erforscht, um ihn dann in geläuterter Form neu aufleben zu lassen, eines näheren Hinsehens wert. Denn diese Aufnahme und Läuterung kann zweifach unterschiedlich erfolgen: unter den Vorzeichen des Glaubens – wie jenseits aller Anteilnahme an diesem Glauben. Und es zeigt sich, wie bedeutsam diese Unterscheidung ist – im Blick auf Seuberts – im Gleichklang mit Nishitani getroffene – Feststellung: Allein das religiöse Empfinden selbst ist der Schlüssel zum Verständnis dessen, was Religion ist.[17] Wer diesen Schlüssel nicht in der Hand hat, spricht philosophisch über Religion[18] wie der Blinde von der Farbe – in den Worten Richard Schaefflers ausgedrückt: »Vernunftpostulate ohne religiöse Erfahrung sind leer«. Freilich gilt ebenso: »religiöse Erfahrung ohne Vernunftpostulate ist blind.«[19] Es geht um eine wechselseitige Beziehung: Die Philosophie beansprucht, »durch ihre Argumente jene Wirklichkeit näher zu bestimmen, die

---

[16] Vgl. Joseph Ratzinger, *Was die Welt zusammenhält. Vorpolitische moralische Grundlagen eines freiheitlichen Staates*, in: Jürgen Habermas, Joseph Ratzinger, *Dialektik der Säkularisierung. Über Vernunft und Religion*, hg. v. Florian Schuller, Freiburg im Br. 2005, S. 39 ff., hier S. 56 f.: Es gibt »Pathologien in der Religion«, »die höchst gefährlich sind und die es nötig machen, das göttliche Licht der Vernunft sozusagen als ein Kontrollorgan anzusehen, von dem her sich Religion immer wieder neu reinigen und ordnen lassen muss«. Ratzinger weist darauf hin, dass es ebenso Pathologien der Vernunft gibt, wenn diese nur noch instrumentell ausgerichtet ist: »Ich würde demgemäß von einer notwendigen Korrelationalität von Vernunft und Glaube, Vernunft und Religion sprechen, die zu gegenseitiger Reinigung und Heilung berufen sind und die sich wechselseitig brauchen und das gegenseitig anerkennen müssen.«

[17] Vgl. dazu oben, Fußnote 9.

[18] Vgl. Richard Schaeffler, *Philosophisch von Gott reden. Überlegungen zum Verhältnis einer Philosophischen Theologie zur christlichen Glaubensverkündigung*, Freiburg im Br. u. München 2006, S. 57: »Die besondere Eigenart der religiösen Erfahrung macht diese zur Bewährungsprobe aller philosophischen Versuche, über das ›Ganze‹ des Seienden … zu sprechen.«

[19] Richard Schaeffler, *Erfahrung als Dialog mit der Wirklichkeit. Eine Untersuchung zur Logik der Erfahrung*, Freiburg im Br. u. München 1995, S. 763, der Begriff des ›Vernunftpostulats‹ folgt hier der ihm von Kant unterlegten Bedeutung; vgl. auch ders., *Die Selbstgefährdung der Vernunft und der Glaube an Gott*, in: ders., *Unbedingte Wahrheit und endliche Vernunft. Möglichkeiten und Grenzen menschlicher Erkenntnis*, hg. v. Christoph Böhr, Wiesbaden 2017, S. 55 ff.

das ›noematische Korrelat‹ des religiösen Aktes darstellt und daher diesem, um es mit Husserl zu sagen, ›originär gegeben‹ ist.«[20] Das nun ist allerdings keine willkürliche Wechselbeziehung, in die Philosophie und Religion treten. Denn der hermeneutische Anspruch der Philosophie geht darauf aus, diejenige Wirklichkeit, »die im religiösen Zusammenhang ›Gott‹ genannt wird«, als tatsächlich deckungsgleich mit derjenigen Bedingung zu bezeichnen, »die die menschliche Vernunft aus einer zweifachen Erklärungs-Unfähigkeit befreit: aus der drohenden Verstrickung in selbstentworfene Systeme und aus dem drohenden Chaos, das entsteht, sobald diese Systeme in Erfahrungen der Paradoxie, der Interferenz strukturverschiedener Erfahrungswelten oder der Begegnung zwischen Individuen und Gruppen unterschiedlicher geschichtlicher Prägung zerbrechen. Oder kurz: Der Gott der Religion soll als realidentisch mit der Bedingung verstanden werden, die die Auflösung der Vernunftdialektik möglich macht.«[21] Damit ist die transzendentale Bedeutung der mit dem Wort ›Gott‹ bezeichneten Wirklichkeit beschrieben, die jedoch gegenstandslos und leer bleibt, wenn sie sich nicht auf den religiösen Akt bezieht.

Um es – anknüpfend an Nishitani, Seubert und Schaeffler – zusammenfassend zu sagen: Ein Wissenschaftler mag in kluger Weise historisch, soziologisch, politisch oder szientifisch über Religion reden – allein es fehlt ihm, wenn er nur

---

[20] Schaeffler, *Erfahrung als Dialog mit der Wirklichkeit*, a.a.O., S. 762.

[21] Ebd.; Schaeffler fährt unmittelbar, Ebenda, S. 762 f., fort: »Hat aber der Gebrauch der Vokabel ›Gott‹ im Zusammenhang der Formulierung von Vernunftpostulaten« – sc. wie hier von Schaeffler behauptet – »nicht argumentative, sondern hermeneutische Funktion, dann kann gefolgert werden: Vernunftpostulate ersetzen nicht den religiösen Akt, sondern legen ihn aus, indem sie deutlich machen: Diejenige Wirklichkeit, die im religiösen Akt primär erschlossen ist und im religiösen Zusammenhang ›Gott‹ genannt wird, hat transzendentale Bedeutung, sofern von ihr die Erhaltung der bedrohten bzw. die Wiederherstellung der verlorenen Wahrheitsfähigkeit der menschlichen Vernunft erhofft werden kann. (Wenn hier von ›Wahrheitsfähigkeit‹ gesprochen wird, so ist die Fähigkeit der Vernunft gemeint, Horizonte zu öffnen, innerhalb derer das Wirkliche seinen Maßgeblichkeitsanspruch für unser theoretisches und praktisches Urteil geltend machen kann. Diese transzendentale Bedeutung derjenigen Wirklichkeit, die im religiösen Zusammenhang ›Gott‹ genannt wird, bleibt dem religiösen Akt solange verborgen, wie er nicht philosophisch, näherhin durch philosophisch formulierte Vernunftpostulate, ausgelegt wird. Aber diese Auslegung bliebe gegenstandslos, wenn sie nicht auf den originär religiösen Akt und sein noematisches Korrelat bezogen bliebe.«

diesen Perspektiven folgt, das Verständnis dessen, was Religion tatsächlich ist, sofern er selbst jeder religiösen Erfahrung entbehrt. Dieses Verständnis kann jedoch die Religionsphilosophie nicht entbehren. Um es in den Worten der Erkenntnislehre zu sagen: Den Eigenstand der Dinge kann nur erfassen, wer in eine erkenntnismäßige Anteilsbeziehung nicht nur zur Form des Gegenstandes tritt, sondern in diese Anteilsbeziehung auch die Substanz – οὐσία – des zu erkennenden Gegenstandes einbezieht. Das aber geht nicht in schroffer Ablehnung der Anerkennung des Eigenstandes, weil diese Ablehnung einer Leugnung gleichkommt, sondern nur in der ›gläubigen‹ Annahme dieses Eigenstandes. Und deshalb kann Religionsphilosophie – anders als Religionssoziologie oder Religionspolitik – nur betreiben, wer mit einem Bein im äußeren Vorhof der Heiden – der Vernunft – und mit dem anderen Bein im inneren Bezirk des Heiligen – der Religion – steht.[22] Hier zeigt sich dann jene eigentümliche Selbstbetroffenheit des Religionsphilosophen, von der Seubert spricht: Die innere Erfahrung des Gegenstandes ist Voraussetzung des Ergreifens seiner äußeren Gestalt – jedenfalls im Falle der philosophischen Durchdringung des christlichen Glaubens[23] wie wohl auch in anderen religiösen Kontexten. Und genau das meint die oben erwähnte Redewendung von der differenten Identität.

---

[22] Das Christentum vollzog diese Synthetisierung philosophischer Vernunft und christlichen Glaubens – oft als die Hellenisierung des Christentums bezeichnet – in seiner Frühzeit und prägte damit grundlegend den Gestus eines bis heute ungebrochenen ›europäischen‹ Denkstils; vgl. dazu Christoph Böhr, *Einheit in Zerrissenheit. Wie Europa seine fortdauernde Gestalt in einer besonderen Denkform fand*, in: *Europa eine Seele geben*, hg. v. Wolfgang Buchmüller und Hanna-Barbara Gerl-Falkovitz, Heiligenkreuz 2016, S. 118 – 147.

[23] Vgl. die ausgezeichnete Darstellung bei Michael Fiedrowicz, ›*Wir dienen dem Logos‹. Die Vernünftigkeit des Glaubens in der Argumentation frühchristlicher Theologen*, in: *Der christliche Glaube vor dem Anspruch des Wissens*, hg. v. Tobias Kampmann u. Thomas Schärtl, Münster 2006, S. 1 ff., hier S. 22: »Der Glaube ist nicht nur Gegenstand der Reflexion, sondern deren treibende Kraft«.

Religionsphilosophie als Landesmessung

Religion und Philosophie im Werk von Harald Seubert

Hans Otto Seitschek

1. Ein besonderes Profil: Religion – Philosophie – Theologie

Es ist nicht leicht, sich in der gegenwärtigen wissenschaftlichen Situation mit Religion zu beschäftigen, ohne dabei auf Vorbehalte zu stoßen. Die Philosophie bildet leider dabei meist keine Ausnahme mehr, weshalb sich die philosophischen Forschungen über Religion in einer nicht einfachen Lage befinden. Dabei ist es unerlässlich, die Verhältnisbestimmungen von Religion zur Philosophie und zur konfessionell gebundenen Theologie näher zu betrachten, um philosophische Klarheit über den Religionsbegriff zu schaffen.

Im Verhältnis der Religion zur Philosophie besteht das Problem im Wesentlichen darin, dass eine Beschäftigung mit der Religion zu einem marginalen Bereich der Philosophie geworden ist, als Religionsphilosophie oder Philosophie der Religion. Im Gegensatz dazu ist die Beschäftigung der Philosophie mit der Religion oder auch dem Göttlichen jedoch eine zentrale Aufgabe der Philosophie, und das seit Platon: ›οἷ ος τυγχάνει ὁ θεὸ ς ὤν.‹[1]

Evangelische Genauigkeit und katholischen Geist dabei zusammenzuführen kann gerade für die Philosophie, jenseits konfessioneller Grenzen, ein höchst fruchtbares Unterfangen sein. Dabei lässt sich in der gegenwärtigen akademischen Diskussion eine größere Nähe katholischer Theologie zur Philosophie feststellen als es auf der evangelischen Seite der Fall ist, wie Harald Seubert beklagt. Und dies, obwohl Philipp Melanchthon der Wittenberger Reformation eine philosophische Prägung geben wollte, Martin Luther

---

[1] »Wie Gott ist seinem Wesen nach«. (*Politeia*, II 379 a).

zum Trotz.[2] In seinem Denken wandelt Seubert spielerisch über solche Grenzen. Ihm geht es um die Sache, die Sache des Denkens der Religion, die selbst vernunfthaltig ist und sich damit der Realität als solcher öffnet. Da gerade eine Konfession wie die lutherische eine vom Wort der Schrift her kommende ist, stünde es ihr gut an, eine Kooperation mit einer Begriffswissenschaft wie es die Philosophie ist, zu suchen. Schließlich kommt der Glaube vom Hören, ist eine *fides ex auditu*[3], wie bereits Paulus feststellt.

Damit wird ersichtlich, dass sich Religion nicht einfach als Ideologie abtun lässt. Gerade der Offenbarungsbezug monotheistischer Religionen stellt klar unter Beweis, dass die Religion einen dezidierten Wahrheits- und Wirklichkeitsbezug hat, die allerdings beide über den rein sinnlichen Bereich hinausweisen. Im Gegensatz dazu sind Ideologien rein menschengemachte Satzsysteme, die in einem klaren funktionalen Zusammenhang stehen und eine politische Richtung oder soziale Grundausrichtung stärken sollen. Damit ist der Wirklichkeitsbezug der Ideologien stets eingeschränkt, wohingegen die Religionen auf das Ganze, das ›immer Seiende‹, aus sind und eine universale Realitätsdeutung anstreben.

2. Religion und Vernunft

In der Auseinandersetzung der Religion mit der Vernunft kann nur die gemeinsame Realitätsbezogenheit beider aus einer Kontraposition herausführen und wissenschaftlich wie philosophisch fruchtbaren Boden erreichen. Die Metapher des Landes, des Erdbodens zeigt, dass diese Verhältnisbestimmung einer Landvermessung gleicht, woraus auch der Untertitel von Seuberts *opus magnum* von 2013 ›Zwischen Religion und Vernunft‹, nämlich ›Vermessung eines Terrains‹, hinweist.[4]

Eine wichtige Basis zu diesen Überlegungen ist der Religionsbegriff, den Seubert als wirklichkeitsgesättigt und vernunftoffen charakterisiert. »Für

---

[2] Siehe Harald Seubert, Wort ohne Begriff?, in: *Die Tagespost. Katholische Zeitung für Politik, Gesellschaft und Kultur* (31.05.2011), S. 14.

[3] ἡ πίστις ἐξ ἀκοῆς (*Röm* 10, 17). Siehe dazu Ernst Bizer, Fides ex auditu. *Eine Untersuchung über die Entdeckung der Gerechtigkeit Gottes durch Martin Luther*, 1958, 3. Aufl. Neukirchen 1966.

[4] Harald Seubert, *Zwischen Religion und Vernunft. Vermessung eines Terrains*, Baden-Baden 2013.

den philosophischen Blickpunkt sind Religionen nicht Ausdrucksformen von Irrationalität. In ihnen artikuliert sich einerseits eine tieferliegende Schicht von Vernunft, andererseits aber auch eine Grenzbetrachtung gegenüber epistemischen Rationalitätsformen. Beides zu erkennen und den Limes zwischen beiden Bereichen seinerseits auszumitteln, ist das Proprium der Philosophie, die unhintergehbar von Religion getrennt bleibt, die aber zugleich wissen muss, dass Religion das ihr ›nächste Fremde‹ ist.«[5] So ist die Religion als Phänomen *sui generis* selbst einer vernünftigen philosophischen Durchdringung zugewandt. In der Folge ist das »Profil und die Behandlungsweise der Religionsphilosophie […] so vielgestaltig wie die Philosophie selbst«, so Harald Seubert.[6]

Eine weitere Folge eines vernunftoffenen Religionsbegriffs ist es, dass die Religionsphilosophie nicht auf ein Feld oder gar eine ›Disziplin‹ der Philosophie abgetan und beschränkt werden kann. Die Religionsphilosophie wird vielmehr zu einer zentralen Perspektive der Philosophie selbst. Dabei regt die Religionsphilosophie die Philosophie zu ihrer Selbstreflexion an, so dass die Philosophie ihren eigenen Anspruch einer umfassenden Wirklichkeitsdeutung am diesbezüglichen Anspruch der Religion messen lassen muss. Beide geben eben einen unterschiedlichen Blick auf die eine Wirklichkeit frei. Die Transzendenz fordert gewissermaßen die Metaphysik heraus, über eine Theoretisierung von Sein zu einer eigenständigen philosophischen Durchdringung von Sein selbst zu gelangen. »Zum anderen wird Religionsphilosophie […] dezidiert und programmatisch nicht als ein spezifisches Feld von Philosophie neben anderen behandelt, sondern als ein ›nervus probandi‹, indem gleichsam das Selbstverständnis der Philosophie zur Debatte steht. Wenn sie ihrer metaphysischen Tradition zu entsprechen sucht, so kann sich ihr Vernunft- und Selbstbegriff nicht damit begnügen, Begleitstimme zu wissenschaftlichen Modellbildungen zu sein. Die Transzendenz

---

[5]   Ebenda, S. 18 f. (Zitat), 31 f. u. 61-72.
[6]   Harald Seubert, *Religion*, Paderborn, München, Wien u. Zürich 2009, S. 10. Siehe dazu auch Seubert, *Zwischen Religion und Vernunft*, S. 475-488.

von Religionen, die auf eine Totalität zielen muss, kann für heutige Philosophie ein permanenter Stachel sein.«[7] Diese Überlegung ist entscheidend dafür, ob Religionsphilosophie als ein eigenständiges Reflexionsfeld in der Philosophie angesehen wird oder nicht. Den Zug zum Ganzen der Wirklichkeitsdeutung haben beide, Religion und Philosophie. Wohingegen sich die
Religion aber auf ein eigenes Offenbarungs- und Transformationsverständnis stützt, das ihr Verhältnis zu Welt und Mensch bestimmt, so ist es bei der
Philosophie die Bezogenheit auf die natürlich Vernunft, die ihr Beziehungs-
geflecht zum Menschen charakterisiert. Nun steht und fällt die Religionsphilosophie damit, ob es der Philosophie gelingt, mit ihrem eigenen Verständnis von Vernunft die spezifische Rolle der Religion auszudrücken und mit-
zuteilen. Dabei muss der Religion ihre Offenbarungsbezogenheit oder ihr
den Menschen umwandelndes Transformationsverständnis belassen werden. Gleichzeitig gewinnt die Philosophie dadurch den Zug zu einer Realitätsdeutung, die Natur und Übernatur gelichermaßen berücksichtigt. So
schlägt die Philosophie in Fragen der Realitätsdeutung wieder eine eigenständige Richtung ein und bleibt nicht reine Kommentatorin der wissenschaftlichen Entwicklungen und Ergebnisse. Eine in dieser Weise verstan-
dene Religionsphilosophie ist also ein Gewinn für alle Seiten: die Religion,
die Philosophie und die Wissenschaften.

Dazu verhilft aber nur ein Verständnis von Philosophie als Erster Philosophie ausgehend von Aristoteles. In einem weiteren Schritt ist dann die Unterscheidung in *metaphysica generalis seu specialis* von Bedeutung: Hält die
metaphysica generalis den Reflexionsraum für die Ontologie bereit, so findet
die Gotteslehre in der *metaphysica specialis* ihren Platz. Mit Kant jedoch wird
der Gottesbegriff »einer rational kategorialen Erkenntnis entzogen«,[8] so Seubert. Gott wurde dadurch zu einem regulativen und resultativen Begriff, bevor ihn das Denken des deutschen Idealismus, so bei Schelling, in vielem
wieder an den gründenden Anfang rückte. »Dabei wäre zu fragen, ob dieser
Anspruch sich mit dem explizit vertretenen anderen Leitgedanken verbindet, wonach die kantische Philosophie nur die Resultate geliefert habe, es

---

[7] Ebenda, S. 17.
[8] Ebenda, S. 28.

aber darauf ankomme, dazu die Prämissen freizulegen. Profil können diese Probleme jedenfalls dann gewinnen, wenn der Übergang von Systembegründung in Religionsphilosophie nicht notwendigerweise als Rückfall denunziert wird.«[9] Daraus wird ersichtlich, dass die Religionsphilosophie ein zentrales Fragefeld, eine zentrale Perspektive der Philosophie ist, das sich explizit oder implizit den transzendentalen Fragen nach den Begründungszusammenhängen von Sein und Denken zuwendet, und nicht ein wie auch immer kontaminiertes Denken ist, das nicht imstande ist, sich von religiösem Dogmatismus zu befreien. Im Kern ist die Religionsphilosophie immer Philosophie im eigentlichen Sinne.

Des weiteren ist für Seubert die auf Heinrich Scholz[10] zurückgehende Differenzierung in rezeptive und konstruktive Religionsphilosophie grundlegend: Die rezeptive Religionsphilosophie hat als ihren Ausgangspunkt eine tradierte, geschichtlich gewachsene Religion, wohingegen die konstruktive Religionsphilosophie eine Religion der Vernunft umschließt, unabhängig von ihrer historischen Realität.[11] Klingt letztere Variante recht abstrakt und theoretisch, trifft sie doch einen wesentlichen Zug der Religionsphilosophie: das Nach-Denken der Religion als solcher. Hier erfolgt auch der eigentliche Schritt von der Philosophie zur Religionsphilosophie, wenn man von einem solchen Schritt ausgehen möchte. Er besteht in der philosophischen Wahrnehmung der Religion als etwas Realitätsbezogenem, das sich im Offenbarungs- und Transformationscharakter zwar von der Philosophie löst, nicht aber von der Wirklichkeit. Insofern die Philosophie der Religion diese eigenen Erkenntnis- und Erfahrungsquellen zugestehen kann und sie reflektiert, gelingt der Schritt zur Religionsphilosophie innerhalb der Philosophie selbst. Also »ist mit zu bedenken, dass es Religionsphilosophie mit einem religiösen Bewusstsein zu tun hat, das sich selbst auf seinen göttlichen Grund hin überschreitet. Philosophie hat sich von der Sagbarkeit bzw. Unsagbarkeit dieser Dimension Rechenschaft abzulegen.«[12]

---

[9] Ebenda, S. 29.
[10] Siehe Heinrich Scholz, *Religionsphilosophie*, Berlin 1922, S. 22 ff.
[11] Siehe Seubert, *Zwischen Religion und Vernunft*, S. 32 u. 477.
[12] Siehe Ebenda, S. 478.

Doch noch eine weitere Herausforderung, wenn nicht sogar Provokation, hält die philosophische Beschäftigung mit der Religion bereit: Sie widerspricht dem Geist der Moderne. Doch inwiefern geschieht dies? Die geistigen Absetzungsbewegungen von der Religion, beispielsweise im Denken Friedrich Nietzsches, weisen dem Menschen eine Zentralposition zu, die er nicht im Gleichgewicht halten kann. Der Mensch verliert dabei, so Romano Guardini, Maß und Mitte: »Der Mensch ist ortlos geworden. Er hängt im Irgendwo. Er steht mit seinen Qualitäten im Irgendwas. Mit seinen Massen im Irgendwieviel. Er ist aus dem Bewußtsein der Wesenhaftigkeit in das der reinen Faktizität geglitten.«[13] Allein für sich kann der Mensch also die Spannungen der Moderne nicht vollständig austarieren. Doch damit ist keine Fundamentalkritik der Moderne gemeint. Ein menschlich verantwortbarer Fortschritt kann dem Menschen bei der Bewältigung von Gegenwartsproblemen sogar sinnvoll helfen. Dies kann umso besser gelingen, wenn der Mensch nicht im Bewusstsein stehen muss, alles aus sich heraus schaffen zu müssen. Insbesondere im spezifisch wissenschaftlichen und technischen Fortschritt wird deutlich, dass der Mensch als Teil der Wirklichkeit diese nicht gänzlich wird beherrschen können. Dadurch wird ein Blick auf die Religion frei: »Zugleich kann es bereits einem vordergründigen Blick klar werden, dass Religion in der Fortschrittsgeschichte des Westens weniger thematisiert wurde, doch niemals zum Schweigen kam.«[14] In diesem Diskurs wird auch klar, dass Religion niemals nur Privatsache sein kann. Mit ihrem Zug zum öffentlichen Gottesdienst ist Religion immer auch Sache der Gesellschaft und der politischen Gemeinschaft. Die Zurückdrängung von Glaube und Religion ins Private birgt die Gefahr der Radikalisierung in sich, nicht nur in den oft zitierten ›Hinterhofmoscheen‹, sondern auch im Bereich des Judentums oder Christentums: Eine ins Private abgedrängte Religion meldet sich oft in ihrer gewaltbereiten Ausprägung mit Macht in der Öffentlichkeit zurück.

---

[13] Romano Guardini, *Christliches Bewußtsein. Versuche über Pascal*, 1935, Mainz u. Paderborn 4. Aufl. 1991, Kap. 2: Der Mensch und sein Stand in der Wirklichkeit, S. 66.

[14] Seubert, *Zwischen Religion und Vernunft*, S. 23 (Zitat) u. 37 f.

Wichtiger noch als der religionsphilosophische Diskurs mit der Modere ist die innerphilosophische Diskussion mit der Religion und um den Religionsbegriff. Mit Hegel betont Seubert, dass Religion und Philosophie den Gegenstandbereich gemeinsam haben, sich aber im Medium unterscheiden.[15] Daraus wird zweierlei ersichtlich: Erstens sind Religion und Philosophie niemals dasselbe. Beide haben unterschiedliche Wesensmerkmale und unterscheiden sich in ihrem Verhältnis zur Offenbarung. Zweitens: Religion hebt sich nicht in die Philosophie auf oder umgekehrt. Der Philosophie bleibt die Aufgabe der Reflexion der Religion und damit auch die Aufgabe der Selbstreflexion der Philosophie durch die Religion, gerade im Bewusstsein des gegenseiteigen Andersseins und aufeinander Bezogenseins. »Unstrittig ist die Trennung von Religion und Philosophie, wie sie sich in der Neuzeit institutionalisierte, auch begrifflich unhintergehbar. Dies heißt aber trivialerweise nicht, dass letztere – oder die jeweiligen Einzelwissenschaften, an die sie ihre Weltdeutungskompetenz weitgehend abgetreten hat – die Potenziale der Religion übernommen hätte oder an deren Stelle getreten wäre.«[16] So könnte man sagen, dass bei aller Verschiedenheit die Religion die Philosophie an ihre wesentlichen Fragen nach Sein, Welt und Erkenntnis ›erinnert‹, ohne ihr diese Aufgaben letztlich abnehmen zu können.

Abschließend seien mit Seubert die Nähe und Distanz, die Komplexität und Offenheit des philosophischen Nachdenkens über Religion hervorgehoben: »Religion ist ein höchst komplexer Zusammenhang, der Selbstreflexion und -distanz mit einschließt. Nur ein seine eigenen Kategoriennetze befragendes und sich gleichermaßen genau wie weitmaschig um die Phänomene legendes Denken wird dem entsprechen können.«[17] Damit ist die metaphysische Religionsphilosophie gemeint: Die philosophische Reflexion über Religion hat vielfältige Aufgaben. Nicht zuletzt kommt ihr eine Zwischenposition zwischen konfessioneller Theologie einerseits und stark kulturwissenschaftlich konnotierter Religionswissenschaft andererseits zu. Hier kann die Religionsphilosophie womöglich eine vermittelnde »Brückenfunktion«[18]

---

15   Siehe Ebenda, S. 501 u. 510.
16   Ebenda, S. 511.
17   Ebenda, S. 672.
18   Seubert, *Religion*, S. 26.

zwischen der in der Theologie konfessionell gebundenen und der konfessionell ungebundenen Seite der Religionsforschung in der Religionswissenschaft wahrnehmen. Folglich weitet Seubert den Blick seiner Religionsphilosophie auf das Judentum und den Islam und sogar darüber hinaus auf den
fernöstlichen Kulturkreis aus, insbesondere auf Hinduismus, Buddhismus,
Konfuzianismus und Taoismus. Doch Seubert geht höchst umsichtig dabei
vor; ihm ist die je größere kulturelle Differenz sehr wohl bewusst. Eine vor-
dergründige Ähnlichkeit in den Motiven darf nicht in einem wie auch immer
gearteten Synkretismus enden. »Die innere Struktur, das Milieu, die Tektonik verschieben solche Motive mitunter ums Ganze. Diese perspektivischen
Differenzen zu berücksichtigen, ist deshalb von entscheidender Bedeutung.«[19] Gerade solche Prämissen lassen eine interreligiöse Perspektive aber
für die Religionsphilosophie erst fruchtbar werden.

Schließlich bleibt festzuhalten, dass die Religionsphilosophie sowohl im
Dialog der Wissenschaften als auch der Konfessionen eine zentrale und bis-
weilen normative Aufgabe in einer weitläufigen Landschaft des rationalen
Denkens innehat.

3. Religion und Politik

Auch in der Begegnung mit der Politik kann und muss sich Religion als Eigenes bewähren. Ihre vornehmste Aufgabe besteht hier in einer Ideologiekritik, indem sie der Politik entlastend aufzeigen kann, wo ihre Grenzen liegen und wo sie nicht mehr versprechen darf, als sie zu halten im Stande ist.

In diesem Zusammenhang bezieht sich Seubert auf die breite Ideengeschichte der Politischen Theologie, die bei Paulus im Römerbrief[20] ihren Ursprung nimmt und bis in die Gegenwart weiterwirkt, so bei Carl Schmitt,
Erik Peterson, Walter Benjamin, Jacob Taubes, Alain Badiou und Giorgio
Agamben. »All den Denkern, für die Paulus erneut eine entscheidende Rolle
spielt, ist zuzubilligen, dass sie nicht mehr in formalen Argumentationsmus-
tern, sondern, in einem von Jürgen Habermas angemahnten Sinn, in einer

---

[19] Seubert, *Zwischen Religion und Vernunft*, S. 624.
[20] Siehe insbesondere *Röm* 13.

neuen Konkretheit den Schlüssel für die politisch-philosophischen und legitimatorischen Probleme am Beginn des 21. Jahrhunderts sehen.«[21] Das Fruchtbare für eine christliche Ideologiekritik an den Politischen Religionen, den ideologischen Totalitarismen des 20. Jahrhunderts, liegt dabei darin, dass aus einer recht verstandenen Politischen Theologie die Vorläufigkeit aller irdischen Staatsgebilde klar ersichtlich wird, die bereits Augustinus mit Paulus unmissverständlich hervorgehoben hat. »Für die Theoriebildung Politischer Philosophie nimmt das ›Ende des Gesetzes‹ die Form eines indirekten Ausnahmezustandes an, der sich vor den Normalzustand schiebt. Dieser Normalzustand nämlich hat nur interimistische Bedeutung. Der Römerbrief weist in dieser Lesart eine Struktur auf, in der sich die Staatslehre aus dem Ausnahmezustand begründet und letztlich als eine Not- und Aushilfe erfasst wird.«[22] Die Religion, so wird hieraus deutlich, kann das Politische entscheidend von Totalität entlasten, wenn sich eine gedeihliche Aufgabenverteilung von Letztem (Religion) und Vorletztem (Politik) ergibt, die den Menschen als Bürgern nutzt. Wechselseitig ergibt sich dadurch eine stärkere Legitimation des Politischen, die sich aus dieser ›Aufgabenverteilung‹ heraus begründen lässt.

Das Politische darf sich nicht religiös aufladen, da ansonsten die Gefahr einer innerweltlichen, politischen Religion entsteht. Es steht dahinter der ideologische Anspruch, »das Reich Gottes in die Reiche dieser Welt hineinziehen zu wollen. Doch wenn das Herbeizwingen nicht seiner eigenen Ohnmacht sich innewird, wird es zum Willkür- und Gewaltakt werden.«[23]

Die Religionsphilosophie kann vor dieser Engführung schützen, auch wenn sie deshalb einen Umweg über die politische Philosophie gehen muss. In Eric Voegelin macht Seubert einen Denker ›transatlantischen‹ Formats aus, der sich dieser philosophischen Reflexion des Religiösen und Politischen vor ideengeschichtlichem Hintergrund gewidmet hat. In Bezug auf Voegelin schreibt Seubert: »Demgegenüber ist in den gnostisch-manichäischen Grundmustern politischen Denkens das Verschließen und Vergessen,

---

[21] Siehe Seubert, *Zwischen Religion und Vernunft*, S. 396-404, Zitat: S. 404.
[22] Harald Seubert, *Gesicherte Freiheiten. Eine politische Philosophie für das 21. Jahrhundert*, Baden-Baden 2015, S. 163.
[23] Seubert, *Zwischen Religion und Vernunft*, S. 523.

die Verweigerung der Apperzeption des Wirklichen«[24], der vorherrschende
Grundzug. Damit muss eine solche politische Ideenlehre zur totalitären Ideologie werden, da sie das Religiöse als eigenständigen Wirklichkeitsbereich
ausschließt, ihn nicht wahrhaben will und die Transzendenz in die Immanenz hineinzwingt.

Gerade in der Berücksichtigung der Religion als Öffnung zu einem weiteren rationalen Wirklichkeitsbereich liegt die ideologiekritische Kraft der Religionsphilosophie, die die Realität nicht an den Grenzen der menschlichen
Sinne enden und die Aufgaben der Politik nicht auf eine irdische Erlösung
und Endlösung hinauslaufen lässt. In dieser Denkbewegung verbindet Seubert gewinnbringend die Anliegen Politischer Philosophie und Religionsphilosophie, um so der Einheit der Philosophie im Denken des Wahren und
Wirklichen Ausdruck zu verleihen.

4. Versuch einer Synthese: Religion
als realitätsgesättigte Wirklichkeitsdeutung

Philosophie und Wissenschaften verfolgen heute im Wesentlichen ein Ziel:
die Wirklichkeit adäquat zu deuten und aufzuschlüsseln. Doch wie steht es
mit der Religion? Will sie nicht im Kern dasselbe? Wenn es darum geht, Gottes Wirken in und mit der Welt darzustellen, aber auch dem Menschen eine
Positionierung im Hier und Jetzt zu geben, das nicht an der Grenze des Lebens halt macht, dann geht es doch genau um die Deutung der übernatürlichen Wirklichkeit, die dem Menschen dann nicht mehr als Rätsel, ja als bloßes *mysterium iniquitatis*,[25] gegenübersteht.

Ein Verständnis von Theodizee als Probierstein jeder Religion klingt hier
an. Doch zerschellt die Religion an diesem ›Fels des Atheismus‹? In unterschiedlicher Weise gibt die Philosophie darauf Antwortversuche, die nach
einem guten Grund des Seins, nach Freiheit und Notwendigkeit sowie nach
einem möglichen ›Wesen‹ des Bösen fragen. »Was ist nun der Kern am The-
odizeeproblem?«, fragt deshalb ganz konsequent auch Harald Seubert.
»Leibniz hat bereits gesehen, und die Fortschreibungen der Frage bis zu
Kant, Hegel, ja in die Moderne des 20. Jahrhunderts zeigen es eindrucksvoll,

---

[24]   Seubert, *Gesicherte Freiheiten*, S. 261.
[25]   τὸ μυστήριον […] τῆς ἀνομίας (2 Thess 2, 7).

dass sich dahinter mehrere Probleme verbergen: Der Philosoph fragt darin nach Notwendigkeit und Freiheit, aber auch danach, wie aus einer guten Schöpfung Übles entstehen kann; eine Frage, die sich zuspitzt, wenn das Böse nur negativ als ›privatio boni‹ aufgefasst werden soll. Die Theologen tragen aber weiteres ein: das Problem göttlicher Gnade und Prädestination.«[26] Überlegungen, die das Böse im Zuge platonischer Philosophie allein als reine *privatio boni* ansehen, greifen also oft zu kurz. Die Philosophie, die Religionsphilosophie zumal, muss in die Antworten auf die Theodizeefrage ebenfalls theologische Überlegungen zu Vorsehung, Gnade und Gerechtigkeit Gottes einfließen lassen, um zu tragfähigen Ergebnissen zu kommen. Menschliches Leid ist endlich. Damit wird Gott die Möglichkeit eingeräumt, durch seine Gnade und Gerechtigkeit über die endliche Welt hinauszuwirken und die ewige Seele des Einzelnen in vollkommener Gerechtigkeit zu dem Ziel zu leiten, das für sie von jeher vorgesehen war, in Rücksicht auf das von ihr als Person geführte Leben.

Schließlich kommt dem Denken der Religion, der Religionsphilosophie, in der heutigen wissenschaftlichen Debatte eine neue und unerlässliche Rolle zu: Das Deuten und Aufschlüsseln eines nicht-empirischen Wirklichkeitsbereichs, ohne diesen dabei ideologisch aufzuladen. Entgegen mancher Einlassung zur Religion als Gefahrenherd, als Katalysator der Ideologien, die nur neue Gewalt anfacht, ist das Gegenteil der Fall. Die vernunftoffene, da offenbarungsgeleitete Religion zeigt dem Menschen Dimensionen von Wirklichkeit auf, die er zwar aufgrund ihres übernatürlichen Charakters nicht mehr empirisch erfassen kann, die aber nicht dem Zugang der Vernunft entzogen sind. So bringt die Religionsphilosophie ein Mehr an Rationalität in den wissenschaftlichen Diskurs ein, da sie mit der Religion eine der Vernunft zugängliche Deutung der Realität eröffnet, die ohne diese philosophische Reflexionsform der reinen Interpretation und damit der Ideologieanfälligkeit preisgegeben wäre. Damit wird auch erreicht, dass der philosophische Diskurs wieder integraler Bestandteil der wissenschaftlichen Debatten wird und somit wesentliche Wirklichkeitsbereiche in den Fokus wissenschaftlicher Behandlung zurückkehren können. Es wäre in diesem Zusammenhang

---

[26] Siehe Seubert, *Zwischen Religion und Vernunft*, S. 209-215, Zitat: S. 210.

interessant zu wissen, welche Früchte ein Gespräch zwischen Harald Seubert und seinem 2009 leider viel zu früh verstorbenen Lehrer Manfred Riedel
über das Feld der Religionsphilosophie gebracht hätte.

In der Religionsphilosophie wird also die Religion in ihrer besten Weise
durch ihre Vielseitigkeit und ihren Bilderreichtum für die Realitätsdeutung
nutzbar gemacht. Sie fördert, orientiert und erweitert dadurch den vernunft-
geleiteten Zugang zur Wirklichkeit, zum Nutzen der Menschen in ihrer konkreten Lebensführung – seien sie religiös musikalisch oder unmusikalisch.

Religionswissenschaft und Religionsphilosophie

Überlegungen zu ihrer unvermeidlichen Verflochtenheit
im interkulturellen Kontext

Wolfgang Gantke

1. Interkulturalität als gemeinsame Herausforderung für Religionswissenschaft und Religionsphilosophie

»Religionsphilosophie ohne Religionswissenschaft bleibt abstrakt. Religionswissenschaft ohne Religionsphilosophie bleibt blind.«[1] Heinz Robert Schlette hat als ein schon früh interkulturell orientierter Grenzgänger zwischen Religionswissenschaft und Religionsphilosophie wiederholt auf das vom gemeinsamen Thema her gebotene Aufeinanderangewiesensein dieser beiden Disziplinen hingewiesen. Dennoch werden in den meisten nach wie vor stark von einem eurozentrischen Vorverständnis geleiteten Einführungswerken in ›die‹ Religionsphilosophie die Beiträge der vergleichenden, interkulturellen Religionswissenschaft zu den nichtchristlichen Religionen souverän ignoriert. Umgekehrt glaubt die Mehrzahl der ›rein‹ empirisch orientierten Religionswissenschaftler die ›normativen‹ Beiträge der Religionsphilosophie zur religiösen Frage nicht beachten zu müssen. Vor diesem Hintergrund kann durchaus von einem merkwürdigen Nicht- Verhältnis von Religionsphilosophie und Religionswissenschaft gesprochen werden. Man befasst sich mit dem Thema Religion zumeist in nahezu berührungsfreien Referenzrahmen.

---

[1] Schlette, Heinz Robert: *Einführung in das Studium der Religionen.* Freiburg, 1971, S. 23.

Diese nach wie vor vorherrschenden gegenseitigen Ignorierungs- bzw.
Abgrenzungstendenzen schaden aber meines Erachtens in einer nolens
volens zusammenwachsenden interkulturellen und multireligiösen
Weltgesellschaft beiden mit dem Phänomen Religion befassten Disziplinen gleichermaßen.

Es gibt allerdings heute auf beiden Seiten einige kreative Religionsfor-
scher, die den beklagenswerten Zustand der gegenseitigen Nichtzur-
kenntnisnahme zu überwinden versuchen und die es wagen, die künst-
lichen Disziplingrenzen um der Sache willen zu überschreiten. Ich nenne
hier stellvertretend einige ausgewählte zeitgenössische Forscher, in deren kulturübergreifender Auseinandersetzung mit der religiösen Frage
ein fließender Übergang zwischen religionsphilosophischen, religionswissenschaftlichen und teilweise auch theologischen Überlegungen kon-
statiert werden kann:

Johann Figl, Ram Adhar Mall, Ralf Elberfeld, Jürgen Mohn, Jens Schlie-
ter, Udo Tworuschka, Hamid Reza Yousefi, Richard Friedli, Wolfgang
Kubin, Michael von Brück, Perry Schmidt- Leukel und Harald Seubert.
In diesem Kontext sind weiterhin alle Religionsdenker zu nennen, die im
erweiterten Denkrahmen einer ›Interkulturellen Philosophie‹ bzw. einer
›Philosophie der Religionen‹ ihre Forschungen betreiben und die davon
ausgehen, dass es nicht nur *einen* Ort der wahren Philosophie und nicht
nur *einen* Ort der wahren Religion gibt.

Wenn man in einem interkulturell erweiterten Kontext die große Frage
nach der Bedeutung der Religion im 21. Jahrhundert stellt, dann kann
man sich nicht länger in abgeschottete, enge wissenschaftliche Fachgrenzen einigeln und auch nicht länger nur innerhalb eines einzigen religiösen Traditionszusammenhanges argumentieren.

2. Die interkulturelle Betrachtungsweise Harald Seuberts

In seinem meines Erachtens für Religionsphilosophen und Religionswissenschaftler gleichermaßen lesenswerten Buch über die ›Religion‹[2] hat

---

2   Seubert, Harald: *Religion*, Paderborn, 2009.

Harald Seubert diese Einsicht und ihre disziplinübergeifenden Konsequenzen deutlich ausgesprochen. Seubert hat sich, wie viele Denker im Kontext einer interkulturell offenen Religionsforschung, in diesem Buch nicht gescheut, die üblichen Fachgrenzen zu überschreiten und auch auf aktuelle religionswissenschaftliche Herausforderungen einzugehen.

Im Folgenden werde ich mich auf einige zentrale Überlegungen Seuberts zum Themenkreis ›Religion und Interkulturalität‹ beschränken, die mir für eine zukunftsoffene, interkulturelle Religionswissenschaft besonders bedeutsam erscheinen. Dabei werde ich zuweilen in eigener Verantwortung über die wegweisenden Anregungen Seuberts hinausgehen und sie kontextuell einzuordnen und auch weiterzuführen versuchen. »Die Religionswissenschaft muss sich heute in ihren unterschiedlichen Bereichen der interreligiösen Problematik öffnen. Neben der Begegnung zwischen Religionen und der säkularen Welt ist vor allem das Gespräch zwischen den Religionen selbst von entscheidender Bedeutung.«[3]

Trotz der einprägsamen, in der religionswissenschaftlichen Methodendiskussion immer wieder gerne zitierten Kurzformel des Religionswissenschaftlers Gregor Ahn von den ›Eurozentrismen als Erkenntnisbarrieren‹ ist man der unbequemen Herausforderung der nicht immer unproblematischen ›Begegnung der Kulturen‹ letztlich doch ausgewichen und hat versucht, einen (möglichst) wertneutralen, ›archimedischen Punkt‹ oberhalb dieser beunruhigenden Begegnung einzunehmen, ohne sich eingestehen zu wollen, dabei den keineswegs wertfreien Vorgaben eines westlichen Universalismus auf dem Boden des ›okzidentalen Rationalismus‹ (Max Weber) zu folgen.

Die grundlegenden philosophischen Fragen nach der interkulturellen Verallgemeinerbarkeit des westlichen Wert-, Begriffs- und Kategoriensystems sind, weil normativ, in der Religionswissenschaft zumeist übersprungen worden und man glaubt sich unmittelbar in möglichst wert-

---

[3] Ebd. S. 96.

freier, wissenschaftsförmiger Weise den kleinen Fragen innerhalb eng-
gefasster kultureller Kontexte zuwenden zu können. Dabei läuft die Religionswissenschaft allerdings Gefahr, sich in unverbundene Kulturge-
schichten ohne Bezug zu den großen, die Menschen kulturübergreifend
verbindenden Grundfragen, etwa der Sinnfrage, aufzulösen. Im Zeitalter
der Begegnung der Kulturen sollte es die Religionswissenschaft wieder
wagen, sich in grundsätzlicher Weise mit dem offenbar nicht nur zeit-
und kulturbedingten Phänomen ›Religion‹ in problemorientierter Weise
auseinanderzusetzen und gerade im veränderten interkulturellen Kontext können Religionsphilosophie und Religionswissenschaft, wie Seubert in überzeugender Weise zeigt, viel voneinander lernen.

Schlagwortartig formuliert: Eine Religionswissenschaft, die es nicht
mehr wagt, die große Frage nach ›der‹ Religion und ihrer Eigentümlich-
keit zu stellen, schafft sich ab. Sie verliert nach Fritz Stolz ihren kaum
eindeutig bestimmbaren Gegenstand. Diese große Frage mag wissenschaftlich nicht eindeutig beantwortbar sein und der abendländische Begriff ›Religion‹ mag interkulturell nicht problemlos verallgemeinerbar
sein, aber das sollte nicht dazu führen, auf die Frage nach dem, was mit
diesem unzulänglichen Begriff gemeint sein könnte, ganz zu verzichten.
Die Differenz zwischen dem immer unzureichenden kulturbedingten
Begriff und dem mit diesem gemeinten, kulturübergreifenden Phänomen ist hier zu beachten. In diesem Zwischenfeld zwischen Begriff und
Leben ist etwa eine ›problemorientierte Religionsphänomenologie‹ an-
gesiedelt, die wenigstens Annäherungen an eine gerade in nicht-westli-
chen Kulturen lebendig gebliebene numinose Wirklichkeit versucht.

Vor dem Hintergrund unvermeidlicher philosophischer Vorentschei-
dungen in der Religionswissenschaft gilt es mit Seubert zunächst einmal
einzusehen, dass der ›okzidentale Rationalismus‹ nicht fraglos universa-
lisierbar ist, sondern dass er nur eine begrenzte, traditionsbedingte Perspektive auf das Phänomen Religion bietet, die im heutigen interkulturellen Kontext ergänzungsbedürftig ist.

Der ›okzidentale Rationalismus‹ ist selbst eine Tradition unter anderen Traditionen. Nach Seubert sieht sich dieser Rationalismus erstmals im späten 20. und verstärkt im 21. Jahrhundert ›einem Blick von außen‹ ausgesetzt.

Die moderne Religionswissenschaft scheint mir diesem ›Blick von außen‹, der ihre rationalistischen Grundlagen grundsätzlich in Frage stellt, nach wie vor systematisch dadurch ausweichen zu wollen, dass sie sich auf die Begegnungs- und Dialogproblematik nicht ernsthaft einzulassen bereit ist. Dieses Ausweichen vor dem fremden Blick auf das Eigene gilt, womit ich vielleicht wieder über Seuberts Intentionen hinausgehe, nicht nur für die Religionswissenschaft und auch nicht nur für die religiöse, sondern auch für die politische Dimension der Gesellschaft und insbesondere für die westlich-säkularistische Vorstellung ihrer scharfen Trennbarkeit, die in der Praxis multikultureller Gesellschaften immer wieder von neuem zu scheitern droht. Seubert weist zudem darauf hin, dass es nicht nur gilt, den zweifellos schwierigen Dialog zwischen der Religion und der säkularen Welt zu fördern und einzuüben, sondern auch den keineswegs einfacheren Dialog zwischen den Religionen.

Dies sind wichtige gesellschaftliche Zukunftsaufgaben, die sowohl interkulturelle religionsphilosophische als auch religionswissenschaftliche Kompetenzen verlangen. Unbequeme Wahrheiten im Hinblick auf nahezu unüberbrückbare soziale, kulturelle und religiöse Differenzen sollten dabei nicht voreilig einer abstrakten, universalistischen Völkerverständigungsprogrammatik geopfert werden, sondern die jeweilige Eigensprachlichkeit und Eigenweltlichkeit gebührend berücksichtigen. In diesem Kontext erinnert Seubert an seinen großen Anreger Heinrich Rombach[4], dessen auch für die Religionswissenschaft wegweisende Bedeutung als Pionier der Interkulturalität erst im Rückblick voll erkenn-

---

4   Zur leider immer noch zu wenig gewürdigten interkulturellen Tiefenphänomenologie Heinrich Rombachs vgl. Seubert, Harald: *Interkulturelle Phänomenologie bei Heinrich Rombach*. Nordhausen, 2006.

bar wird: »Wie Heinrich Rombach immer wieder betonte, bedarf die Interkulturalität nicht nur eines *hermeneutischen,* sondern ebenso eines *her-
metischen* Zugangs. Kulturen und erst recht Religionen sind nämlich eigene Welten. Im Dialog öffnen sie sich auf andere Welten, insofern sie
sich zugleich in sich selbst vertiefen. Es geht also gerade nicht darum, am
Leitfaden eines abstrakten Universalismus Kompromiss- und Schnitt-
mengen zwischen ihnen zu ermitteln, sondern die Eigenwelten aufeinander hin transparent zu machen.«[5]

Für die Religionswissenschaft ist zudem wichtig, dass erkenntnisphi-
losophische und ethische Reduzierungen von Religion ›auf die allgemein
konsensfähigen Annahmen‹ für ein Verstehen fremder Religionen deshalb nicht ausreicht, weil die je eigene Innenperspektive der Religionen
dadurch ausgeklammert bleibt. Es sind aber gerade diese nicht-reduzier-
baren Innenperspektiven, die allererst den differenzierten Blick auf den
Reichtum und die Fülle religiöser Betrachtungsweisen ermöglichen.

Der heute so populäre inklusivistische Weg zu einer Welteinheitsreli-
gion auf minimalistischer Grundlage wird von Seubert also zurückgewiesen, ohne dass er die Notwendigkeit einer transkulturellen Annäherung an das auch noch im 21. Jahrhundert sehr lebendige Phänomen der
Religion bestreiten würde. Seubert stimmt den klassischen Religionsphilosophen Hegel und Schleiermacher darin zu, dass »der Begriff der Religion nur aus der Kontrastierung der Weltreligionen gewonnen werden
kann«[6], aber er weist unter Berufung auf den japanisch- buddhistisch orientierten Religionsphilosophen Keiji Nishitani die stark christozentri-
sche Betrachtungsweise dieser beiden Klassiker und überhaupt aller
Klassiker der Religionsphilosophie zurück.

Für Nishitani gilt es, auf dem ›Felde der Leere‹ im Zentrum des religiösen Phänomens alle dualistischen Gegensätze, auch die Gegensätze
zwischen unendlich und endlich, absolut und relativ, Transzendenz und

---

5 Ebenda, S. 96 f.
6 Ebenda, S. 97.

Immanenz zu überwinden, um die (noch) unentzweite Einheit des Ganzen zu realisieren. Erst die durch Ichüberwindung realisierte Leere lässt die Fülle in Erscheinung treten und die Differenz zwischen dem Absoluten und dem Relativen, zwischen Sein und Nichts wird in zen- buddhistischer Betrachtungsweise aufgehoben. Die beliebte ›dualistische‹ Gegenüberstellung zwischen dem östlichen Einheits- und dem westlichen Differenzparadigma, das sich unterschwellig auch bei Nishitani nachweisen lässt, weist Seubert ebenfalls aufgrund seiner Reduktion von Komplexität zurück: »Auf dem Weg zu einer interkulturellen Religionstheorie wurde immer wieder mit einfachen Dichotomien gearbeitet: So würden fernöstliche Erlösungsreligionen auf die Leere, die monotheistischen, abrahamistischen Religionen der westlichen Hemisphäre dagegen auf die Differenzierung, Bestimmung zielen. Das Nichts steht dann gegen die vollbestimmte Präsenz der Offenbarung Gottes, wobei sich beide Wege, der westliche und der östliche, in der Mystik berühren.«[7]

Diese interkulturelle Religionstheorie, die sich in ähnlicher Form schon beim späten Scheler[8] findet, trifft in idealtypischer Weise sicherlich einige Grundlinien des religiösen Ost-West-Verhältnisses, doch werden durch sie auf beiden Seiten die feineren, intrakulturell nachweisbaren unvergleichbaren Besonderheiten vernachlässigt.

In religionswissenschaftlicher Perspektive ist nun interessant, dass sich Seubert neben Nishitani auch an den Ansätzen Max Webers und Ernst Troeltschs orientiert, die beide sehr früh auf die mit der Interkulturalität verbundenen Probleme hingewiesen haben und voreilige Universalisierungen aufgrund des zunehmenden Pluralismus in der modernen Gesellschaft zurückwiesen. Insbesondere seine starke Anlehnung an Max

---

[7] Ebenda, S.98.

[8] Vgl. Simonotti, Eduardo: *Max Schelers Philosophie interkulturell gelesen*, Nordhausen, 2008, hier ins. S.109 ff. »Das Welalter des Ausgleichs«. Scheler fordert wiederholt einen Ausgleich zwischen dem Weg äusserer Machtgewinnung, der vom aktivistischen Europa bevorzugt wird, und dem Weg innerer Machtgewinnung, der im meditativeren traditionellen Asien (Indien, China, Japan) einen hohen Stellenwert besaß.

Webers durchaus auch philosophisch inspirierte ›vergleichende Religionssoziologie‹ scheint mir hervorhebenswert, zumal er in seiner etwas aus dem üblichen Rahmen fallender Weber- Interpretation die Aktualität dieses religionssoziologischen Klassikers in überzeugender Weise aufzeigt. Weber schärft den Blick für das Nicht- Selbstverständliche, er hält die Frage nach der Religion, die keine Illusion ist, offen und er betont, dass die Auseinandersetzung mit dem Phänomen Religion immer auch eine Selbstbesinnung des Wissenschaftlers impliziert, was etwas an Rudolf Ottos das erlebende religiöse Subjekt mit einbeziehende Erlebnistheorie erinnert.[9]

Für Seubert ist Weber im Unterschied Emile Durkheim, dem anderen großen Klassiker der Religionssoziologie, gerade kein Vertreter des Säkularismus. Während der französische Religionssoziologe trotz seiner Verwendung des Begriffes des Heiligen zu Recht als ein Vertreter des Säkularismus betrachtet werden kann, der in seinem gesellschaftsreligiös- funktionalistischen Ansatz ›in Gott nur die verklärte und symbolisch gedachte Gesellschaft‹ zu erkennen vermag, hat Weber sehr früh die Krise der modernen, entzauberten modernen Gesellschaft mit ihrer Vielzahl von miteinander kaum zu vereinbarenden Werten und den heutigen Kampf der ›unpersönlichen Mächte‹, Religionen und Weltanschauungen vorausgesehen.

Für Seubert ist Max Weber im Vergleich zu Emile Durkheim der problembewusstere Religionssoziologe, was als Plädoyer für eine verstehende Religionssoziologie interpretiert werden kann und was auch im Rahmen einer problemorientierten Religionswissenschaft gebührend beachtet werden sollte. Das Problem eines Identitätsverlustes aufgrund zunehmender Pluralisierungstendenzen bei gleichzeitig abnehmenden Verbindlichkeiten stellt sich heute nicht nur für die Religionswissenschaft. Wie kann die Religionswissenschaft mit dem Problem einer Plu-

---

9   Otto, Rudolf: *Das Heilige. Über das Irrationale in der Idee des Göttlichen und sein Verhältnis zum Rationalen.*Breslau, 1917.

ralität von sich widersprechenden religiösen und profanen Verbindlich-
keitszentren umgehen, wenn der Glaube an ›die‹ okzidentrale Zentral-
perspektive verabschiedet werden muss?

Schon im Jahre 1919 schrieb Weber geradezu prophetisch: »Die alten
vielen Götter, entzaubert und daher in Gestalt unpersönlicher Mächte,
entsteigen ihren Gräbern, streben nach Gewalt über unser Leben und beginnen untereinander wieder ihren ewigen Kampf. Das aber, was gerade
dem modernen Menschen so schwer wird, und der jungen Generation
am schwersten: einem solchen Alltag gewachsen zu sein.«[10]
Ist dies nicht eine treffende Beschreibung der heutigen, unübersichtli-
chen religiösen Situation in einer multikulturellen Weltgesellschaft?

3. Ausblick

Ohne hier im einzelnen auf Seuberts gelungene, hochaktuelle Weber-
und Troeltsch- Interpretation eingehen zu können, will ich abschließend
zusammenfassend betonen, dass mir Seuberts Überlegungen zum Prob-
lemkreis ›Religion und Interkulturalität im 21. Jahrhundert‹ nicht nur für
eine Philosophie der Religionen, sondern auch für die Religionswissenschaft ausgesprochen wegweisend erscheinen.

Seubert spricht die Probleme an, die sich von sich selbst her dem Reli-
gionsforscher im interkulturellen Kontex aufdrängen. Die Religionswissenschaft, die sehr viele komplizierte Methoden zur Erreichung vergleichsweise kleiner Forschungsziele in vergleichsweise engen For-
schungsfeldern entwickelt hat, kann von Harald Seubert die Konzentration auf die wichtige, große Frage nach der Religion im Zeitalter der In-
terkulturaltät und den problembewussten Umgang mit dieser Frage lernen. Ich bin dankbar für jeden neuen Ansatz, der sich der Auslöschung
des Geistes durch den offensichtlichen Triumph der instrumentell- funktionalistischen Vernunft in der Religionsforschung erkennbar wider-
setzt. Zumal sich Seubert auf die immer noch aktuelle Forschungspro-

---

[10] Zit, nach Seubert, Harald: *Religion*, a.a.O. S: 99.

grammatik von Ernst Troeltsch berufen kann, der bereits nach der Bedeutung der Religion ›für ein übergreifendes Ideal menschlichen Zusammenlebens‹ gefragt hat. Bemerkenswerterweise ist auch die hochaktuelle Frage nach dem ›Zusammenleben von Gläubigen und Nicht- Gläubigen‹, von Hans Joas neuerdings in einem stark katholisch inspirierten Fragegefüge wieder aufgenommen, bereits von Ernst Troeltsch aufgeworfen worden.

Seuberts nachdenkenswerte Überlegungen zu einer interkulturellen Religionstheorie vermitteln den Eindruck, als sei die gegenwärtige Religionswissenschaft weit hier das schon bei Troeltsch und Weber erreichte Problembewusstsein zurückgefallen. Zusammenfassend kann festgehalten werden, das das unausweichliche Gespräch zwischen den säkularistischen Strömungen und den Religionen einerseits und den verschiedenen Religionen untereinander andererseits eine Besinnung bzw. Selbstbesinnung erfordert, die den Blick für jeweiligen kulturell bedingten Tiefenstrukturen im Sinne Rombachs stärkt, aber auch den Blick für das Eigene im Anderen, etwa den Blick für die allen Menschen gemeinsame Frage nach einem tieferen Sinn des Lebens, die freilich unterschiedlich beantwortet wird. Das Gespräch als Ort einer auch interkulturell und interreligiös akzeptablen Wahrheit erfordert gerade nicht die totale Preisgabe des eigenen, notwendigerweise in den Dialog eingebrachten Wahrheitsanspruches, aber aufgrund möglicher neuer und fremder Erfahrungen dann doch das Eingeständnis seiner perspektivischen Begrenztheit, die ›Horizonterweiterungen‹ im interkulturellen Referenzrahmen durchaus ermöglicht. Auf voreilige Verabsolutierungen von kulturbedingten Teilwahrheiten sollte im 21. Jahrhundert ebenso wie auf voreilige Universalisierungen verzichtet werden. Genau dies kann eine interkulturelle Religionswissenschaft von Harald Seubert lernen.

Weisheit im Märchen

Mit einem Blick auf die irische Überlieferung

Hanna-Barbara Gerl-Falkovitz

Weisheit steht in Verbündung mit dem Geheimnis. Sie ist vom Wortsinn her verwandt mit Wissen und *videre* = Sehen, aber auch mit Witz = Scharfsinn, der sich noch im Unwegsamen zurechtfindet. Dieses alte Bedeutungsfeld kreist um ein Wissen, das dem verstandesmäßig zergliedernden ›Bescheid-wissen‹ vorgängig ist: als Frucht eigener Eingebung oder überlieferter lebensweltlicher Erfahrung. Weisheit gibt Weisung im Geheimnis des menschlichen Daseins, so wie dieses verflochten ist in das angrenzende tierische, pflanzliche und stoffliche Dasein. Verflochten ist es aber ebenso in die Welt der unsichtbaren hellen oder dunklen Mächte. »Nahe der Welt des Wandels liegt [...] eine andere Welt größerer, unwandelbarer Wesen, Zauber geht zwischen beiden hin und her und Einbrüche der einen in die andere Welt sind möglich.«[1]

Da das Märchen nicht begrifflich, sondern bildhaft unterweist, genügt ihm jedoch nicht das stehende Bild, sondern das Märchen entfaltet und führt: Es zeigt weisheitliche Vorgänge in ihrer Dramatik, nicht selten im kühnen Umschlag, wo das scheinbar bisher widerstrebende Ereignis mitten in die glückhafte Lösung führt.

Bleiben wir erst bei dem Geheimnis, in welches die Weisheit einweist. Wo liegt es, wie zeigt es sich, dass es durch die Weisheit erhellt werden kann? Oder immerhin seiner möglichen Furchtbarkeit entkleidet wird?

---

[1] [S. H., Rez.] *Irische Märchen*, in: Die Schildgenossen 16 (1936/37), 319.

Geheimnis liegt märchenhaft tief in der Mitte des Waldes, im Dunkel, wo sich die Bäume verdichten und Bann und Gefahr beginnen – wie in den Erzählungen von den großen Drachen, welche so gerne Jungfrauen verschleppen und die Männer verschlingen – bis auf den einen, der irgend einmal kommt und den Kampf wider Erwarten besteht. Geheimnis lockt schaudererregend in der Mitte des Sees, wo ein Arm ein Schwert hochhält – wie in der Artussage. Geheimnis verbirgt sich in der Lieblichkeit einer Dame ebenso wie in ihrer scheußlichen Hässlichkeit, in ihrer Zuneigung ebenso wie in ihrer erloschenen Liebe – so in der Erzählung von Dame Ragnell.

Geheimnis schließlich ist die Abstammung mancher Kinder wie des Fundevogels im hohlen Baum, Geheimnis ist das Schicksal, das sie auf den Thron führt oder von dort verstößt, Geheimnis sind die Kämpfe, die fast das Leben oder – was dasselbe ist – die Ehre kosten, Kämpfe, die unbestehbar sind und doch bestanden werden müssen. Geheimnisvoll sind die Wege, auf denen ein Hochgeborener abirrt, nächtelang an finsterem Ort Leichen schleppen muss, Sklavenarbeit und Unreinheit auf sich nimmt und mitten im Unauslöschlich-Qualvollen plötzlich frei wird – wie in der indischen Erzählung vom König auf dem Leichenplatz.[2]

All diese Geheimnisse und unausdenklich viele mehr steigen aus den Märchen, den Sagen, den Mythen auf, verdichten sich zu Angst und geahnter Beglückung. Sie bedürfen eines Schlüssels, der sie verständlich und das Geheimnis bewohnbar macht. Denn das Geheimnis wartet auf seine Öffnung durch das Licht, auf seine Wendung aus dem Unheimlichen ins Heimliche, aus dem Abweisenden ins Wohnliche.

Die keltischen Märchen – und nicht nur sie – schreiben Weisheit dem uralten Früher zu. Igraine, die Mutter von Artus, gebar in erster Ehe Töchter. »Alle drei Prinzessinnen hatten viel vom Blut des alten Volkes, jenen kleingewachsenen geheimnisvollen Menschen, und mit diesem Blute hatten sie auch etwas von der alten Weisheit und den alten zauberischen Fähigkeiten geerbt.«[3] Es sind die Frauen, vor allem die Mütter, die die Erinnerung an das

---

[2]   Zimmer, Heinrich, *Der König mit dem Leichnam*, in: ders., *Abenteuer und Fahrten der Seele*, Köln 1977, 210-245.

[3]   Sutcliff, Rosemary, *Merlin und Artus. Wie die Ritter von der Tafelrunde sich zusammenfinden*, Stuttgart 1982, 24.

Vergangene weitergeben, so auch bei Merlin, der von seiner Mutter »die alte verglimmende Weisheit des geheimnisvollen Alten Volks geerbt« hatte[4], während der erziehende Druide ihn die Sternkunde und den Gestaltwandel und das Zaubern lehrt – Künste zur Beherrschung der Gegenwart – und ihm vom Vater die Gabe der Weissagung kommt – die Kunst zur Kenntnis der Zukunft. Aber Weisheit kommt aus dem Zurückliegenden und ist ihm auf eine noch zu klärende Weise zugeordnet. Einer ihrer verborgenen Gänge durch die Zeiten hindurch läuft über das Blut der Mütter, über die Generationenfolge. Darin steigt sie wie aus Brunnentiefe auf, aus gespeichertem Vorrat. Gerade die alten Geschlechter zehren wissend von ›früher‹.

Aber nicht nur ›uralte Zeiten‹ bringen die Menschen der Weisheit nahe. Auch unlebendige Dinge und lebendige wie manche Pflanzen, manche Tiere reichen an die Weisheit heran auf nicht erklärtem Wege. Trockener ausgedrückt: Die Natur ist weise. In den Elementen, in bestimmten Wesen verdichtet sie ein unerkläriches Wissen. Im Stein, der vor dem tumben Helden her kollert, bis er am richtigen Ort liegen bleibt, im Rat des Fuchses, des Pferdes, etwa in Falladas Pferdekopf, im Krähenflug, im Rabenkrächzen, zuweilen im Wertlosen ist Weisheit gespeichert. So bestand das Unrecht jenes mit Leichenschleppen bestraften Königs darin, täglich einen Apfel achtlos angenommen und hinter sich geworfen zu haben, während diese gewöhnlichste aller Früchte doch etwas strahlend Kostbares verbarg.

In mancher Frucht ist Weisheit so bedrängend dicht gesammelt, dass man sie essen kann – allerdings nur der, der dafür bestimmt ist und kein anderer. Im keltischen Sagenkreis um Fionn, den wunderbaren, größten Heerführer der Fianna, wird der Knabe Fionn zunächst alles lernen, was der Held körperlich können muss: Wettkampf, Schwimmen, Lauf und Sprung, dann aber auch das, was der Geist eines Helden zu beherrschen hat: das Schachspiel gegen die Könige. Als er dies vermag, macht er sich wieder auf die Wanderschaft: »Alle Wünsche vergehen, bis auf einen, der aber besteht für immer.

---

4   Ebenda, 14.

Fionn begehrte alles, aber auch dies, das bleibt, denn er wäre überall hingegangen und hätte alles gelassen um der Weisheit willen.«[5] Auf der Suche trifft er Finegas, den Dichter und milden Meister, dem verheißen ist, er, Finegas, werde den Lachs der Weisheit im Fluß Boyne fangen.

»›Eine Frage, Meister‹, fuhr Fionn fort. ›Wie kriegt denn der Lachs die Weisheit in sein Fleisch?‹ ›Ein Haselbusch hängt über einem heimlichen Teich an einem heimlichen Ort. Die Nüsse des Wissens fallen vom heiligen Busch in den Teich, und wie sie dahintreiben, schnappt sie der Lachs und frißt sie.‹ ›Wäre es nicht leichter‹, wagte der Knabe vorzuschlagen, ›man ginge auf die Suche nach dem heiligen Haselbusch und äße die Nüsse stracks von den Zweigen?‹ ›Das wäre nicht ganz einfach‹, sagte der Dichter, ›denn der Busch läßt sich nur durch jene Weisheit finden, und das Wissen kommt dir nur, wenn du von den Nüssen ißt, und die Nüsse bekommst du nur, wenn du den Lachs fängst.‹ ›So müssen wir denn auf den Lachs warten‹, sagte Fionn mit knirschender Ergebung.«[6]

Auf köstliche Weise werden so die Elemente zusammengebunden, deren Zusammenwirken für die Weisheit nötig ist: die Pflanze auf der Erde mit dem Fisch im Wasser – das Vormenschliche und das Vorgeschichtliche. Wesen der Natur transportieren die Weisheit; nichts an diesem Transport kann beschleunigt, übergangen, abgekürzt werden – wenn überhaupt, ergibt sie sich zu ihrer Zeit von selbst. Die einzige Stelle menschlichen Eingreifens ist der Verrat, das mögliche Sündigen: Vorzeitiges und diebisches Gebaren verhindert den Fluss der Weisheit. So wenn das Ersehnte vom Falschen, dem es nicht oder noch nicht bestimmt ist[7], ergriffen wird. Lügnerisch und vorschnell wird der Königssohn von der falschen Braut eingenommen, während Allerleirauh und Aschenputtel – und wie die rechten Bräute alle heißen

---

[5] Stephens, James, *Fionn der Held und andere irische Sagen und Märchen* (Übertragung und Einführung von Ida Friederike Görres), Freiburg 1936, 37 (demnächst in der Neuausgabe durch H.-B. Gerl-Falkovitz, Heiligenkreuz 2017). – Sollte Fionn eine historische Gestalt sein, so wäre er auf das 3. Jh. n. Chr. zu datieren. S. Ashe, Geoffrey, Kelten, Druiden und König Arthur. Mythologie der Britischen Inseln, Olten/Freiburg 1992, 336ff.

[6] Stephens, 39.

[7] Ebenda, 43. Finegas wird später – wie Fionn nach dem Genuß des Lachses weiß – selbst den Lachs Allwissend essen dürfen.

– den Prinzen zum dreimaligen Suchen und zeitlichen Aufschub zwingen, um seine wahrhaft Schöne der durchtanzten Nächte wiederzuentdecken – schneller kann und darf es nicht gehen, sonst findet er nur die Stiefschwestern.

Gehen wir zurück zu Fionn: Der Lachs wird gefangen, der Knabe brät ihn. Und der Meister enthüllt nach innerem Kampf, der Lachs der Weisheit sei doch nicht für ihn, sondern für Fionn bestimmt. Was die zauberhafte – und zauberhaft erzählte – Geschichte ausdrückt, ist die Mitteilung, dass Weisheit nicht zielgerichtet erkämpft werden kann wie vieles andere, das aus Übung und Zucht stammt. Sie kommt von anderswo als reine Gabe und unerzwingliche Freude. Unerzwinglich auch darin, dass sie den Begabten wählt, nicht umgekehrt; sie zielt auf jemand Bestimmten. Und selbst wenn dieser Umwege, ja Gegenwege einschlägt, ruht sie nicht, bis das Zugedachte ausgehändigt ist. *Gratis e con amore* ist ihr Duft. Ihre Herkunft liegt im Verborgenen, kann auch nicht Schritt für Schritt erobert werden. Zielbewusstheit greift ebensowenig, wie jede andere Form von kausalem Vorgehen.

Dennoch ist die Weisheit nicht bedingungslos. Sie schenkt sich ganz und auf einmal, freilich nach sehnsüchtigem Warten. Denn sie bedarf der ganzen Vorbereitung: des Leibes und des Geistes und der ethischen Erprobung – Fionn wie Finegas müssen beide eine Überwindung bestehen, die Überwindung des vorzeitigen Genusses. Doch ist diese Vorbereitung nichts gegen die plötzliche Gegenwart der Gabe, nichts gegen ihr herrliches Erscheinen und ihre unbesiegliche Dauer.

So außerhalb der gewohnten Spielregeln überschaubarer Art spielt sich die Weisheit ein, dass das Märchen sie häufig an einen gänzlich gegenläufigen Weg der Ankunft anbindet: an die Torheit. »Weisheit können euch selbst die Narren lehren, die nicht einmal wissen, warum ihre Herzen jubeln über die Lust und das Glück, die der Tag bringt.«[8] Weisheit stammt aus der Anderwelt, so kann sie das Gewohnte umdrehen. Hans im Glück, der kleine Däumling, Iwan der Dumme, überhaupt alle Dummerjans und Zurückgebliebenen gewinnen zuletzt Königreich und Königstochter. Noch die Parzivalssage zeigt den tumben Tor als den einzigen, der die schmerzende

---

[8]   Dickens, Charles, *Barnaby Rudge*, München 1963, 285.

Wunde des Königs heilen kann. Das Närrische, dem Alltagsverstand Wider-
läufige scheint der Weisheit eigentümlich tief verbündet.

Ferner zeigt sich Weisheit als erkämpfte Gelassenheit, als Frucht einer Tapferkeit des Herzens. In dieser Wendung gehört sie zu den Kräften, die nicht
ins Auge fallen. Sie spielen sich im Inneren ab, als Orkan, als Kampf, als
Wehmut, die durchzustehen sind. Und dabei so viel Kraft brauchen, dass
der Kämpfende nach außen ruhig wirkt, eher konzentriert, ein wenig abge-
schlossen, um sich nicht ablenken zu lassen vom Notwendigen: von der Aufmerksamkeit auf den Gegner im Inneren. Hier gibt es viel Verwundenes, viel
Überwundenes, vieles, was als Verlorenes zurückbleiben muss. Es gibt eine
Tapferkeit, die den Tapferen so beansprucht, dass er, um Kraft zu sparen,
nur nach vorne blicken kann.

Solche Weisheit misst sich nicht an ihren Taten, sondern an dem, was nicht
geschieht: kein Ausbruch von Zorn, keine Wehleidigkeit, kein Nachrechnen.
Sie lässt alles sein außer der Zuspitzung der Kraft auf das äußere und – langsam wachsend – das innere Stillhalten. »Tapfer ist der Löwenzwinger, tapf-
rer, wer sich selbst bezwang«, nennt Schiller diesen Zustand. In den Worten
von Finegas, dem Dichter: »›Ach, ich habe einen heißen Kampf mit diesem
Fisch bestanden.‹ ›Kämpfte er so hart um sein Leben?‹, fragte Fionn. ›Das tat
er wohl, aber ich meinte nicht diesen Kampf.‹« [9] Denn er ist weniger ein Handeln als ein Zustand: ein Ringen um Gleichgewicht, ohne den Platz zu verlassen und ohne Beute zu machen. Wenn jemand dabei siegt, hat sich im
Sichtbaren nichts verändert. Alles ist wie zuvor; nur dem Auge kenntlich,
das am winzigen Schwanken des Helden merkt, welches Drama auf der unsichtbaren Bühne gespielt wird.

Es gibt Weisheit in der Gestalt von Nichttun, von Bewegungslosigkeit, von
Abfangen. Wieder kennt der keltische Mythos eine solche Szene. Fionn
muss, um ein Held zu werden, in seiner Jugend jenen unbezwingbaren zauberischen Gott bezwingen, der den Gegner mit einem unirdischen, berü-
ckenden Ton einschläfert – worauf eine wilde blaue Flamme aus dem Munde
des Zauberers pfeift und den Schlafenden zu Asche brennt. Doch Fionn
»breitete seinen gefransten Mantel aus und fing die Flamme auf – vielmehr,

---

[9]   Stephens, 43.

er fing sie ab, denn sie glitt von seinem Mantel und fuhr sechsundzwanzig Spannen tief in die Erde [...] Aillen blies ein zweites Mal mit der ganzen schrecklichen Macht, die ihm gehorchte, und der große Strahl blauer Flamme fuhr brüllend und pfeifend aus ihm und wurde gefangen und verschwand.«[10]

Ein solches Abfangen der Bosheit, eigener und fremder, ist nicht nichts. Es entspricht dem Ausreißen und Wegstemmen einer Säule, wie sie im Barock auf den Schultern einer sinnbildlichen Fortitudo, der als Frau ausschreitenden Tapferkeit, zu sehen ist. Denn es sind nicht allein Helden der Vorzeit, sondern auch viele Frauen, die eine solche tapfere Weisheit üben: das Auge im Orkan zu sein, die Ruhe im Sturm, das Schweigen in der Anklage. Sie gehören zu denen, die neben den Helden der großen Abenteuer stehen, als jene, die sich selbst zügelnd in die Hand nehmen. Es gibt offenbar eine Sanftmut, die sich mit der Weisheit verbündet und nichts mit Schwäche zu tun hat. So die Braut, die wartet, während die falsche Nebenbuhlerin zur Hochzeit rüstet.

Eine andere Erzählung aus keltischem Erbe beleuchtet hinreißend die Gewalt, ja die Erschöpfung, um die es in solcher weisen Selbstbezwingung geht. Der große europäische Sagenkreis um König Artus enthält die Gestalt des größten aller Ritter, nämlich Sir Lancelots, der später durch seine Liebe zu Königin Ginevra in Schuld fällt. Bevor dies geschieht, berichtet die Sage von Lancelots Ausritt mit seinem noch unerprobten Neffen Lyonel, einem jungen, dummen Hund, der dem Onkel junge, dumme Fragen stellt. Eine davon ist frech und ehrenrührig. »Ein Anfall schwarzen Grimms schüttelte Sir Lancelot, verzerrte seine Lippen, so dass sie die Zähne entblößten. Die rechte Hand schnellte wie eine Schlange nach dem Schwertgriff, und die silberne Klinge glitt halb aus der Scheide. Lyonel spürte schon den Hauch des Todesstreiches seine Wange streifen. Dann sah er in ein und demselben Mann einen so wilden Kampf entbrennen, wie er ihn noch nie zwischen zwei Männern erlebt hatte. Er sah, wie Wunden geschlagen und empfangen wurden, wie es ein Herz beinahe zerriss. Und er sah auch den errungenen Sieg, das

---

[10] Ebenda, 53f.

Abebben der Wut, sah Lancelots bitteren Triumph, die von Schweiß umflossenen, fiebernden, wie bei einem Habicht fast geschlossenen Augen, sah den rechten Arm an die Leine gelegt, indes die Klinge wieder in ihren Zwinger zurückglitt.« Dem Kampf mit den eigenen Leidenschaften folgt nach außen ein Lächeln und Darüber-Hinweggehen, nach innen tödliche Erschöpfung. »Sir Lancelot legte sich unter dem Apfelbaum ins Gras [...] Sir Lyonel setzte sich neben seinen Onkel. Er war sich bewusst, dass er eine Größe erschaut hatte, die den Verstand überstieg, und einen Mut, der Worten etwas Feiges gab, und einen Frieden, der mit höchster Qual erkauft werden musste. Und Lyonel kam sich klein und niedrig vor wie eine Schmeißfliege, während Sir Lancelot wie aus Alabaster gemeißelt dalag und schlief.«[11]

In solchen großen Erzählungen sammelt und klärt das abendländische Gedächtnis die vielgestaltigen Haltungen der Weisheit. Sie vermag das alltägliche Hauen und Stechen in Tapferkeit auf sich zu nehmen, Grimm abzufangen, Böses nicht mit Bösem zu vergelten. Vielleicht sogar, nach einem winzigen Schwanken, es mit Gutem zu vergelten.

Eine letzte Tönung im vielfarbigen Gewand der Weisheit ist ihre große Zustimmung zu dem, was ist. »Einst, als sie von der Jagd rasteten, erhob sich ein Streit unter den Fianna-Finn, was wohl der schönste Wohlklang auf der Welt sei. ›Du sag es uns‹, sagte Fionn und wandte sich zu Oisin. ›Der Ruf des Kuckucks aus dem höchsten Wipfel‹, meinte sein fröhlicher Sohn. ›Ein guter Klang‹, sagte Fionn. ›Und du, Oskar? Was dünkt dich die schönste Musik?‹ ›Der Klang eines Speers auf einen Schild!‹, rief der wackere Jüngling. ›Das ist guter Klang‹, sagte Fionn. Dann erzählten die anderen Recken, was ihnen das Liebste sei: der Brunstschrei eines Hirsches überm Strom, das ferne volle Gekläff einer jagenden Meute, das Lied einer Lerche, das Lachen eines fröhlichen Mädchens oder das Flüstern, wenn ihr Herz erbebt. ›Das alles ist guter Klang‹, sagte Fionn. ›Sag uns, was du denkst, Fürst‹, wagte einer zu fragen. ›Die Melodie dessen, was geschieht‹, sagte der große Fionn, ›das ist die herrlichste Musik der Welt.‹«[12]

---

[11] Steinbeck, John, *König Artus und die Heldentaten der Ritter seiner Tafelrunde* (übers. v. Christian Spiel, Nachw. v. Lothar Hönnighausen), München 1992, 260f.
[12] Stephens, 35f.

Es sei erlaubt, dies ungekürzt mit Worten von Romano Guardini zu kommentieren, der 1924 über Menschen von ›klassischem Geist‹ in einer selbst klassischen Aussage notierte: »Dazu gehört vor allem die Weise, wie sie in die Welt schauen, nämlich mit einem ganz offenen Blick, der eigentlich nie etwas ›will‹ – dass dieses Ding so sei, jenes anders, das dritte überhaupt nicht. Dieser Blick tut keinem Ding Gewalt an. Denn es gibt ja schon eine Gewalttätigkeit in der Weise des Sehens; eine Art, die Dinge ins Auge zu fassen, die auswählt, weglässt, unterstreicht und abschwächt. Dadurch wird dem wachsenden Baum, dem Menschen, wie er seines Weges daherkommt, den aus sich hervorgehenden Geschehnissen des Daseins vorgeschrieben, wie sie sein sollen, damit der Blickende seinen Willen in ihnen bestätigt finde. Der Blick, den ich hier meine, hat die Ehrfurcht, die Dinge sein zu lassen, was sie in sich sind. Ja, er scheint eine schöpferische Klarheit zu haben, in welcher sie richtig werden können, was sie in ihrem Wesen sind; mit einer ihnen sonst nicht beschiedenen Deutlichkeit und Fülle. Er ermutigt alles zu sich selbst. Es ist der Kinderblick, aber im Auge des Gereiften. Er hat ein gelassenes Zutrauen in das Sein, Ehrfurcht vor dessen Würde und eine Weite, die allem Raum gibt. Sobald der Mensch eine hinreichende Strecke des Lebens durchmessen hat, wird dieser Blick zur Weisheit. Denn wie er die Dinge sieht, sieht er auch, und immer klarer, ihre Bedingungen, Grenzen und Stufen. Er sieht, was groß ist und was klein, unterscheidet das Edle und das Niedrige, und versteht, wie Leben und Tod einander durchflechten.«[13]

Wovon also weiß die Weisheit? Greifen wir nochmals auf den Beginn zurück, wo mit der Behauptung eingesetzt wurde, die Weisheit sei mit dem Geheimnis verbündet – aber mit welchem? Zum Charakter des wirklichen Geheimnisses gehört im Unterschied zum Rätsel, dass es nicht aufgelöst wird und nicht mit der Lösung verschwindet. Vielmehr wird es erhellt und bleibt gerade in seiner Helle von großer Wirkung. »Hier ist nicht Rätsel, sondern Geheimnis. Geheimnis aber ist Übermaß von Wahrheit; Wahrheit, die größer ist als unsere Kraft.«[14]

---

[13] Guardini, Romano, *Von Goethe und Thomas von Aquin und vom klassischen Geist. Eine Erinnerung*, in: ders., *In Spiegel und Gleichnis*, Mainz 1932, 21.
[14] Guardini, Romano, *Der Anfang aller Dinge. Meditationen über Genesis, Kapitel I–III*, Würzburg 1961, 17.

Weisheit weiß von einer ungeheuren Wahrheit des Daseins; davon soll nun die Rede sein. Daher trägt sie den Charakter der Erinnerung an das Gültige: Es hat ›früher‹ gegolten und gilt noch heute. Ihr Erbe besteht im Wissen um die Kraft des Anfangs, des Ur-Sprungs, und aus seiner Tiefe ersteht zugleich die Fülle des Zukünftigen.

Tasten wir uns in diese Anfangstiefe hinein. Was ist Anfang? Anfang ist mehr als ein Startpunkt, der sofort verlassen wird. Schon das ist dem alltäglichen Denken nicht selbstverständlich. Freilich gibt es einen Anfang, der sofort versinkt, wenn er getan ist: Ihn nennen die Lateiner initium, den zeitlichen Start. Aber den zweiten, wichtigeren Anfang nennen sie principium, der sich durch alle Veränderung durchhält und das Kommende beherrscht. Dieser prinzipielle Anfang stammt aus einem Bereich, wo die Existenz an ihr eigentliches Geheimnis stößt.

Denn: Der Anfang eines Menschen ist nicht durch seine Eltern bestimmt; sie sind nur in geringem Maße entscheidend. Vielmehr ist der eigene Ursprung ein großes Geheimnis. Ein Märchen wie der ›Fundevogel‹ macht deutlich, dass das gefundene Kind ein königliches ist und die höchste Abstammung sein eigen nennt. Dieser königliche Bereich wird durch ein Gewand, eine Goldkette, ein Erkennungszeichen angemerkt; Kinder sind Findlinge aus hohem Hause.

Solcher Anfang markiert – über das Kind hinaus – das Dasein selbst als Findlingsdasein. Märchen wissen vom Paradies als dem wahren Ursprungsort des Menschen. Weisheit weiß vom göttlichen Eden als dem Ausgang der Existenz. »Im Anfang war der Garten. Die Kindheit war der Garten. Ohne Anfang und Ende, ohne Zaun und Grenze, ein Rauschen und Rascheln, golden in der Sonne, lichtgrün im Schatten, tausend Stockwerke hoch – vom Heidekraut bis zu den Kiefernwipfeln; im Süden der Brunnen mit den Kröten, im Norden weiße Rosen und Pilze, im Westen mückendurchsirrtes Himbeergestrüpp, im Osten Heidelbeeren, Hummeln, das Steilufer, der See, die Stege.«[15] Was hier sichtbarer, sinnlicher Garten ist, ist zugleich Paradies; und nicht die Eltern, die Kette unbekannter Vorväter und Vormütter setzen das Kind hinein – sie kennen es ja selbst noch nicht; ihre Aufgabe im Märchen

---

15   Tolstaja, Tatjana, *Stelldichein mit einem Vogel*, Frankfurt 1989, 7.

ist eher, es auf den Umwegen eigener Schuld, boshafter Verblendung müh-
selig zu finden, es als Ihres endlich, gnadenhaft, zu erkennen. Nicht ›machen‹ sie es, um es zu ›haben‹. Häufig ist es ja so, dass zu viele Kinder her-
umquirlen, und das letzte, ungewollte, früh exilierte ist Träger des großen
Glücks. Es gibt eine berüchtigte Gestalt im Märchen, in der sich die Ablehnung, ja der Hass gegenüber dem Kind verdichtet: die Stiefmutter.

Nein, der Anfang des Menschen ist ein wundervoller Anruf, der nicht von
den Eltern kommt – der göttliche Anruf. Von diesem sieghaften Gewolltsein
gegen alle menschlichen Widerstände weiß und spricht die Weisheit. Denn
es ruft ein Wille, nicht einfachhin eine gestaltlose Urmacht oder eine
dumpfe, unbewusste Allnatur. Ein ungeheurer Wille schafft mich rufend,
wie ich bin, selig, dass ich bin. Dieser Wille ist Glück, unerhörte Seligkeit.
Dasein lebt aus der Seligkeit, gewollt zu sein – als Geschenk, grundlos ›um-
sonst‹, eben *gratis e con amore*. Solches Glück ist unerschöpflich, endlos kraft-
voll. Daraus beziehen die Frauen, Männer und Kinder des Märchens, ob
niedrig oder hochgeboren, ob arm, töricht, gescheit oder reich, ihre Kraft –
vom Glück des Anfangs her wittern sie das Glück des Ausgangs, das unzer-
störbare Gelingen. Daraus hebt immer wieder alles neue Beginnen an, das
nicht zu Entmutigende trotz der Rückschläge, der Verkennungen, der Arbeiten in Küche und Stall, unter den Schlägen der Stiefmutter und des bösen
Vaters. Sogar die selbstverschuldeten Fehler sind Anlass, sich weiter ins Bestehen des Abenteuers hineinzuwerfen. Alle wüsten Pelzhüllen löschen das
Sternen-, Mond- und Sonnenkleid Allerleirauhs nicht aus; die königliche
Existenz des Menschen wahrt bleibend den königlichen Anfang. Die Kinder
der Gnade sind im Märchen Träger dieses ›währenden Anfangs‹; wo sie ver-
stoßen, ausgesetzt, gar ermordet werden, ist die Gnade dieses göttlichen Ur-
sprungs für die Erwachsenen unwirksam, sie wird als erste, alles tragende,
alles wollende Kraft ausgeschlossen.

Vielerlei Verschließung gegen den göttlichen Ursprung ist möglich. Märchen kennen sie in der Spanne vom dramatischen Widerstreben bis zur Tra-
gik. In Bildern ausgedrückt geht die Krone verloren, die Ehre verloren, der
Name verloren, der Liebste und die Liebste verloren – der König wird zum
Bettler, die hochfahrende, spottsüchtige Königstochter wird zur Küchen-

magd, der Prinz zum Frosch oder zum Bären oder zu Stein. Die Paradieses-
türe schließt sich donnernd hinter den Verlorenen, und das nicht ohne deren
Schuld. Daraus spinnt das Märchen die Wanderungen durch unwegsamen
Wald, über den Glasberg, durch den Feuersee, in Preisgabe, in Verwor-
fensein, in Angst – bis die Läuterung die verborgene oder offene Schuld be-
gleicht. Die verlorene Nähe zum Ursprung ist vom Grundgefühl der
Schwere begleitet: Das Lösungswort ist vergessen, der Zauberschlüssel ver-
tauscht, Übermaß und Sinnlosigkeit der Aufgaben bedrücken. Wären nicht
immer wieder, zur rechten Zeit, die weisen Löser von außen zur Stelle.

Weisheit weiß vom anfänglichen Blick des Menschen in die Augen Gottes,
vom göttlichen Ruf in das menschliche Ohr. Sie weiß vom eigentlich königlichen Dasein des Menschen, das die Helden und die Narren im alltäglichen
Sinn besser wahren als die Feigen und die Gescheiten. Sie weiß aber auch
von der Selbstverschließung in Schuld und der Verbannung durch andere;
sie weiß von der mühsamen Lösung, sei es mit Hilfe eines Lösers, sei es kraft
einer Demütigung oder auferlegter eigener Reinigung; sie weiß vom uner-
bittlichen Licht der Gerechtigkeit und dem eindeutigen Urteil am Ende. Wer
sich aber zur Läuterung in das zugemutete, scheinbar unüberwindliche
Abenteuer einlässt, dem traut das Märchen mit Hilfe der Anfangskraft auch
die Vollendung zu, und auf sie trauen heißt, dem endgültigen Wiedergewin-
nen des Verlorenen trauen.

All das sind die Themen der Weisheit: Seligkeit über den ersten göttlichen
Ruf, Verlorenheit, Neubeginn, Voll-Endung aus der ursprünglichen, wäh-
renden Kraft. Heimisch werden in diesem Geheimnis und nicht in Ort und
Zeit, da wir in der Zeitlichkeit gar nicht zu Hause sind – das ist die einfachste
Wahrheit der Weisheit.

Harald und der Sinn für das Besondere

Silja Luft-Steidl

Es ist mir selber eine besondere Ehre, einen Menschen zu seinem 50. Geburtstag zu honorieren, dessen Wegspuren sich urplötzlich mit meinem einstigen Studium kreuzten und seitdem ein bleibendes Bild seiner Person bei mir prägten, ob als Wissenschaftler insgesamt, als philosophischer Denker im Speziellen oder als Mensch, das ich hier skizzieren möchte. Wenn ich Harald Seubert mit wenigen Worten beschreiben sollte, würde ich ›den Sinn für das Besondere‹ nennen, doch wie kommt es dazu? Es wird an Haralds 50. Geburtstag elf Jahre her sein, dass uns eine Freundschaft verbindet, die sowohl locker geknüpft als auch aus der Tiefe geschöpft ist. Das Lockere liegt an zwei ganz unterschiedlichen, sich erst spät berührenden Lebenswegen mit räumlich und zeitlich notwendigerweise meistens getrennten Stationen.

Das Tiefe ist das Wunder einer Freundschaft, das dazu beiträgt, dass bei unseren viel zu wenigen tatsächlichen Begegnungen (deren Qualität das raumzeitlich grenzenlose E-Mailing aus meiner Sicht nicht ersetzen kann) jede Form von Verständnis, Herzlichkeit und fachlicher Kommunikation wieder ›voll da‹ ist, wie Harald es einmal nannte. Im Grunde könnten wir uns schon fünfzig Jahre kennen. Vielleicht erreichen wir ein Alter, mit dem es so kommt. Daher sage ich besser: Unsere genannten Übereinstimmungen waren nie weg, und zwar terminlich gesehen seit einem gewittrig-schwülen Ende-Mai-Tag des Jahres 2006.

Als noch recht frisch magistrierte Theologin saß ich gestresst angesichts des Wetters und des anspruchsvollen Programms im Erlanger theologischen Oberseminar, zu Besuch unsere Austauschgruppe der Prager Philosophischen Fakultät, in einem für uns alle viel zu engen, stickigen Seminarraum. Unter Leitung von Professor Sparn sollte Ricoeurs Gedächtnis, Geschichte,

Vergessen durchgeackert werden. Offensichtlich wollte Herr Sparn dem hohen Anliegen des Programms bestens gerecht werden, denn er hatte uns Verstärkung beschafft. Mich durchfuhr ein heiteres Gefühl, als ich vor Seminarbeginn gegenüber meinem Sitzplatz in der studentischen Runde einen Herrn erblickte, im edlen Streifenanzug, mit einem breitem, uferlose Schätze ausstrahlenden Gesicht und einer unprätentiösen Haltung seiner stattlichen Gestalt auf einem viel zu kleinen Holzstuhl, dem ich vorher noch nie begegnet war. Weder Alter noch Funktion dieses spannungsvoll-sympathischen Teilnehmers vermochte ich einzuschätzen. Herr Sparn führte Professor Seubert als fachliche Assistenz speziell in der Gegenüberstellung Ricoeurs und Heideggers ein, doch was dann aus Harald Seuberts Mund kam, waren viel mehr als Fachbeiträge: Es war die Begeisterung zur Philosophie. Wenn für mich bisher die Philosophie ein unbeschriebenes Blatt und Ricoeur ein schwarzes Loch gewesen waren, so wurden sie mir seit jenem Oberseminartag Ende Mai 2006 zu ewig Vertrauten. Mir ist dankbar klar, dass ein in Gehalt und Kommunikation unerschöpflicher Geist wie Harald Seubert eine solche creatio ex nihilo vollbracht hat.

Ob Haralds und meine geistige Übereinstimmung charakterlich, wie wir später einmal feststellten, an ähnlichen Anordnungen einiger Planeten unserer Geburtshoroskope liegt, darf für den sachlichen Betrachter gerne ein Bonmot bleiben. Dass ich mich während des müden Marsches unserer Seminargruppe in die nüchterne Klinikum-Mensa mit meiner brennenden Frage nach philosophischen Vademeca schnurstracks an Professor Seubert wandte und dieser mir mit ›Ich bin der Harald‹ antwortete, sagt eigentlich alles. Ideell gesehen hat es sicher eine gemeinsame, im Christentum mit der Menschwerdung Gottes thematisierte Grundlage, wenn ich bei Harald von Anbeginn unserer Begegnung die Haltung der Augenhöhe erlebte, die im wesentlichen Sinne auch das platonische Ideal der Freundschaft ausmacht. Inhaltlich tauschten wir an diesem zur freien Verfügung stehenden Seminarnachmittag aus, wie Harald Seubert schon als Schüler die Weltliteratur beherrschte, als ich mir geistige Grundbildung in einem restriktiven Elternhaus erkämpfte und welchen wissenschaftlichen Koryphäen Harald begegnete, als ich einem stupiden Brotberuf nachging.

Dass es ›nur‹ Verständnis für den Mitmenschen braucht, um Unterschiede aufzulösen und sie zu einem bereichernden Kommunikationsfluss zu befördern, kann man bei Harald ohnegleichen erleben. Für mich persönlich war es eine erstaunliche Erfahrung, wie sich mein bis dato erfolgtes theologisch-dogmatisches und ethisches Engagement um das Oeuvre Eugen Drewermanns, nämlich zugespitzt, Menschen ihre Ängste zu nehmen, hier nun im Gespräch mit einem Philosophieprofessor einlöste. Konkret dazu fällt mir Drewermanns Auslegung des Jesus-Gebots ›Zwei-Meilen-Mitgehen‹ (Mt 5,41) ein, nämlich Befehlenden sowie auch Bittenden ein Mensch zu werden, um aus Oppositionsstellungen Leben zu schaffen.

Sicher ist es darüber hinaus Haralds interkulturelle und interdisziplinäre Offenheit, wenn er Merkmale, die in der deutschen Leistungsgesellschaft eher als Makel gelten, etwa ein mühsamer Lebensweg oder auch, wie in meinem Fall, eine chronische Krankheit, nicht nur in ihrem Schmerz entschärft, sondern zudem in ihrem menschlichen und kreativen Gehalt zu etwas Besonderem erhebt. Philosophien wie etwa Boethius‹ Trostbuch, die Hinwendung der Phänomenologen zu den profanen Dingen oder auch die Bejahung des Schmerzes bei Friedrich Nietzsche werden in Haralds Verhalten real. Damals zeigte mir dies aus theologischer Sicht, dass gleicherweise die Wahrheit Christi als Anstoß und Ärgernis, Heilung und Entwicklung in einer vielseitig interessierten Philosophie zum Zuge kommen kann. Vermutlich waren es in Haralds persönlichem Leben nicht nur Sonnenseiten, sondern zudem ein in der Kindheit erfahrenes quälendes Krankheitsleiden, was bei ihm eine enorme Spannbreite des Verständnisses geprägt hat. Ich denke an Nietzsches ›Aufgehen einer Welt‹ durch die Krankheit, wenn sie wachen Geistes erfahren wird. In seinem Sinn für geschichtlich-kulturelle Bestände ebenso wie für individuelle Ressourcen in Verbindung mit seiner entwicklungsfördernden Art erlebte ich Harald Seubert in Bezug auf meinen eigenen Weg als Vordenker des patchwork-Lebenslaufs. Jedenfalls veranlassten die ersten Begegnungen mit Harald meine Planung zum Zurückstellen einer theologischen Promotion zugunsten eines Philosophiestudiums und einer komplementären Bildung.

Wie Harald bei Gesprächspartnern Bestände an Wissen oder auch nur Erfahrungen aufnimmt und sie in die Freiheit des Denkens, des Diskutierens

oder gar Träumens führt, egal, ob konform oder gegenläufig, ist etwas äußerst Angenehmes. Besonders gerne blicke ich zurück auf die Fortsetzung
unseres Austauschs während der Besichtigung Bambergs am Sonntag jenes
Seminarwochenendes. Schier grenzenlos interessierte sich Harald für die Erfahrungen während meiner Berufsphase als naturheilkundliche Unterneh-
merin genauso wie für meinen Plan, einen alten Bauernhof zu sanieren und
zum Wohnen sowie fachlichen Tagen auszustatten. Träumend standen wir
vor einem Antiquitätenladen in der Bamberger Domstadt und hatten den
Hof binnen zehn Minuten eingerichtet, der genauso gut Wasserschloss oder
Burg hätte sein können. Sicherlich brachte ich als eigenen Fundus Erfahrungen und einen Reflexionshabitus mit, was Harald seinerseits zum Gespräch
animierte. Dabei möchte ich betonen, dass ich Haralds Form der Anteilnahme seit jeher als grundehrlich erlebe, in keiner Weise kalkulierend motiviert. Im Positiven heißt das, bei Harald spricht immer das Herz bzw. die
Liebe und eine enorme Dynamik zum Leben. Das halte ich in der Gegen-
wartslage, wo Kommunikation viel mit den Zwängen oder Egoismen einer
Funktionsgesellschaft zu tun hat und nicht mit Freiheit, bei Harald für eine
ganz besondere Eigenschaft.

Wie es mit unserer Freundschaft nach dem Seminar weiterging, habe ich
eigentlich schon beschrieben. Nachdem wir uns unverbindlich verabschie-
deten (denn ›der Geist weht, wo er will‹, Joh 3,8), E-Mailing allgemein noch
nicht als Tagesritual galt und Harald schwerpunktmäßig in Halle beschäftigt
war, setzte ich wenige Tage später mein philosophisches Erwachen mit einer
Bibliotheksrecherche fort. Auf Parkplatzsuche in der Erlanger Kochstraße
lief ein cremefarbener Sommeranzug mit rosa Fliege und Stroh-Sombrero an
mir vorbei, bewirkte meinerseits ein Blitz-Parkmanöver, und beides mün-
dete in gegenseitiges herzlichstes Lachen. Besonders auch Harald war auf
Ortssuche, gewiss nicht geistig, sondern institutionell gemeint, die für mich
zu einem Glück wurde, insofern ich ihn dann mehrere Semester als philosophischen Dozenten in Erlangen erleben konnte.

Als Außenbetrachterin auf Haralds Karriere lernte ich einen Kosmopoliten
im Bemühen um einen Ruhepol für sein brodelndes, insbesondere auch lite-
rarisches Wirken kennen. Harald in seiner unglaublichen Spannbreite des
Schaffens wie bereits des Erlebens und Tolerierens war sich nicht zu schade,

in den Jahren seiner Erlangen-Bamberg-Münchener und Posener Professuren immense Bahnstrecken und winterliche Stationen an eisigen Bahngleisen in Kauf zu nehmen, phasenweise wöchentlich internationale Vortragsorte zu bereisen, interdisziplinäre Stiftungsarbeit aufzubauen und Netze interkultureller Transfers zu knüpfen. In diesen Jahren zeigte er sich mir in einer bewundernswerten Zähigkeit und Kraft. Harald kann Sterne erarbeiten, ohne unbedingt auf Sternen dorthin getragen zu werden. Solches Ackern trug vielleicht dazu bei, dass er bei seinen Engagements in der Geschichts-, Kultur- und Politischen Philosophie immer auch meinem fachlichen Werdegang in der eher hautnah geschöpften Leibes- und Naturphilosophie sehr zugetan blieb. Genau gesagt, gehört für ihn beides zusammen. Geschichte, Kultur, Gegenwart und Zukunft sind für Harald von der Ästhetik und Reflexion aller Lebensfacetten nicht zu trennen.

Ein unvergessliches Erlebnis bleibt mir Haralds Antrittsvorlesung in Basel am 29. November 2012. Diese Rede erwies, wie sodann Haralds weiteres Wirken an der Staatsunabhängigen Theologischen Hochschule Basel, sein besonderes Denken in Ressourcen der Humanität zugunsten von Zukunftsgestaltungen in der europäisch und global gemeinten Welt. Im christlichen Kern war es ein Kerygma auf den Überlieferungslinien Jerusalems und Athens, das an die Komplementarität der Kulturen, des Geistes, der Vernunft wie auch des Gemüts appellierte. Es sieht aus, als würde Harald in Basel mit seinem Fächerkanon aus Philosophie und Religionswissenschaft den Platz des Wissenschaftlers einer universitas einnehmen, wie eine solche an öffentlichen Universitäten aufgrund bildungsplanerischer Vorgaben heute eher weniger realisierbar ist. Äußerst erfreut nahm ich in den letzten Jahren Haralds philosophische – man kann wohl sagen, in langer Dürre ausgebrütete – Werke auf, darunter geballt in 2015 seine Ästhetik, etwa zeitgleich seine Philosophische Einführung und zum Jahresende das große Opus der Gesicherten Freiheiten. Wenn Freiheit auf der Treue zu Beständen beruht, bildet das für Harald maximale Anknüpfungspunkte für humane, demokratische sowie gegen hassende Barbarei gerichtete Synergien.

Lieber Harald, bleibe der Harald Seubert, der Du bist, so wirst Du seelisch-geistig nie altern, nur kalendarisch. Auf viele weitere authentische Jahrzehnte, auf Erfahrungen der Leidenschaft, die Du weitergibst, und auch, ganz schlicht gedacht, auf Erhalt Deiner kraftvollen, sowie bei uns allen zudem pflegebedürftigen Gesundheit, das wünsche ich Dir für diesem Deinen 50. Geburtstag aus ganzem Herzen.

Örtlich und zeitlich elternferne Zeugung

Hans-Bernhard Wuermeling

Jede Zeugung eines Menschen, die künstlich extrakorporal durch IVF *(in vitro Fertilisation)* bewerkstelligt wird, kann man als örtlich und zeitlich elternfern bezeichnen, weil sie nicht die natürliche und unmittelbare Folge der Kopulation eines Menschenpaares ist, sondern *in vitro,* also im Reagenzglas und irgendwann im Labor erfolgt. Doch ist dies nicht der Grund dafür, dass IVF ethisch umstritten ist. So verurteilt die katholische Kirche IVF als naturwidrig, weil dabei die gottgegebene Einheit von Sexualität und Zeugung willentlich zerrissen werde. Diesem Urteil vermögen allerdings viele Menschen nicht zu folgen.

Dagegen wird für Nichtkatholiken mit einer ganz anderen Begründung eine elternferne Zeugung ethisch zu verurteilen sein, wenn diese weit über die Hilfe für ein kinderloses Paar hinausgeht. Tragender Grund dafür wird dann nicht mehr die Trennung von Sexualität und Zeugung sein, sondern, wie weiter unten zu erläutern sein wird, das Kindeswohl.

Elternferne

Doch ist zuvor zu umreißen, was im weiteren Sinne unter zeitlicher und örtlicher Elternferne zu verstehen ist. Sie liegt vor bei einer Reihe von sehr verschiedenen Umständen, unter denen Menschen bereits jetzt produziert werden oder künftig produziert werden können. All diesen Umständen ist gemeinsam, dass das dabei hergestellte Kind willkürlich und voraussehbar seines Rechtes auf Aufwachsen in einer gesicherten optimalen Umwelt beraubt wird, und dass mindestens ein Elternteil seine Verantwortung für das Kind nicht wahrnimmt, nicht wahrnehmen kann und auch sein Elternrecht insofern nicht wahrnehmen will oder kann.

Elternferne liegt bereits dann vor, wenn das zu zeugende Kind nicht mit den beiden Geschlechtszellen (Ei- und Samenzellen) eines zuverlässig auf Dauer verbundenen Elternpaares hergestellt wird.

Elternferne liegt dann vor, wenn ein Elternteil verstorben ist oder (z.B. wegen Wehrdienst oder Haft) nur mit ortsfern gewonnenem und verschicktem Sperma zur Zeugung beitragen kann, wie dies für amerikanische Soldaten im Vietnamkrieg der Fall war, und wie es von in Israel inhaftierten Palästinensern heimlich praktiziert wird. In beiden Fällen, die durch Ungleichzeitigkeiten gekennzeichnet sind, besteht das Risiko eines unvorhergesehenen Todes des Mannes und somit der Erzeugung von Halbwaisen. Es fehlt jeweils die gegenwärtige gemeinsame Zustimmung zur Zeugung und Annahme des Kindes, auch weil der Mann nach der Abgabe seines Samens seine Zustimmung zu dessen Benutzung widerrufen kann.

Elternferne liegt dann vor, wenn Ei- oder Samenzellen im Rahmen einer Organspende oder aus Operationsmaterial oder aus Zell- oder Gewebekulturen gewonnen wurde, besonders wenn dies ohne Wissen und Einverständnis der ›Spender‹ erfolgt.

Und Elternferne liegt künftig dann vor, wenn, was bei höheren Säugern bereits heute quasi industriell praktiziert wird, Menschen einmal geklont werden, wenn also aus einer Körperzelle eine mit dem ›Spender‹ genetisch identische Kopie des Spenders hergestellt wird (Dolly-Experiment). Auch dies kann ohne Wissen und Einverständnis desjenigen geschehen, von dem das Ausgangsmaterial, eine Hautzelle etwa, stammt. Überdies böten genetisch identische Embryonen von Menschen der Forschung ungeahnte Möglichkeiten. Insofern besteht ein wissenschaftliches Interesse, solche Möglichkeiten zu nutzen. Und die Politik wird dies aller Voraussicht nach mindestens bis zum Embryonalstadium zulassen.

Kindeswohl und Kindesrecht

Spätestens seit den Forschungen von René Spitz an Tier- und Menschenkindern ist es wissenschaftlich erwiesen, dass Primaten zu ihrer Reifung der Bindung an ein Muttertier bedürfen. Und für den Menschen gilt darüber hinaus, dass erst die verlässliche Bindung an die Mutter oder eine andere Bezugsperson dem Kinde jenen gesicherten Raum gewähren kann, von dem aus es die Welt erkunden und für sich erobern kann. Nur höchst zögerlich hat die Politik anderer Interessen wegen diesem kindlichen Bedürfnis Rechnung getragen. Inzwischen stellt sich heraus, dass diese Mutterbindung allzu isoliert gesehen wurde. Sie bildet zwar für das Kind den Kern des Erlebens von Verlässlichkeit, die aber erst dadurch wirklich belastbar wird, wenn die Bezugsperson sichtbar selbst in einem Raum der Verlässlichkeit lebt. Dieser entsteht durch die verlässliche Bindung an einen Partner, hierzulande und bislang in einer wie auch immer geschlossenen Ehe. Es kommt also nicht nur darauf an, dass dem Kinde dauerhaft eine Bezugsperson in sein neues Leben hilft, sondern in gleicher Weise auch darauf, dass es am Beispiel seiner Eltern erfährt, dass es überhaupt Verlässlichkeit gibt.

Wenn jedes Kind das Recht hat, unter den bestmöglichen Bedingungen aufzuwachsen, dann gehört dazu auch das Recht auf ein verlässlich auf Dauer verbundenes Elternpaar. Ansatzweise findet sich diese Forderung bereits in der *US-Convention on the Rights of the Children, Art. 7: »The child .... shall have .... as far as possible, the right to know and be cared for by his or her parents.«*

Es ist für das Kindeswohl erforderlich, an dieses Kindesrecht zu erinnern und es anthropologischen Erkenntnissen sowie neuen Reproduktionsmethoden entsprechend umfassend auszulegen.

Elternrecht und Elternpflicht

Dazu verpflichtet bereits die Allgemeine Erklärung der Menschenrechte von 1948 (Art. 16, 3): »*The family is the natural and fundamental group of society and is entitled to protection by society and the State.«* Konkret stellt dazu das Deutsche Grundgesetz fest (Art. 6, 2,1): »Pflege und Erziehung der Kinder sind das natürliche Recht der Eltern und die ihnen zuvörderst obliegende Pflicht.« Bei einer elternfernen Zeugung in dem oben geschilderten weiteren Sinne wird den Eltern oder einem Elternteil die Wahrnehmung dieses Rechtes oder die Erfüllung dieser Pflicht unmöglich gemacht: Das ist bei jeder postmortalen Zeugung der Fall, auch beim Klonen und bei Verwendung von Körper- anstelle von Samenzellen (Dolly-Verfahren). Wenn Samengewinnung und Befruchtung zeitlich und räumlich auseinanderliegen, besteht zumindest die Gefahr, dass der Samenspender zwischenzeitlich stirbt oder seine Zeugungsabsicht widerruft.

Elternrecht und Elternpflicht folgen letztlich aus dem Recht eines jeden Kindes auf sein bestmögliches Wohl. Es ist aber zu kurz gedacht, wenn man dieses Kindesrecht nur als mit der Zeugung entstehend annimmt. Es ist nämlich bereits vorher, also wenn der Rechtsträger noch gar nicht existiert, zu berücksichtigen, denn alle Handlungen, die zur Zeugung eines Kindes führen können, erfordern diese Rücksicht. Das hat erhebliche Konsequenzen.

(Es ist zunächst festzustellen, dass bereits Kindesrechte für ungezeugte Kinder bestehen, unabhängig davon, ob sie überhaupt jemals gezeugt werden. Das mag zunächst paradox klingen, ist aber längst gesellschaftliche und politische Praxis: Werden wir nicht dauernd dafür in die Pflicht genommen, unseren Kindern eine saubere und nicht ausgebeutete Umwelt zu hinterlassen? Und gilt diese Verpflichtung nicht nur für die uns vorgegebene natürliche Umwelt, sondern auch für die von den Menschen geschaffene Kultur und gesellschaftliche Ordnung? So gesehen haben ungezeugte Kinder durchaus bereits Rechte.)

Zwei konkrete Folgerungen lassen sich daraus herleiten: Da jeder Mensch für die mit seinem Erbgut gezeugten Kinder verantwortlich ist, muss er verhindern, dass mit seinen Genen ein Mensch erzeugt wird, für den er seine Verantwortung wahrzunehmen nicht in der Lage sein wird. Er muss also verhindern, dass sein Erbgut dazu missbraucht wird, solche Menschen – und seien sie noch im Embryonalstadium – herzustellen. Das kann mit der Genehmigung zu entsprechender Verwendung seiner Keimzellen oder seiner Körperzellen (im Falle des Klonens) möglich werden, z.B. wenn er Operationsmaterial zur medizinischen oder wissenschaftlichen Verwendung freigibt. Es ist nicht zu erwarten, dass der Staat solchen Missbrauch durch entsprechende Gesetze verhindern wird. Deswegen wird es künftig notwendig sein, die Zustimmung zu einer Verwendung von Körpermaterial zu beschränken, und, wenn diese Beschränkung nicht akzeptiert wird, sie zu verweigern.

In Staaten wie Österreich, in denen eine generelle Zustimmung zur Organspende gesetzlich vermutet wird, müsste man diese ausdrücklich verweigern.

Die zweite Folgerung geht weiter und berührt die Sexualethik, in der das Kindeswohl bisher kaum eine wesentliche Rolle gespielt hat. Wenn aber das optimale Kindeswohl nicht nur, wie oben dargestellt, in erster Linie von der Bindung an eine Bezugsperson abhängt, dann wird neuerdings erkannt, dass es darüber hinaus einer festen und verlässlichen Bindung dieser Bezugsperson an ihren Partner bedarf. Nur diese Partnerschaft gewährt dem Kinde jenen Raum der Verlässlichkeit, von dem aus es sich optimal entwickeln kann. Nur am Beispiel seiner Eltern kann es erfahren, dass es in dieser Welt überhaupt Verlässlichkeit gibt. Die Konsequenz daraus ist, dass, wer auch immer ein Kind zeugt, diesem den Raum der Verlässlichkeit zur Verfügung stellen muss, wenn er seine Verantwortung nachkommen will. Streng genommen geschieht das nur, wenn das Kind in einer verlässlichen Partnerschaft, herkömmlich also in einer auf Dauer geschlossenen Ehe gezeugt wird. Von daher betrachtet ist jede Zeugung außerhalb solcher verlässlicher Partnerschaft als Minderung des Kindeswohles zu betrachten – und dementsprechend zu vermeiden. Wenn diese Betrachtung richtig und angemessen ist, dann ist jede vor- oder außereheliche Erzeugung eines Kindes zu missbilligen, ebenso wie jedes Handeln, das zu einer solchen Zeugung führen kann. Wer demnach vor- oder außerehelichen Geschlechtsverkehr betreibt, wäre zur Empfängnisverhütung verpflichtet. Auf welche Art und Weise er diese betreibt, bliebe angesichts der Bedeutung des Wohles eines etwa erzeugten Kindes von nachgeordneter Bedeutung.

Diese Überlegung mag Anlass sein darüber nachzudenken, auch den Gesichtspunkt des Kindeswohles für eine anthropologische Begründung von Sexualethik ernsthaft heranzuziehen.

Bildstörung

Eine Kopenhagener Marginalie

Ulrich Schacht

Vor wenigen Tagen saß ich wieder einmal spät abends auf einer der durch potentiellen Vandalismus kaum zerstörbaren, silberblank polierten Stahlbänke im tief gelegenen Train-Bereich des Kopenhagener Flughafens Kastrup und wartete auf den für mich letzten günstigen Zug nach Schweden, der mich bis in die Nähe unseres Fleckens zwischen Helsingborg und Göteborg bringen konnte. Die späte Freitagsmaschine aus Berlin war halb leer gewesen, und die meisten der mit mir zu den Perrons hinab geeilten Fluggäste, die in Richtung Kopenhagen oder Malmö weiter wollten, waren mit anderen Zügen schon längst wieder entschwunden.

Ich saß also ziemlich alleine herum, zählte die Minuten bis zur Ankunft des durchgehenden Zuges Richtung Halmstad und freute mich auf mein schwedisches Zuhause, das mich seit über zehn Jahren umgibt, auf die Ruhe unseres Hofes auf dem Höhenzug Hallandsåsen, mit dem weiten Blick aufs Kattegat am Horizont. Schnee sollte noch liegen, hatte ich gehört, da würde die Hektik meines jüngsten Berlinaufenthaltes schnell vergessen sein, die Raserei per U-Bahn, S-Bahn, Taxen und Bussen von Termin zu Termin, die Fülle der Gespräche in meinen Verlagen mit den Verlegern, die Schlussrunde mit meiner Lektorin am neuen Buch, Redaktionstreffen, das Wiedersehen mit Egon Ammann, der Abend in der Literaturwerkstatt der Kulturbrauerei, es ging um Poesie, natürlich, gibt es Wichtigeres?!

Dazwischen ein mittägliches Frühstück mit einem der besten Freunde, sogar meinen unvermeidlichen Trüffelschwein-Gang in das Antiquariat der Buchhandlung im Karl-Liebknecht-Haus, um ideologische und andere gedruckte Preziosen aus meinen Ostzeiten zu entdecken, hatte ich noch dazwischenquetschen können, schließlich der opulente Empfang der Villa Massimo im Gropiusbau mit Siegfried Gabriels kurzweilig begonnener Rede über Kunst und Ökonomie, die später dann doch leider in einer Art wirtschaftsministerieller Referentenprosa verendete – das alles lag nun hinter mir und ich saß in dem von nasskalter Zugluft durchströmten Flughafenbahnhof und träumte mich, auch ein wenig erschöpft vom überstandenen Kommunikations-Exzess und dem Schleppen der schwer mit Büchern und Zeitschriften gefüllten Reisetasche, ganz einfach nach Hause, damit das Warten und die bevorstehenden anderthalb Fahrtstunden bis zum Ziel schneller vergingen. Zwischendurch aber stand ich immer wieder auf, lief ein paar Schritte hin und her und blieb, wie schon oft, vor einem von mehreren metallenen Wandbildern des dänischen Fotografen Keld Helmer-Petersen aus seinem weltberühmten Zyklus ›Strukturen‹ stehen, die hier unten die Betonwände zieren, großformatige und scherenschnittartige Schwarzweißbilder von Bahnanlagen und Waggondetails: so kalt wie der ganze Traintrakt, abstrakte Kunst der sechziger Jahre, flach, leblos, der ästhetische Mehrwert gegen Null tendierend, jedenfalls auf den ersten Blick.

Weil die meisten Menschen, die hier warten, auf die einlaufenden Züge blicken, kehren sie Keld Helmer-Pedersens Kunstwerken, die sogar im Museum of Modern Art in New York hängen, meistens den Rücken zu. Ich fand das nun doch ein bisschen tragisch: Er hatte es schließlich ernst gemeint mit seinem Blick auf ›Strukturen‹, der 2013 verstorbene Künstler, und, ja, bei Gott nicht nur technische auf diese Weise erfasst, kahle Bäume, Zweige und Eisschollenmuster waren ihm ebenso begehrte Motive gewesen – wie seit langem auch mir, was mir jetzt überdeutlich bewusst wurde, in meiner eigenen Poesie. Ich sei ein Mann, hat mal einer darüber geschrieben, der sich am Eise wärmt. Wie war das noch mit dem ästhetischen Mehrwert von Keld Helmer-Petersens Kunst? So ging es mir durch den Kopf vor den großen kalten Bildern, dann setzte ich mich wieder auf die Bank aus blankem, perforiertem Stahl und kehrte dem Meister erneut meinen Rücken zu, als mir plötzlich, nein: *urplötzlich*, etwas entgegenkam, von rechts, etwas, was ich in einem ganzen Jahrzehnt an diesem Punkt Kopenhagens noch nie wahrge-

nommen hatte, etwas sehr Lebendiges und hier unten doch zugleich vollkommen Fremdes, weil monströs Wirkendes, das nicht ins vertraute Bild
passte, ins skandinavisch-harmlose, das sich mir eingebrannt hat in den vielen Momenten meines jeweiligen kurzzeitigen Hierseins zwischen Ankunft
und Abflug, eine Art Bildstörung, so flüchtig wie unheimlich: zwei schlanke
junge Männer, ganz in schwarz gekleidet, schwarze hohe Schnürschuhe,
schwarze Baseballkappen und vor der Brust, quasi griff- und schussbereit:
schwarz lackierte Maschinenpistolen! Nein, ich halluzinierte keine Film-
szene! Ja, die bewaffneten Jungs waren echt! Und während sie über den Per-
ron gingen, nicht zu schnell, nicht zu langsam, sprachen sie miteinander:
leise, unaufgeregt, fast entspannt. Dann waren sie auch schon an mir vorbei-
gezogen, nur die weiße Buchstabenfolge des Wortes ›Politi‹, quer über ihre
Rücken gesetzt, leuchtete noch eine Weile im fahl-dämmrigen Licht der
Warte-Röhre aus Glas, Stahl und Beton, bis auch die weißen Buchstaben ver-
schwunden waren und ich das Gesehene langsam zu begreifen begann – zu
begreifen, womit es zu tun hatte und was es für mich bedeutet, jetzt, in diesen Tagen, der ich mich doch mit meinem Gang nach Schweden in eine Art
toten Winkel der Geschichte zurückgezogen hatte, nicht ganz aus der alten
Welt, aber durchaus in schöner, beruhigender Distanz dazu.

Ich hatte also in dieser einen Kopenhagener Wartestunde zwischen dem
Stressparkett Berlin und dem ländlichen Ruhekissen meines unweiten
schwedischen Zuhauses nahezu alles verdrängt, was ich in den zurückliegenden Tagen auch noch mitbekommen hatte: jene surreal wirkende Nachricht vom tödlichen Anschlag auf ein Kulturzentrum in Kopenhagen und
danach auf eine Synagoge, das blutige Echo in Dänemark auf das Pariser
Massaker in der Redaktion von ›Charlie Hebdot‹ wie an anderen Orten in
der französischen Hauptstadt. Die zwei Bewaffneten, die da eben an mir vor-
beigezogen waren, sie sind also mitnichten ein Spuk gewesen, schon gar kein
Scherz, vielmehr bitterer Ernst: Es hatte Tote gegeben, darunter den eines
jüdischen Bürgers Kopenhagens, der Hauptstadt jenes kleinen Landes, das
einst in der dunkelsten Zeit des Zweiten Weltkrieges und der nationalsozia-
listischen Herrschaft über Europa Tausende jüdische Bürger in einer Nacht-
und-Nebel-Aktion vor dem sicheren Deportationstod gerettet hatte, in zahlreichen Booten, über jenen Meeressund hinweg nach Schweden, den ich

gleich ebenfalls überqueren würde wie schon so oft zuvor, und noch jedes Mal, wenn dies geschieht, erinnere ich diese ungeheuerliche geschichtliche Nachricht wie eine, der ich selbst Zeuge gewesen wäre. Was mich an ihr dauerhaft erschüttert in einem ebenso erhebenden wie fordernden Sinne, ist die Beweiskraft dieses Beispiels: dass man dem ideologisch Bösen nicht fatalistisch erliegen muss.

Dass man ihm widerstehen kann, nur eben nicht aus einer rationalistisch konstruierten Ideologie des Guten, sondern aus jener viel tiefer im Menschen verborgenen moralischen Potenz heraus, wie sie der amerikanische Literaturwissenschaftler Terrence Des Pres in seiner bahnbrechenden Studie »›Der Überlebende – Anatomie der Todeslager‹ freilegte und, im Anschluß an Marcel Mauss' ›Moral des Gebens‹, auf den Begriff der ›biologischen Weisheit‹ brachte, die ›in Erinnerung‹ rufe, ›was der Rationalismus der Aufklärung zu überwinden glaubte und über zwei Jahrhunderte verleugnete: die ›angeborenen Ursachen des Verhaltens‹«. Aber was heißt das ein Dreivierteljahrhundert später, in diesen Tagen, da wieder Mörder von Juden in unseren Städten unterwegs sind? Nicht nur in Paris oder Kopenhagen, auch in Berlin, wo ein sich islamistisch definierender Mob auf offener Straße ›Juden ins Gas‹ ruft! Oder in Malmö, dort also, wo mich mein Zug, auf den ich warte, sehr bald hinfahren wird – wo die Quelle des offene ›Judenhasses‹, so wörtlich, dermaßen eindeutig ist, dass das schwedische Fernsehen in einer Reportage gestehen musste, er sei nicht länger ein Problem der Neonazis, sondern komme primär von islamisch geprägten Jugendlichen! Wo fahren wir also die unter uns lebenden, aber schon wieder gefährdeten Juden hin, wenn der Judenhass nun zu beiden Seiten des Öresunds seine Stimme erhebt?

Und in Berlin, Paris, Amsterdam. Was nützen all die Stolpersteine, Stelefelder und Sonntagsreden, die verbalen, steinernen, metallenen Mahnmale, wenn die Gesellschaften, in denen dies geschieht, noch immer mit der längst falsifizierten Aufklärungsmechanik des Guten hantieren, weil sie nicht wahrhaben wollen, dass die Abwehr solcher Untaten mit der Erinnerung an tiefere Weisheit beginnt?

Auch heute wird mich mein Zug von Kopenhagen nach Schweden bringen, gesicherter denn je sind die Bahngleise in diesen Stunden und Tagen.

Aber die Bildstörung in meinem Kopf wird mich nicht mehr verlassen, denn von meinem schwedischen Idyll aus blicke ich nach Westen, auf den Öresund, hinter dem ich Kopenhagen weiß. Die Stadt, in der mir, so oft ich sie bisher betrat, nie ein Gefühl der Bedrohung entgegenschlug, dafür umso mehr jene skandinavische Freiheit, in die ich mich vor vielen Jahren aus freiesten Stücken begab, um der bleiben zu können, der ich bin.

Fräulein Solidarnosc

Frauen in der Enklave der Freiheit: Rückschau und Erbe

Małgorzata Grzywacz

Frauen und die Erfahrung des Widerstehens in Polen der 80er Jahre

Die Opposition der 80er Jahre, beschränkte sich in Polen nicht, wie in den übrigen Ländern der Region, auf eine schmale intellektuelle Elite. Es war eine sehr breite, lebendige und aktive Bewegung. Ihre Geschichte lässt sich in fünf Phasen darstellen.[1]

Die Formierungsetappe umfasst die Jahre 1979 bis zum 30.08.1980 – und verbindet sich mit dem ersten Besuch des Papstes Johannes Paul II. in Polen. Damals kam es zu Streiks vor allem in der Werft- und Schiffsindustrie: niedergelegt wurde die Arbeit in Gdansk, Gdynia, Szczecin. Sie endeten am 30.08.1980 mit der Unterzeichnung der ersten Vereinbarungen mit der kommunistischen Macht und der Registrierung einer **freien** Gewerkschaft (10.11.1980), der ersten Organisation dieser Art im sowjetischen Einflussbereich. Die zweite Phase dauerte bis zum 12.12.1981 – Polen wurde zu einer **Enklave der Freiheit** in den Ländern des ehemaligen Ostblocks; diese Zeit wird oft im Volksmund als ›Karneval‹ bezeichnet: atemberaubend, intensiv und sehr schön. Am 13.12.1981 wurde ihr ein Ende gesetzt und eine außergewöhnliche Situation ist eingetreten: Sie hieß Kriegszustand. Damit verband sich eine neue Rechtslage, die durch die Militärs unter der Führung des 2014 verstorbenen Generals Wojciech Jaruzelski eingeführt wurde. *Soli-*

---

[1]   Diese Einteilung verdanke ich Andrzej Paczkowski. Zum ersten Mal wurde diese Periodisierung der neuesten Geschichte Polens 1999 während der *August Zaleski Memorial Lectures in Polish History,* Harvard Universität (USA) präsentiert. In einer umgearbeiteten Form vgl. A. Paczkowski, *Strikes, Riots und Demonstrations – The ›Polish Road‹ through Socialism,* Poznań 2003.

darność befand sich nun in einer Phase der Internierungen und Inhaftierungen und ging allmählich, während des tiefsten Winters 1982, in den Untergrund. Sie ist gekennzeichnet durch permanente der Militärregierung gegen die Gewerkschaft selbst und ihre Anhänger. Die nächste Etappe, die vierte, umfasst die Jahre 1983-1989. *Solidarność* überdauerte als Idee und Bewegung im Untergrund. In diese Phase fällt das Martyrium und Tod des sel. Jerzy Popiełuszko, des katholischen Kaplans der *Solidarność*, dessen Leiche am 19.10.1984 aufgefunden wurde. Er starb eines sehr qualvollen Todes. Bis heute sind die Auftraggeber dieses Mordes nicht gefunden worden. Die letzte, fünfte Phase begann am 14 Juni 1989, als die Unabhängige Freie Gewerkschaft *Solidarność* offiziell wieder zugelassen wurde.

In jeder dieser Phasen engagierten sich Frauen. In der ersten und zweiten Etappe bildeten sie mehr als die Hälfte der Aktiven der Bewegung und der Gewerkschaft. Zu beachten sind wichtige Regionalunterschiede im Hinblick auf die wirtschaftliche und soziale Struktur des kommunistischen Polens. In den Großstädten z.B. Warschau, Posen, Stettin, Danzig gab es im Jahre 1982 mehr Frauen als Männer in den Strukturen der Betriebsorganisationen. . Interniert im Lager von Białołęka, im Kriegszustand 1981/1982 stellten sie die intellektuelle Elite der Bewegung dar. Der Kriegszustand bildete eine Zeit der schwächeren Aktivität der Frauen – vor allem wegen der ständig drohenden Gefahren: die kommunistischen Machthaber bedrohten die Aktivistinnen u.a. mit der Zwangsausbürgerung, Absprache des Fürsorgerechts für Kinder, u.v.a.m. In dieser Zeit entstanden die Gruppen von s.g. ›Vernetzten‹ – Frauen bauten Kontaktnetze aus um entsprechende Bedürfnisse zu sondieren, bzw. gegenseitige Hilfe zu leisten. In der Untergrundstruktur hatten Frauen selten die Leitungspositionen inne. Solidarität hat in der polnischen Sprache einen weiblichen Artikel, ist feminin. Manchmal nannte man deshalb die Gewerkschaft auch ein Fräulein, **Fräulein S.**

In den Jahren 1983-1988 zeigte sich, das Fräulein S, eigentlich ein Mann ist, weil viele Männer die Schwierigkeiten dieser Zeit auf sich genommen haben. Die meisten Mitglieder der Gewerkschaft in den ersten drei Phasen wurden keine aktiven sozialen Akteure in Polen nach 1989. Es gab natürlich Ausnahmen: die Teilnehmerinnen der ersten Streiks, wie z.B. Anna Walentynowicz, Anna Pieńkowska und Henryka Krzywonos. Nach den Transformationen der 90er und einer immer stärkeren Pluralisierung der politischen und sozialen Lebens in Polen veränderte sich auch die Gewerkschaft. Heute zählt die Solidarność. 600 000 Mitglieder, davon sind 37% Frauen. Die Publikation des autobiographischen Materials durch Danuta Wałęsa (2012) rief ein großes Interesse hervor und evozierte Fragen nach dem ›Frauengesicht‹ von **Fräulein S.**

Im Kriegsrecht vertiefte sich auch die religiöse Komponente der Bewegung. Dies resultierte vor allem aus dem Umstand, dass die Kirchen Orte der Zuflucht für Verfolgte geworden waren. Die Rolle des Katholizismus und die Freiheitsbotschaft des Papstes Johannes Paul II. bildete hier die Grundlage. Die kleineren Konfessionen hatten es viel schwieriger. Durch ihre Mitgliederzahlen wurden sie sehr stark ausspioniert, hatten aber auch diese Schwierigkieten oft tapfer durchgehalten. Sehr bekannt wurde die ökumenische Freundschaft von zwei Frauen – der lutherischen Diakonisse Sr. Regina Witt und der katholischen Franziskanerin Sr. Johanna Lossow. Die Beiden organisierten in den dunkelsten Tagen des Kriegsrechtes ökumenische Stunden, während welcher für die Einheit der Christen und den Frieden im Lande und in der Welt gebetet wurde.

Die polnische Kultur hatte damals ein sehr ausgebautes System von *Samizdat* -Publikationen entwickelt. Eine parallel zum offiziellen Kulturumlauf funktionierende Welt. Illegal erschienen sehr viele Bücher, darunter auch sehr gute christliche Literatur.

Aktion ›Tanne‹ und die Entstehung der Internierungslager

Die kommunistische Macht begann am 12 Dezember 1981 nach 23 Uhr mit einer berüchtigten Serie von Inhaftierungen. Sie betraf zunächst 3000 Personen: Führungs- und Beratungskräfte der Solidarność, der Organisationen der Freien Polnischen Bauern, die auch 1980 entstanden. Hinzu kamen Studierende, Intellektuelle. Der Militärische Rat für den nationalen Schutz, der als eine exekutive Kraft der Kommunistischen Partei und Regierung wirkte, erließ ein Dekret, in dem ein das ganze Gebiet des polnischen Staates abdeckendes und engmaschiges Netz von vierzig Haftanstalten errichtet wurde. In ihnen sollte das Rückgrat der Bewegung gebrochen werden. Hinzu kamen noch zehn Sammellager unter Aufsicht der Streitkräfte. Zur Spezifik

der Letzten gehörten spezielle und oft fiktive Militärübungen für Dissiden-
ten, die faktisch mit der Inhaftierung gleich gesetzt werden können und sich
durch drastische Drill- und Übungsformen auszeichneten. Insgesamt wurden in diese Anstalten 10132 Personen eingewiesen. Ein Drittel davon bildeten Frauen.

Zum Beispiel: Darłówko (Rügenwaldemündung)

Im ehemaligen Hinterpommern, nach 1945 in der Volksrepublik Polen, gab
es seit 1975 drei von 49 Verwaltungseinheiten, die man Wojewodschaften
nannte. Neben Szczecin (Stettin) und Słupsk (Stolp) gab es auch eine mit
dem Hauptsitz in Koszalin (Köslin). In der Kösliner Region hatte man aufgrund des Kriegsrechtes vier solche Haftanstalten gegründet. Eine befand
sich in der Sommerfrische von Darłowo (Rügenwalde). An der Mündung
des Flusses Wipper in die Ostsee, in Rügenwaldemündung, war im Zeit-
raum vom 13 Dezember 1981 bis zum 23 Dezember 1982 ein Internierungslager in Funktion. Die Unterbringungsbedingungen waren dort sehr einfach:
Mehrbettzimmer, selten gewechselte Bettwäsche, Waschbecken im Flur. Das
Aufsichtspersonal hielt sich nicht an die Vorschriften, fast alles hing vom
Willen der Vollzugsbeamten ab: die Verpflegung war sehr schlecht, das
Recht auf Familienbesuche eingeschränkt, Korrespondenz, wenn sie überhaupt ankam, streng zensiert. Die medizinische Versorgung war unzu-
reichend. Viele der ehemaligen Internierten erinnerten sich an diesen düste-
ren Ort, der als ›goldener Käfig‹ bezeichnet wurde, sehr negativ.

Auch in dieser Realität gab es mehrere Frauen, die aus ganz Polen an die
Ostseeküste gebracht wurden, mit dem Ziel, sie einzuschüchtern, mit der
Oppositionsarbeit aufzuhören. Wir nennen sie ›Mütter der Solidarność‹. Es
geht um die erste Generation der Aktivistinnen der Jahre 1980-82. Nach einigen Jahrzehnten erscheinen erst jetzt wichtige Dokumente zur Aufarbei-
tung dieser Zeit in den Internierungslagern, lange Interviews mit Zeitzeu-
ginnen. Somit werden Lücken gefüllt, die auch nach fast vierzig Jahren, die
seit dieser Zeit vergangen sind, die Periode des Kriegszustandes in Polen um
neues Wissen ergänzen. Vor einigen Jahren erschien in Szczecin (Stettin) eine

Dokumentation über fünfzehn Frauen der Gewerkschaft Solidarność, deren großer Teil in dem Lager interniert wurde.[2]

In diesem Beitrag möchte ich auf den Erfahrungsbericht von Maria Zarzycka eingehen. Diese bemerkenswerte aus den ehemaligen polnischen Ostgebieten stammende Frau, wurde 1980 demokratisch zur Vorsitzenden der Gewerkschaft in dem Elektrowerk Gdanska, in Stettin gewählt. Heute lebt die 77-jährige muntere Dame zwischen Polen und den USA. Durch ihren verstorbenen Ehemann Władysław, der in der Stettiner Werft arbeitete, bekam sie relativ früh Einblicke in die Situation. Bereits 1970 gab es im Norden Polens Aufstände und Streiks: »Im Dezember 1970 beobachtet Maria die Ereignisse vom Fenster ihrer Wohnung aus. Sie erinnert sich an die Panzer vor ihrem Haus und die Patronen, die auf ihren Balkon fielen.«[3]

Zehn Jahre später beginnt die nächste Lektion im Kampf der polnischen Arbeiter gegen das System. In dem großen Elektrizitätswerk gibt es keine Möglichkeit der Arbeitsniederlegung. Durch die Belegschaft wird jedoch Geld gesammelt, mit dem die Streikenden in der Werft unterstützt werden sollten. Der Betrieb der Elektrowerke entsendet eine Gruppe zum Besuch in der Werft, ein Mitglied der Delegation wird Maria Zarzycka. Die kommenden Tage bezeichnet sie als Schlüsselmomente ihres Lebens: Damals bekam sie die Gewissheit, dass sie der neuen Gewerkschaft angehören wollte. [...]. Der Erfolg war überwältigend. Bis auf zwei Mitarbeiter sind alle der neuen Gewerkschaft beigetreten, erinnert sie sich später.

Andrzej Paczkowski unterscheidet in der Periodisierung der Protestbewegungen in Polen die Phase einer tiefen Konsolidierung und Selbstorganisation der Gesellschaft, die mit dem Kriegsrecht einherging. Die wichtigsten Personen der vordersten Front und die Exponentinnen der Aktivitäten bekamen es oft mit den Geheimdiensten zu tun. Frauen wurden sehr bedroht. Anna Zarzycka zitiert in ihren Erinnerungen einen anonymen Brief: »Wir haben dich auf dem Weg zur Arbeit fotografiert. Unsere Jungs werden dir

---

[2] K. Konieczny, A. Łazowski, *Matki Solidarności. Mütter der Solidarność*, Szczecin 2010.
[3] Ebenda, s. 267.

so die Fresse polieren, dass du dich im Spiegel nicht mehr erkennen wirst. Aber zuerst sind deine Kinder dran, wir töten sie.«[4]

Die kommenden Monate verband Zarzycka mit einer sehr großen Aktivität in der Gewerkschaft, setzte aber die Betriebskommission des Elektrizitätswerkes über diese Drohbriefe in Kenntnis. Am 13. Dezember 1981 soll in der Werft erneut gestreikt werden, dieses Mal aber nimmt ihr Mann an den Aktionen nicht teil, er ist zu Hause und kümmert sich um die beiden Töchter. Kurz nach Mitternacht wird Maria Zarzycka, die mit anderen Gewerkschaftlerinnen in der Arbeit ist, verhaftet und in die Wojewodschaftszentrale der Miliz gebracht. Nach 24 Stunden wird mit langen Verhören begonnen, vorgelegt zur Unterschrift werden Loyalitätserklärungen, nicht mehr gegen die Regierung zu arbeiten.

Den ganzen Inhalt dieses Schreibens lernen die Verhafteten auswendig kennen, damit sie später sich genau dessen erinnern können, wozu man sie habe zwingen wollen. Dieses Mal wurde Maria entlassen und kam frei.

Nach acht Monaten erscheint in ihrer Wohnung wieder die Geheimpolizei. Es ist August 1982. Man hatte inzwischen festgestellt, dass Maria sich im Untergrund sehr engagiert und brachte sie zunächst für drei Wochen in eine Untersuchungshaft. Dort saß sie mit anderen Frauen der Solidarność ein. Man hatte sie ohne Anklage festgehalten und die Frauen sind in den Hungerstreik eingetreten. Nach drei Wochen kamen sie in das Internierungslager an der Ostsee, Darłówko. In der Anstalt wird im Untergrund weiterhin aktiv gearbeitet: Schweigeproteste, Hungerstreiks: »am Jahrestag des Verbots der Gewerkschaft hängten sie riesige Lettern in die Fenster. In jedem Fenster hing ein Buchstabe, zusammen ergaben sie das Wort Solidarność.«[5]

Durch diese Aktionen wurde Maria Zarzycka erneut in die Untersuchungshaft nach Stettin gebracht, wo sie erneut verhört wurde. Damals bekam sie auch eine Organneurose, die zu Lähmungen des Körpers führte. Man hatte sie trotzdem in ein strenges Frauengefängnis in Cammin (Kamień Pomorski) eingewiesen: »Meine Beine waren aufgrund der schlechten Durchblutung teilweise gelähmt. Zwei Gefängniswärter packten mich unter

---

4 Ebenda, S. 268.
5 Ebenda, S. 269.

den Armen und schleiften mich in die Zelle.«[6] In dieser Zeit war Maria Zarzycka die Einzige, die als politischer Häftling dort einsaß. Den Rest bildeten Frauen, die oft als schwer Kriminelle eingestuft wurden. Sie halfen Maria und stellten »eine Menge Fragen über die Solidarność«. Bis Januar 1983 blieb die Gewerkschaftlerin in der Haft, später kamen auch andere Aktivistinnen hinzu. Die Staatsanwaltschaft, vor allem die Staatsanwältin Irena Marecka, versuchte die Inhaftierten einzuschüchtern, z.B. den Kindern wurde keine Besuchserlaubnis bei den Müttern erteilt. Durch die Vermittlung ihres Ehemannes gelang es einen Verteidiger im Fall Zarzycka zu bekommen. Sie wurde freigelassen und vom Gericht, in zweiter Instanz freigesprochen. Gegen sie sagte ein Kollege aus dem Regionalvorstand der Solidarność aus. Die Staatsanwältin versuchte erneut das Urteil anzufechten, jedoch ohne Erfolg.

Nach der Entlassung hatte Zarzycka ihre Aktivitäten nicht eingestellt, aber an ihren alten Arbeitsplatz durfte sie nicht mehr zurückkehren: »Der Geheimdienst ließ nicht locker. Nach wie vor wurde sie immer wieder verhört. Doch aber auch sie blieb hart, verteilte weiterhin Flugblätter und verbotene Presse, organsierte oppositionelle Treffen.«[7]

Die Veränderungen der Jahre 1989 in Polen hatten sie nicht befriedigt. Nicht wenige der damaligen Kämpferinnen der Opposition waren gegen den Kompromiss der Gewerkschaften mit der Elite der Kommunistischen Partei und empfanden diese Entwicklungen als einen Verrat an der ersten Phase des Jahres 1980: »Ich hatte das Gefühl, dass man mir alle meine Ideale genommen hatte. Gerüchteweise hörte man immer häufiger, dass General Jaruzelski polnischer Präsident werden könne. Das überstieg meine Vorstellungskraft.«[8]

In dieser Zeit, im Jahre 1989, entschieden sich auch aktive Menschen aus der Opposition Polen zu verlassen. Unzufrieden mit den Ergebnissen der ersten Halbfreien Wahlen vom 4. Juni 1989 begaben sich nicht Wenige ins Exil. Mit ihnen auch Maria Zarzycka und ihre Familie. Sie fanden ihre neue

---

6 Ebenda, S. 270.
7 Ebenda, S. 271.
8 Ebenda, S. 272.

Lebenswelt in den USA und kommen regelmäßig nach Polen zu Besuch. Maria kaufte sich nach dem Tod ihres Mannes eine Wohnung in Stettin und pendelt bis heute zwischen den Kontinenten: »Den Grand Canyon habe ich auch noch nicht gesehen, vielleicht klappt es dieses Jahr«, meint die Gewerkschafterin.[9] Die Emigration bildet auch eine Lebenserfahrung dieser Generation. Sie wurde nach dem, was geschehen war, oft als ein lebensnotwendiger Schritt empfunden und realisiert. Die Ursache dafür ist die Enttäuschung und Verbitterung, dass die Lebenswirklichkeit, die sich bald einstellte, nichts Solidarisches in sich hatte, sondern von vielen als extrem ungerecht empfunden wird. Die Postulate der ersten Phase der großen Bewegung Solidarność haben bis heute nichts an Aktualität verloren und bleiben ein anzustrebendes Ideal der Selbstorganisation einer Gesellschaft

Es ist Juni 2012. Ich bin in Gdańsk (Danzig) auf dem Gelände der ehemaligen Werft. Der Ort, eines der wirkmächtigsten in Polen, prägt mich und meine Generation, der Töchter der ersten Generation, die damals 1980 dem Unabhängigen Studentenbund, eine Organisation der Solidarność beigetreten sind, intensiv bis heute. Dieses Mal zeige ich diese Plätze Harald Seubert, mit dem mich seit Jahren eine sehr tiefe freundschaftliche Beziehung verbindet. Langsam geht seine Zeit als Professor an der Adam-Mickiewicz-Universität, zu Ende. Lange, intensive Jahre eines philosophischen und theologischen Austausches, einer gemeinsamen polnischen und deutschen Lebensgeschichte. Dazu zählt auch jener Tag, an dem wir der Anfänge der Solidarność gedachten. Ich hoffe, dass Prof. Seubert auch ein wenig Polen in sich trägt, dort, wo er überall heute lehrt und predigt. Denn ohne eine solidarische Welt und ihre Werte kann der Mensch nicht bestehen. Dafür haben sich sehr viele eingesetzt. Auch Frauen. In Polen.

---

[9] Ebenda.

Warum die Griechen?

Michael Stahl

Nur dadurch, dass wir ihnen (sc. den Werken der Alten) unsere Seele geben, vermögen sie fortzuleben: erst unser Blut bringt sie dazu, zu uns zu reden. Der wirklich ›historische‹ Vortrag würde gespenstisch zu Gespenstern reden.

Friedrich Nietzsche

Freude der Schiffbrüche
Und plötzlich nimmst du
die Fahrt wieder auf
wie nach dem Schiffbruch
ein überlebender
Seebär

Giuseppe Ungaretti

Jede Kultur lebt und ist lebendig nur auf dem Wurzelgrund einer Vision ihrer selbst und ihrer Zukunft. Ein solches Ideal bezieht seinen Gehalt und seinen Wert aus der Vergangenheit. Ohne Vergangenheit gibt es keine Gegenwart und keine Zukunft. Und umgekehrt: Wer über Vergangenheit sprechen will, muss an Gegenwart und Zukunft denken. Dann entsteht Geschichte. Sie ist der Aggregatszustand von Vergangenheit in der Gegenwart, und sie braucht die Vision von Gegenwart und Zukunft als ihren Leitstern.

Seit den Griechen gibt es Geschichte als Bestandteil unseres Bewusstseins und wird sie von Tradition und Rezeption, Überlieferung und Aneignung von Vergangenheit, bestimmt. Der wahre Sinn von Tradition enthüllt sich in der Rezeption. Nur als Wiederaneignung kann Tradition etwas bewegen, weil sie dann über die unreflektierte Wiederholung hinausgeht. Rezeption haucht dem Überkommenen neues Leben ein, erwirbt, nach dem Wort Goethes, das von den Vätern Ererbte neu, um die Gegenwart zu befruchten. Diese Vorgänge vollziehen sich in der Gesellschaft spontan und gleichsam naturwüchsig, denn der Blick zurück in die Vergangenheit erweckt zu jeder Zeit die Aufmerksamkeit der Menschen. Deshalb kann jede Vergangenheit, soweit wir Kunde von ihr haben, immer wieder gegenwärtig werden, und es wird keinem Geschichtswissenschaftler gelingen, irgendeine Vergangenheit in einem Sarg von Gelehrsamkeit zu verschließen.

Wie stark das Bedürfnis nach geschichtlicher Orientierung sich bis heute gerade an der griechischen und römischen Antike entzündet, bedarf mit Blick auf den kulturellen und touristischen Betrieb eigentlich keines weiteren Beweises. Ich selbst bin in den letzten Jahrzehnten vielen Menschen begegnet, dem sprichwörtlichen Mann auf der Straße ebenso wie Kollegen ganz anderer Wissenschaftsbereiche und nicht zuletzt meinen Studenten, die für die üblich gewordene Lebensferne der gegenwärtigen Altertumswissenschaft kein Verständnis aufbringen konnten. Sie wollten und wollen vielmehr in ihrem Bedürfnis nach Geschichte ernstgenommen werden und setzen sich im Allgemeinen sehr dankbar mit jedem historischen Deutungsangebot auseinander, das die antike Vergangenheit in Perspektiven der Gegenwart sichtbar macht.

Die Europäer haben ihre Geschichte häufig christlich oder abendländisch genannt. Damit haben sie gemeint, dass der wesensprägende Teil und zugleich der zeitliche Beginn ihrer Geschichte die griechisch-römische Antike ist. Selbstverständlich hat Europa noch viel mehr Ahnen, doch waren die meisten dieser den antiken Ursprüngen entfernteren Verwandten nicht von dauerhaft prägendem Einfluss auf die Geschicke des Kontinents. Wenn auch Impulse, die aus dem Norden oder Osten stammen, auf die Formung der europäischen Vision zuweilen Einfluss genommen haben, so liegen doch die entscheidenden, von allen Völkern als solche anerkannten Wurzeln Europas in der Antike. Dabei stehen die Namen von Athen, Rom und Jerusalem als symbolische Teile für das Ganze. Die Griechen mit Athen als ihrem ideellen Zentrum, die Römer mit Rom als dem caput mundi und das Christentum mit seinen Ursprüngen in Jerusalem verkörpern zugleich die kulturellen Fixsterne für die antike Welt selbst.

Am stärksten in die Augen springt bis auf den heutigen Tag zunächst die Allgegenwart Roms. Ob wir es gutheißen oder nicht, ob wir uns dessen bewusst sind oder nicht – wir stehen noch heute in vielen Bereichen unseres Lebens auf den Schultern der Römer. Gemeint ist damit in erster Linie die weltumspannende Zivilisation in den Jahrhunderten des kaiserzeitlichen Friedensreiches von der Zeitenwende bis ins 4. und 5. nachchristliche Jahrhundert. Zumindest die Verbindungslinien von unserer Gegenwart in diese antike Vergangenheit wird niemand übersehen können. Betrachten wir nur Urbanität, Recht, staatliche Verwaltung, die Beherrschung und Formung unserer natürlichen Lebenswelt durch die Technik, schließlich – in ungebrochener Kontinuität – die mittlerweile nach Milliarden Gläubigen zählende christliche Weltkirche.

Im römischen Kaiserreich erlebte die antike Kultur ihren Höhepunkt. Doch sind zahlreiche Elemente, aus denen Vision und Wirklichkeit des Imperium Romanum erwachsen sind, griechisch. Je vollkommener die römische Kultur wurde, desto griechischer wurde sie. ›Graecia capta ferum victorem cepit.‹ ›Das besiegte Griechenland hat den barbarischen Sieger bezwungen.‹ So wusste es schon der römische Dichter Horaz in der Epoche des Kaisers Augustus. Nur: Das schmälert die originäre Leistung der Römer nicht, im Gegenteil. Sie bestand vor allem in der Fähigkeit, einen Weltstaat zu schaffen, der seinen Bewohnern Frieden, Sicherheit und Wohlstand bescherte und ihnen den Rahmen bot zur Entfaltung und Weiterentwicklung aller kulturellen Ausdrucksformen, die die antike Hochkultur seit fast tausend Jahren geschaffen hatte. Freilich, mit wenigen Ausnahmen wie dem hochentwickelten römischen Recht waren diese Kulturleistungen griechische, und die Römer haben sie in sich aufgenommen: von der Urbanistik bis zur Kunst, von der Wissenschaft bis zur politischen Ideenwelt, von der Philosophie bis eben auch zur Religion. Auch diese konnte zur weltumspannenden Einheit nur werden, nachdem ihre in Jerusalem fleischgewordene Idee in den Formen des griechischen Denkens sich auszudrücken lernte. Papst Benedikt XVI. machte darauf in seiner Regensburger Rede 2006 erneut auf-

merksam. Was hier und gerade im Hinblick auf die Gräzisierung des Christentums mit dem Griechischen gemeint ist, setzt natürlich die reiche und
vielfältige Entwicklung des Griechentums voraus seit der archaisch-klassischen Zeit und durch die Auseinandersetzung mit anderen Kulturen während der hellenistischen Epoche.

Warum also die Griechen? Unsere erste Antwort lautet: weil die sog. klassische Antike ein organisches Ganzes bildet. Und weil in ihm die griechische
Kultur das zeitlich und sachlich vorausgehende wie vielfach inspirierende
oder dominierende Element war, die römische war hingegen eher aufnehmend, ordnend, weiterentwickelnd, auf Stabilität bedacht und tradierend.
In allen historisch arbeitenden Disziplinen müssen die Griechen daher den
ihnen zukommenden Platz einnehmen.

Gewiss: Griechenland hatte also sowohl eine einzigartige Wirkung auf
Rom als auch auf die ursprünglich jüdische Religion der Christen, die erst,
nachdem sie hellenisiert worden war, zur Weltreligion werden konnte. Auf
diese und noch vielerlei andere Weise haben die Griechen bis in die Neuzeit
hinein eine gewaltige historische Fernwirkung ausgeübt. Doch kann dies
denn auch heute, in einer offenbar völlig veränderten Welt, noch ein Grund
sein, den Griechen eine bevorzugte Stellung in unserem historischen Gedächtnis einzuräumen? Und genügt es, die unübersehbaren Relikte einer
einst kräftigen Nabelschnur vielleicht noch sorgsam zu pflegen, wohingegen
sich die Welt im Ganzen ebenso unübersehbar völlig verändert hat? Auf eine
bestimmte Weise nämlich stehen die Griechen uns Heutigen erstaunlich, ja
geradezu erschreckend fern, kommt uns ihr Leben äußerst fremd vor. Ein
alter Grieche würde sich heute, aus einer bestimmten Perspektive betrachtet,
auf einer fernen Südseeinsel oder im afrikanischen Busch möglicherweise
viel eher zu Hause fühlen als in Athen, Rom, London oder New York. Deswegen sind viele Historiker und Altertumswissenschaftler der Ansicht, dass
unsere heutige Kultur, auch wenn sie in mancher Hinsicht auf verwickelten
Wegen aus der griechischen Kultur hervorgegangen ist, mit dieser in allen
entscheidenden Lebenssphären nichts mehr gemeinsam habe und dass uns
Heutige also die griechische Geschichte unmittelbar nichts mehr anginge.

Wenn das richtig wäre, liefe es darauf hinaus, dass die Erinnerung an Griechen und Römer für uns keinen Deut wichtiger wäre als die Vergangenheit

von Indern, Chinesen oder Südseeinsulanern. In der Tat ist dies in der Altertumswissenschaft heute – angesichts eines leblos und schal gewordenen
Klassizismus – die meist beschwiegene Geschäftsgrundlage des eigenen
Tuns. Die Alteritätsthese ist jedoch in der Sache falsch. Trotz aller Mythenzerstörung scheinen antike Vorzeichnungen auch in den Grundrissen der
Gegenwart immer noch durch. Ob wir das produktiv zur Kenntnis nehmen
oder nicht, wir bleiben nach wie vor auf diesen kulturellen Subtext verwiesen. Noch wichtiger ist aber, dass die vermeintliche Alterität der Vormoderne auch theoretisch nicht haltbar ist. Denn ihr liegt die Vorstellung der
Einzigartigkeit der Moderne mit ihren beiden Grundpfeilern Fortschritt und
Emanzipation zugrunde, und damit notwendig die Zerstörung von Geschichte. Im Vollgefühl des modernen Singularitäts- und Befreiungsbewusstseins werden alle Brücken zwischen Gegenwart und Vergangenheit
eingerissen. Die Folge ist ein fundamentaler und fataler Verlust von Geschichte, fatal, weil dies nichts weniger bedeutet als einen Rückfall in vorhochkulturelle Verhältnisse. Die Methode permanenter Dekonstruktion jeden historischen Sinns führt somit im Gleichtakt mit zahlreichen weiteren
Entwicklungen der Moderne in Sackgassen und nicht, wie eigentlich notwendig, in die stets offene Zukunft.

Auch wenn der ›humanistische Kredit‹ (Uwe Walter) gegenwärtig nahezu
aufgebraucht sein sollte, spüren wir zunehmend, dass der ihm zugrunde liegende Wert damit nicht vernichtet sein kann. Gerade die seit Beginn des
neuen Jahrtausends die Weltpolitik beherrschenden Probleme zwingen
dazu, die alten Fragen neu zu stellen: Inwiefern beginnt die Geschichte Europas mit den Griechen, und wodurch setzten sie einen umstürzenden weltgeschichtlichen Neuanfang? Inwiefern ermöglichte dieser die Leistungen
der Europäer und die weltweite Ausbreitung ihrer Ideen und Werte? Oder
müssen wir umgekehrt unser scharf ausgeprägtes und abgrenzendes Selbstbild als Vereinseitigung begreifen lernen und uns gegenüber anderen Weltkulturen nicht bloß stärker öffnen – was die intellektuelle Redlichkeit ohnehin verlangt –, sondern uns selbst mitsamt unseren geschichtsträchtigen Idealen marginalisieren oder ganz aufgeben zugunsten eines diffusen, geschichtlich grundlosen Universalismus?

Dies ganz gewiss nicht, und es bedeutet weder Eurozentrismus noch Kampf der Kulturen, wenn wir den radikalen und gewaltsamen Angriff auf die Zivilisation, wie nach dem 11. September 2001 gesagt wurde, abwehren im Namen der freiheitlichen, auf Toleranz und Lernbereitschaft ausgerichteten Lebensform Europas und Nordamerikas. Deren geistige Grundlinien wurden vor 2500 Jahren von den Griechen gezogen und deren unverlierbare Substanz ist seit 2000 Jahren im christlichen Glauben beschlossen. Dieses Ideal dürfen wir zu Recht nicht für relativierbar, sondern müssen es für ein allgemeines Menschheitsideal halten. In sein Zentrum gehören die Griechen.

Verglichen mit den Großreichen des Orients oder anderer Kulturkreise fällt sofort eine wichtige Besonderheit ins Auge: Die Griechen kannten nie einen göttergleichen Großkönig, der über ein ausgedehntes Gebiet von Untertanen regierte. Wer Macht erwarb unter den Griechen, wurde stets nachdrücklich daran erinnert, dass er, auch wenn er so erfolgreich war wie Alexander d. Gr., nur ein sterblicher, irrender Mensch blieb. Die Griechen duldeten keine größenwahnsinnigen Berichte von herrscherlichen Ruhmestaten, kein Hinschlachten von Dienern und Konkubinen am Grabe des Potentaten, keine Hinrichtungen ohne Gerichtsverfahren, keine Misshandlung der toten Feinde, aus deren Schädeln die Assyrerkönige Pyramiden errichteten oder deren Köpfe die Kelten sich an ihre Hütten hängten. All dies wäre den Griechen als Hybris, als frevelhafter Übermut, erschienen. Und auch wenn sie sich nicht immer davon enthalten konnten, der Hybris zu verfallen, so gehörte der Kampf gegen diese mit jeder Macht und Ungleichheit einhergehende menschliche Schwäche zum Kern ihres Ideals menschlichen Zusammenlebens. Institutionelle Machteinhegung und sittliche Verantwortung der Herrschenden stehen von da an im Zentrum der politischen Kultur Europas.

Anders als in allen anderen frühen Gesellschaften wurde das Leben der Griechen nicht durch eine große Anzahl von Tabus geregelt, die rational nicht hinterfragbar waren. Die moralischen Pflichten, nach denen sich der einzelne zu richten hatte, beschränkten sich auf wenige, unmittelbar einleuchtende Prinzipien: die Götter zu respektieren, die Eltern und die Toten zu ehren und anderen, insbesondere Fremden, kein Unrecht zuzufügen. Im Leben der Gemeinschaft gab es darüber hinaus nie ein durch soziale oder religiöse Stellung legitimiertes Oberhaupt und nur wenige durch Tradition geheiligte Gesetze. Die Polis war vielmehr ein allein durch menschliche Übereinkunft zustande gekommenes Gemeinwesen. In ihm regierte der Nomos, das Gesetz, das sich die Bürgerschaft in freier Entscheidung selbst gab. Eine dieser Grundregeln war das Prinzip, dass staatliche Macht nur im Wechsel von Herrschen und Beherrschtwerden ausgeübt werden durfte. Das hieß nichts anderes, als dass die Bürger über sich selbst herrschten. In der regelmäßigen Teilhabe am Ganzen der Bürgergemeinschaft, insbesondere in der parrhesia, dem Alles-Sagen-Können, verwirklichte sich die Freiheit des Polisbürgers. Und darin bestand das, was wir das Politische nennen.

Die Griechen erfanden die Politik im strengen Sinne und schenkten mit ihr der Weltgeschichte eine neue Idee des Gemeinwesens. Sie versprach eine Lösung für das mit jeder staatlichen Organisation von Herrschaft seit der Entstehung hochkultureller Gemeinwesen gegebene Problem: der Entartung von Herrschaft durch moralische Depravation der Herrschenden. Eine für die Vormoderne einmalige Dichte an ›verfahrensmäßiger Institutionalität‹ (Egon Flaig) konstituierte einen politischen Raum, in dem die Bürger Gleiche unter Gleichen waren. Der griechische Bürger handelte politisch, indem er alle jene Fragen, die die Bürgerschaft als ganze betrafen, in der Öffentlichkeit der Bürgerschaft beriet und mit Mehrheit entschied. Der Sinn politischen Handelns lag in dem, was der Gemeinschaft zuträglich war, dem Gemeinwohl, und dieses wiederum wurzelte in Wertvorstellungen, die von allen Bürgern geteilt wurden.

Das Arkanum der griechischen Bürgerstaatlichkeit bestand denn auch darin, dass die prozedurale und institutionelle Verfassung der Polis von einer mentalen Infrastruktur getragen wurde. Der griechische Bürger musste hohen ethischen Anforderungen an seinen Gemeinsinn gerecht werden, er musste eine ›politische Identität‹ (Christian Meier) ausbilden. Wer es daran fehlen ließ, den traf der öffentliche Bannstrahl. Man war sich der Gefährdung des Politischen allzeit bewusst und unternahm große Anstrengungen, die Bürgertugenden bewusst zu machen, zu entwickeln und zu stärken. Nur so war der innere Zusammenhalt der Bürgerschaft zu bewahren und zu festigen. Die unsterblichen Erfindungen der Poliskultur – Städtebau und Tempelarchitektur, Bildhauerkunst und Vasenmalerei, Theater und Geschichts-

schreibung, Philosophie und Rhetorik -, dieser ›impatient rhythm of compe-
tition and innovation‹ (Bernard Knox) nicht nur in Athen, sondern in all den
zumeist winzigen, doch autonomen Stadtgemeinden der griechischen Welt,
legt hiervon Zeugnis ab. Damit stehen wir vor dem wichtigsten Vermächtnis
des klassischen Griechentums an unsere Gegenwart wie an jede politische,
d.h. auf den Bürger gegründete Gemeinschaftsordnung: Wir erkennen die
Notwendigkeit, stets um die ethische Fundierung einer freiheitlichen politischen Ordnung zu ringen, und wir wissen um das Medium, in dem jeder
einzelne diese Herausforderung allein bestehen kann: Bildung durch aktive
Auseinandersetzung mit den kulturellen Beständen in der Tiefe der Zeiten.

Das Erbe der Griechen erschöpft sich daher nicht allein in der politischen
Theorie, verstanden als eine distanzierte, begrifflich scharfe, rein rational ar-
gumentierende wissenschaftliche Reflexion über Herrschaft und Politik. Gewiss, auch das haben die Griechen erfunden, und seit Platon und Aristoteles
ist die theoretisch-analysierende Beschäftigung mit den Phänomenen des
Gemeinschaftslebens ein unverzichtbarer Teil des europäischen Denkens ge-
blieben. Doch sind die Griechen in dieser Tradition stets präsent und gleichsam aufgehoben, implizit oder im ausdrücklichen Rekurs – von Machiavelli
im 16.Jh. bis zu Hannah Arendt, Eric Voegelin, Dolf Sternberger, Ralf
Dahrendorf, Benjamin Barber, Michael Walzer oder Giovanni Sartori in unseren Tagen. Die Auseinandersetzung mit griechischem Denken ist in der
politischen Philosophie wie in der Philosophie überhaupt also ohnehin un-
ausweichlich.

Darüber hinaus möchte ich den Finger auf die wichtigste Einsicht des griechischen Nachdenkens über das Politische legen. Sie ist nicht erst bei Platon
zu finden, obschon bei ihm in klarster Kristallisation, sondern begleitete die
Geschichte der Polis von Beginn an. Dieses politische Denken gipfelte eben
in Sokrates und wurde von ihm auf eine neue Grundlage gestellt. Der
Hauptsatz, dessen Tradition bis in die fr+ührarchaische Zeit bei Solon von
Athen zurückreicht, lautet: Der Staat der Bürger muss in einer Ethik des Politischen seine Begründung finden. Sokrates hat diese Maxime dann für alle
Zeiten neu definiert und tiefer zu verstehen gelehrt: Nur der kann ein guter
Bürger sein, der zugleich im umfassenden Sinne ein guter Mensch ist bzw.
sich darum bemüht, ein solcher zu werden. Nur der wird seine Rechte als

Bürger nutzen und seine Pflichten im Bürgerstaat erfüllen können, der in Verantwortung vor sich selbst an seiner Bildung arbeitet und seinem Leben Form gibt, indem er es am Ideal des Gutseins ausrichtet.

Zum Rayon des Politischen zählt deshalb auch der platonische Gedanke der Zusammengehörigkeit des Politischen mit dem Schönen. Die ›Zeugung im Schönen‹ (tokos en to kalo, Symposion 206e) gebiert die Weisheit der Ordnung von Staaten und Häusern (Symposion 209a) und ist die letzte und höchste Stufe des menschlichen Aufstiegs zur Schau des Schönen, Wahren und Guten, das auch für Platon eine Emanation des Göttlichen – und damit gleichsam praeparatio evangelii – war (Symposion 203a).

Das ist die Quintessenz der von den Griechen begriffenen politischen Ethik. Sie ist, wie jeder Blick auf die Probleme der Gegenwart lehrt, unvermindert gültig, und wir müssen uns daher Sokrates und seine Zeit vergegenwärtigen, um zu verstehen, was wir für unsere eigene Zukunft zu tun haben. Dies also ist einer der wichtigsten Gründe dafür, warum die Griechen, jene ›oldest dead white European males‹, wie Bernard Knox sie genannt hat, in die Mitte unseres historischen Gedächtnisses gehören, mit anderen Worten: warum die Griechen unverändert klassisch genannt zu werden verdienen. Die von Schiller vor 200 Jahren beschworene Sonne Homers – sie könnte auch uns noch lächeln, wir müssen sie nur wieder zum Strahlen bringen.

›ein Vogel‹

Vroni Schwegler

Du hast gleich verstanden, dass der Vogel kein Vogel ist, sondern eine Frage nach dem, was bleibt. Für das Gespräch darüber, danke ich.

Das wissenschaftliche Schrifttum
von Harald Seubert

Publikationsverzeichnis

1. Monographien

1. Zwischen erstem und anderem Anfang. Heideggers Auseinandersetzung mit Nietzsche und die Sache seines Denkens. Weimar, Köln, Wien 2000: Böhlau. Reihe Collegium hermeneuticum Band 4. 260 Seiten.

2. Polis und Nomos. Untersuchungen zu Platons Rechtslehre. Berlin 2004: Duncker und Humblot (Reihe: Philosophische Schriften Band 57). 735 Seiten.

3. Nicolaus Cusanus – interkulturell gelesen. Nordhausen 2005. 120 Seiten.

4. Interkulturelle Phänomenologie bei Heinrich Rombach. Nordhausen 2005. 120 Seiten.

5. Schelling – interkulturell gelesen. Nordhausen 2006. 150 Seiten.

6. Max Weber – interkulturell gelesen. Nordhausen 2006. 150 Seiten.

7. Religion. Eine Einführung. München 2009. Fink/ UTB, Reihe PROFILE. 150 Seiten.

8. Zwischen Religion und Vernunft. Vermessung eines Terrains, 700 Seiten. Baden-Baden 2013: Nomos. 705 Seiten.

9. Ästhetik oder Die Frage nach dem Schönen- Freiburg/Br., München: 2015, 510 Seiten.

10. Gemeinsam mit Manfred Riedel, Einführung in die Praktische Philosophie. Köln, Weimar Wien: Böhlau, als UTB 2015. 204 Seiten.

11. Was Philosophie ist und was sie sein kann. Eine Einführung Basel 2015: Basel: Schwabe. 300 Seiten. 342 Seiten.

12. Gesicherte Freiheiten- Politische Philosophie im 21. Jahrhundert. Baden-Baden 2015: Nomos. 458 Seiten.

13. Weltphilosophie. Ein Entwurf. Baden-Baden: Nomos 2016. 286 Seiten.

14. Platon: Anfang – Mitte und Ziel der Philosophie. Freiburg/Br.: Alber 2017, 530 Seiten.

In Vorbereitung:

1. Hypermoderne. Politik und Wissen im 21. Jahrhundert, Baden-Baden: Nomos. 2017.

2. Psychosomatik und Philosophie. Einführung in das Denken Viktor von Weizsäckers. Freiburg/Br., München: Alber. 2017.

3. Heidegger. Eine philosophische Topographie im Kontext (2018).

4. Philosophische Systematik (2017).

Audio-Editionen:

1. Ästhetik. Münchner Vorlesung SS 2014, Edition Mascha: München 2014.

2. Politische Philosophie. Vorlesungen an der Hochschule für Politik München 2012-2016. Edition Mascha: München 2016.

2. Herausgeberschaften

a. Reihenherausgeberschaften

1. Zusammen mit H. Reza Yousefi und Werner Moskopp, VS College. Reihe Philosophische Perspektiven. Springer Heidelberg seit 2011.

2. Begründung der Reihe: Recht-Religion-Interkulturalität im Nomos-Verlag Baden-Baden 2016.

b. Herausgebertätigkeit bei Einzelbänden

1. Heideggers Zwiegespräch mit dem deutschen Idealismus. Beiträge der XI. Internationalen Tagung der Martin-Heidegger-Gesellschaft in Halle/Saale. Weimar, Köln, Wien 2002: Böhlau (Collegium hermeneuticum Band 7.

2. Natur und Kunst in Nietzsches Denken. Köln, Weimar, Wien 2002: (Böhlau Collegium hermeneuticum Band 8.

3. Walter Falk, Wissen und Glauben. Zu einer weltbewegenden Problematik und ihren Hintergründen, aus dem Nachlass herausgegeben, eingeleitet und kommentiert von Harald Seubert Paderborn 2001: Schöningh. Einleitung S. 1-22.

4. Verstehen in Wort und Schrift. Manfred Riedel zu Ehren. Köln, Weimar, Wien 2003: Böhlau.

15. Gemeinsam mit Manfred Riedel und Hanspeter Padrutt: Zwischen Philosophie, Medizin und Psychologie. Heidegger im Dialog mit Medard Boss. Köln, Weimar, Wien: Böhlau 2003, darin Einleitung: S. V-XX.

16. Gemeinsam mit Eckart Conze und Ulrich Schlie, Geschichte zwischen Wissenschaft und Politik. Festschrift für Michael Stürmer zum 65. Geburtstag. Baden-Baden: Nomos 2005.

17. Manfred Riedel, Bürgerliche Gesellschaft. Eine Kategorie der klassischen Politik und des modernen Naturrechts. Aus dem Nachlass herausgegeben. Stuttgart: Steiner 2011.

18. Manfred Riedel, Vorgestalten der ewigen Wiederkehr. Aus dem Nachlass herausgegeben. Köln, Weimar, Wien: Böhlau 2012.

19. Gemeinsam mit H. R. Yousefi, Toleranz im Weltkontext. Geschichte –Erscheinungsformen – Neue Entwicklungen. Wiesbaden: Springer 2013.

20. Gemeinsam mit Werner Neuer, hg., Adolf Schlatter, Das Verhältnis von Theologie und Philosophie. Adolf Schlatters Berner Vorlesung 1884. Stuttgart: Calwer 2016, darin Einführung S. 9-63.

21. Gemeinsam mit H.-B. Gerl-Falkovitz, Edith-Stein-Lexikon. Freiburg/Br., München: Herder Erscheint 2016.

In Vorbereitung:

1. Gemeinsam mit S. Grosse, Die Radical Orthodoxy. Alternativen zur Säkularisierung? Leipzig: EVA 2016.

2. Gemeinsam mit J. Schwanke, Opfer. Ein interdisziplinäres Gespräch. Baden-Baden: Nomos 2017.

3. Aufsätze und Abhandlungen

1. Säkularisierung biblischer Gleichnisse und das Problem einer philosophischen Metaphorologie am Beispiel von Friedrich Adolph

Krummachers ›Parabeln‹, in: Theo Elm und Peter Hasubek (Hgg.), Fabel und Parabel. Kulturgeschichtliche Prozesse im 18. Jahrhundert. München 1994, S. 265-287.

2. Geschichtlichkeit und Negativität der Zeit, in: Heinrich Assel (Hg.), Zeitworte. Festschrift für Friedrich Mildenberger zum 65. Geburtstag. Nürnberg 1994, S. 202-223.

3. Das Abendland und Europa. Diskurs über Nähe und Ferne einiger jüngst vergangener Denkbilder, in: Peter Delvaux und Jan Papiór (Hgg.), Eurovisionen. Vorstellungen von Europa in Literatur und Philosophie. Amsterdam, Atlanta 1996, S. 107-133.

4. Erinnerung an den ›Engagierten Beobachter‹ in veränderter Zeit. Raymond Aron als Theoretiker des Totalitarismus und der nuklearen Weltlage, in: Hans Maier und Michael Schäfer (Hgg.), Totalitarismus und Politische Religionen. Konzepte des Diktaturvergleichs Band II. Paderborn 1997, S. 311-363.

5. Geschichtliches Dasein nach dem Ende Europas? Das philosophische und ethische Vermächtnis Jan Patočkas, in: Via Regia. Blätter für internationale kulturelle Kommunikation, September 1997, S. 44-56.

6. Eigene Fragen als Gestalt. Probleme der Carl-Schmitt-Forschung, in: DER STAAT 37 (1998), S. 435-460.

7. Die Aktualität des Guten, in: Ethica. Wissenschaft und Verantwortung 7 (1999), S. 69-77.

8. Die Suche nach dem wahren Glück. Zur kulturphilosophischen Aktualität von Aristoteles und der Stoa, in: Stephanie von Südow (Hgg.), Im Rausch der Geschwindigkeit. Heidelberg 1999, S. 177-197.

9. Denken und Dichten. Erwägungen zu einem Grundverhältnis anhand der Rilke-Interpretationen Heideggers und Gadamers, in: M.-Th. Furtado (Hg.), Rilke. 70 anos depois. Tagung anlässlich seines 70. Todestags. Lissabon 1999, S. 287-300.

10. Verweisen, Bedeuten – Das Kunstwerk, in: Florian Aicher und Dagmar Rinker (Hgg.), Über Denken. Ein Symposion über Gestalten und Denken in Rotis. München 1999, S. 62-88.

11. Gewalt und Gesetzeskraft. Leo Strauss oder die Wiederkehr eines großen Philologen, in: G. v. Graevenitz (Hg.), Jüdische Intellektualität im 20. Jahrhundert. Sonderheft der DVJS 1999, S. 181-214.

12. Einheit und Vielheit. Zu einem verborgenen Leitmotiv auf Nietzsches Denkweg, in: Alois K. Soller und Beatrix Vogel (Hgg.), Mit Nietzsche denken. München 1999, S. 357-385.

13. Der schwierige Weg zum guten Europäer: Europäische Visionen bei Hegel und Nietzsche, in: Wulf Segebrecht (Hg.), Europavisionen im 19. Jahrhundert. Vorstellungen von Europa in Literatur und Kunst, Geschichte und Philosophie. Würzburg 1999, S. 80-101.

14. Vernunft und Ananke. Zu Schellings ›Timaios‹-Kommentar und seiner Bedeutung für Schellings Denkweg, in: Berliner Schelling-Studien, Heft 1, 1999, S. 81-127.

15. Über den Gebrauch und die Kunst. Philosophische Reflexionen, in: Florian Aicher und Dagmar Rinker (Hgg.), Gebrauch und Gebräuchlichkeiten. Vom Umgang mit den Dingen und ihrer Gestalt. München 2000, S. 85-113.

16. Moral, Politik, Natur und Selbstbewusstsein. Grundsätzliche Bemerkungen aus Anlass der Ethik von Vittorio Hösle, in: Bernd Goebel und Manfred Wetzel (Hgg.), Eine moralische Politik? Vittorio Hösles Politische Ethik in der Diskussion. Würzburg 2001, S. 59-81.

17. Karl Barth nach dreißig Jahren. Religionsphilosophische Überlegungen zu seinem offenen Erbe, in: Beatrix Vogel (Hg.), Von der Unmöglichkeit oder Möglichkeit ein Christ zu sein. München 2001, S. 283-311.

18. Harmonie, europäisches Gleichgewicht und ewiger Friede. Zu Leibniz' und Kants Begriff eines europäischen Ethos, in: J. Papiór (Hg.), Eurovisionen III. Europavorstellungen in der frühen Neuzeit Poznan und Berlin 2001, S. 175-197.

19. Das Erkenntnisproblem von Wahrheit und Methode, in: Scripta Neophilologica Posnaniensia IV (2002), S. 249-271.

20. Hermeneutik und Hermetik: Tiefenphilosophische Konstellationen der Kulturen, in: Wulf Segebrecht (Hg.), Europa in der Diskussion der Neunziger Jahre. Würzburg 2002, S. 120-148.

21. Prolegomena zu Sprache und Reflexion ›religiöser Erfahrung‹. Philosophische Meditationen, in: B. Vogel (Hg.), Spuren des Religiösen im Denken der Gegenwart. München 2004, S. 277-311.

22. La Logica come domanda sulla verità negli anni di Marburgo di Heidegger, in: E. Mozzarella (Hg.), Heidegger a Marburgo (1923-1928). Genova 2006, S.259-293 (Eine deutsche Fassung ist in Vorbereitung).

23. Nietzsche, Heidegger und das Ende der Metaphysik, in: Heidegger-Jahrbuch 2 (Heidegger und Nietzsche) (2005), S. 297-321.

24. Lebendigkeit, Metaphysik, Geschichte – Überlegungen zur Aktualität von Diltheys Lebensphilosophie, in: Jahrbuch für Lebensphilosophie 1 (2004), S. 71-91.

25. Sehnsucht bei Plotin und im Neuplatonismus, in: AUFGANG. Jahrbuch für Denken, Dichten, Musik 2 (2005), S. 178-200.

26. Kunst als ›Organon der Philosophie‹. Eine Differenz zwischen Schelling und Hegel, in: D. N. Basta und T. Koporiwitza (Hgg.), Festschrift für Mihailo Djuric zum 80. Geburtstag. Zagreb 2005, S. 351-379.

27. Der Zeit-Raum. Philosophische Randgänge. Berlin 2005. Sonderdruck des BDA. Hg. Prof. Heinrich Fink.

28. Grund und Abgrund der Subjektivität. Zu Ontologie und Dialektik des Selbstbewusstseins im Ausgang von Schleiermacher und Nietzsche, in: B. Vogel und H. Seubert (Hgg.), Die Auflösung des abendländischen Subjekts und das Schicksal Europas. München 2005, S. 49-81.

29. Heidegger und Nietzsche – noch einmal, in: ebd. S. 425-471.

30. Über Edith Steins Ort in der Phänomenologie. In polnischer Sprache, in: Zeszyty Naukowe. Centrum Badan Im. Edyty Stein. Vol. 1 Poznan 2005, S. 69-91.

31. Die Theorie des Absoluten als Philosophie der Freiheit: von der Freiheitsschrift zur Erlanger Vorlesung des Winters 1820/21, in: S. Dietzsch u.a. (Hgg.), Vernunft und Glaube. Ein philosophischer Dialog der Moderne mit dem Christentum. Festschrift Xavier Tilliette. Berlin 2006, S. 215-233.

32. Nähe und Ferne des Leibes: Überlegungen zu einem Grundwiderstreit der Phänomenologie, in: Jahrbuch für Lebensphilosophie 2 (2006), S. 161-181.

33. Der Blick über den Graben. Auf der Suche nach interkulturellen Denkformen, in: H. R. Yousefi (Hg.), Festschrift R. A. Mall zum 70. Geburtstag. Trier, Nordhausen 2006, S. 413-430.

34. Sprache und Bild im Platonischen Logos, in: C. Strube (Hg.), Die Sprachlichkeit in den Künsten. Berlin 2007, S. 123-151.

35. Faktizität des Daseins und Ich. Differenz und Nähe zwischen Martin Heidegger und Franz Rosenzweig, in: Zeitschrift für Psychiatrie und Philosophie. Online-Edition, September 2008.

36. Identität in Differenzen: Die Spannung zwischen Religion und Philosophie im Denken des Nicolaus Cusanus, in: Marcus Andreas Born (Hg.), Existenz und Wissenschaft. Festschrift für Claudius Strube. Würzburg 2008, S. 31-40.

37. In veränderter Fassung: in: Claudia Bickmann, Markus Wirtz, Hermann-Josef Scheidgen (Hgg.), Religion und Philosophie im Widerstreit? Nordhausen 2008. Band 1, S. 325-348.

38. ›Die große Thatsache der Welt‹ – Überlegungen zu Methode und Sache von Schellings Weltbegriff zwischen Empirie und Theorie, in: Paulus Engelhardt und Claudius Strube (Hgg.), Metaphysisches Fragen. Colloquium über die Grundform des Philosophierens. Köln, Weimar, Wien 2008, S. 125-157.

39. Der ›sensus communis‹ in Kants Theorie der Urteilskraft. Zu einem Problem am Rande der Kantischen Kritik und seinen Implikationen, in: Perspektiven der Philosophie 34 (2008), S. 147-179.

40. Lebensethik und die Tektonik praktischer Vernunft. Philosophische Überlegungen zu einer gesuchten Disziplin, in: psycho-logik. Jahrbuch für Psychotherapie, Philosophie und Kultur 4 (2009), S. 24-43.

41. ›Hellenische Wunder‹: Zum Bild der Antike bei Stefan George und im George-Kreis, erscheint in: Bruno Pieger, Bertram Scheffold (Hgg.), Dichtung – Ethos – Staat. Frankfurt/Main 2009, S. 307-353.

42. Moral und Religion – ein unumgänglicher Übergang?, in: Ethica 2009, S. 255-278.

43. Akroamatik und spekulative Hermeneutik. Zum Gedenken an Manfred Riedel (1936-2009), in: Perspektiven der Philosophie. Neues Jahrbuch 35 (2009), S. 287-300.

44. Politische Theologie bei Paulus? Ein neuerer philosophischer Diskurs, in: Verkündigung und Forschung 55 (2010), S. 60-71.

45. Glauben und Wissen. ›Negative‹ und ›positive‹ Philosophie als inneres Dialogverhältnis im Denken von Edith Stein und Emmanuel Lévinas, in: H.-B. Gerl-Falkovitz, R. Kaufmann und H. R. Sepp (Hgg.), Europa und seine Anderen. Emmanuel Lévinas – Edith Stein – Józef Tischner. Dresden 2010, S. 203-215.

46. Die Lebensmacht der Religion und die säkulare Vernunft. Religionsphilosophie am Beginn des 21. Jahrhunderts. Eine Skizze, in: J. Bohn und Th. Bohrmann (Hgg.), Religion als Lebensmacht. Eine Festgabe für Gottfried Küenzlen. Leipzig 2010, S. 211-227.

47. Die Vermessung einer atopischen Landschaft. Eine phänomenologische Topographie interkulturellen Philosophierens, in: W. Gantke, H.-J. Scheidgen und H. R. Yousefi (Hgg.), Von der Hermeneutik zur interkulturellen Philosophie. Festschrift für Heinz Kimmerle zum 80. Geburtstag. Münster 2010, S. 177-195.

48. Nachmetaphysisches Denken und die pragmatische Wende Kritischer Theorie, in: Sozialwissenschaftliche Literatur-Rundschau 2 (2009), S. 5-19.

49. Religion denken? Überlegungen zu einer Religionsphilosophie der späten Moderne, in: psycho-logik 5 (2010), S. 64-83.

50. Charles Taylors Theorie der Säkularisierung, in: Sozialwissenschaftliche Literatur-Rundschau 1 (2010), S. 46-63.

51. Religion denken? Überlegungen zu einer Religionsphilosophie der späten Moderne, in: psycho-logik 5 (2010), S. 64-83.

52. Art.: ›Privatsphäre‹, in: R. Stoecker (Hg.), Handbuch Angewandte Ethik. Stuttgart 2011, S. 219-222.

53. Gott und Sein. Die ›onto-theologische‹ Grundfrage Schellings und das Verhältnis von ›Religion und Vernunft, in: Perspektiven der Philosophie 36 (2010), S. 11-58.

54. Folgenreiche Fehlorientierung. Sozial- und Wirtschaftsethik am Beginn des 21. Jahrhunderts, in: MUT. Forum für Kultur, Politik und Geschichte 46 (2011, Januar), S. 30-44.

55. ›Verwechselt mich vor Allem nicht!‹. Nietzsches Text-Partitur und ihre Realisationen. Grundprobleme einer Hermeneutik von Rezeption, in: Roman Lesmeister und Elke Metzner (Hgg.), Nietzsche und die Tiefenpsychologie. Freiburg/Br. 2010, S. 19-53.

56. Dialogische Vernunft zwischen Glaube und Denken. Zur geistigen Physiognomie von Hanna-Barbara Gerl-Falkovitz, in: S. Gottlöber, R. Kaufmann (Hgg.), Gabe, Schuld, Vergebung. Festschrift für Hanna-Barbara Gerl-Falkovitz. Dresden 2011, S. 1-7.

57. Christlich-jüdische Wurzeln? Woher Europa kommt und woraus es lebt, in: Merkur Heft 745 (2011), S. 541-546.

58. Nachwort, in: Manfred Riedel, Bürgerliche Gesellschaft. Stuttgart 2011, S. 339-361.

59. Karl Jaspers und das Menschenbild, in: H. R. Yousefi u.a. (Hgg.), Karl Jaspers. Grundbegriffe seines Denkens. Reinbek 2011, S. 67-83.

60. Karl Jaspers und der Philosophische Glaube, in: H. R. Yousefi u.a. (Hgg.), Karl Jaspers. Grundbegriffe seines Denkens, a.a.O., S. 97-113.

61. Philosophie in europäischen Traditionen, in: H. R. Yousefi und H. Kimmerle (Hgg.), Philosophie und Philosophiegeschichtsschreibung in einer veränderten Welt. Nordhausen 2012, S. 55- 69.

62. Interkulturelle Philosophie: Wie ich sie sehe, in: ebd., S. 163- 177.

63. Medienethik im interreligiösen und interkulturellen Kontext. Eine philosophische Perspektive, in: M. Pirner, J. Lähnemann, W. Haußmann (Hgg.), Medien – Macht und Religionen. Herausforderung für interkulturelle Bildung Berlin 2011, S. 198-208.

64. Vom Geist – Die Wiederkehr des vergessenen Grundes der Philosophie (Aus Anlass eines bedeutenden Sammelwerkes), in: Perspektiven der Philosophie 37 (2011), S. 369-395.

65. Artikel ›Privatsphäre‹, in: R. Stoecker, Chr. Neuhäuser und M.-L. Raters (Hgg.), Handbuch Angewandte Ethik. Stuttgart, Weimar 2011, S. 219-222.

66. Über die griechische Tragödie. Einige Erinnerungen an einen Archetypus von Aufklärung, in: Aufklärung und Kritik 4 (2011), S. 142-160.

67. Bei Gelegenheit Stanley Cavell: Der unüberwindliche Skeptizismus und die andere Seite der amerikanischen Gegenwartsphilosophie, in: Sozialwissenschaftliche Literatur-Rundschau 62 (2011), S. 96-106.

68. Wittgenstein über Religion – Perspektiven und Grenzen, in: Aufklärung und Kritik 19 (2012), S. 90-101.

69. The Universality of Human Dignity: Possibilities, Limits and Sporias of Justification, in: W. Schweidler (ed.), The Human Rights and Natural Law. An Intercultural Philosophical Perspective. St. Augustin 2012, S. 195-217.

70. Wunden des Geistes, die ohne Narben heilen? Hegel und die Frage von Schuld und Verzeihung, in: H. Sünker und K. Berner (Hgg.), Vergeltung ohne Ende? Über Strafe und ihre Alternativen im 21. Jahrhundert. Lahnstein 2012, S. 97-124.

71. Religion und Gesellschaft – Marxistisch-Freudianisch. Einige Überlegungen zum Werk von Klaus Heinrich, in: Sozialwissenschaftliche Literatur-Rundschau 63 (2012), S. 80-91.

72. Gott und das Sein. Zu einer religionsphilosophischen Grunddifferenz zwischen Jean-Luc Marion und Lorenz Bruno Puntel, in: H.- B. Gerl-Falkovitz (Hg.), Jean-Luc Marion. Studien zum Werk. Dresden 2013, S. 127-157.

73. Die dynamische Materie. Die Naturphilosophie des frühen Schelling als Paradigma von Metaphysik und Erfahrung, in: Elke Hahn (Hg.), Natur, Romantik, Philosophie. Berlin 2012, S. 13-57 (Berliner Schelling-Studien Band 10).

74. Poiesis. Ein Prolog; und: Kosmo-Polis. Philosophische Erwägungen, beide in: Michael Engelhardt, Poiesis. Träume, Reisen, Bildwelten. Malerei und Zeichnungen. München 2012, S. 2-3 und S. 201-211.

75. Zusammen mit D. Bartosch, Toleranz in europäischen Traditionen, in: H. R. Yousefi und H. Seubert (Hg.), Toleranz im Weltkontext. Geschichten- Erscheinungsformen – Neue Entwicklungen. Wiesbaden 2013, S. 53-65.

76. Toleranz in der christlichen Mystik, in: ibid., S. 203-211.

77. Kommender und letzter Gott zwischen Heidegger und Nietzsche, in: B. Babich, A. Denker und H. Zaborowski (Hgg.), Heidegger und Nietzsche. Amsterdam und New York 2012, S. 77-97.

78. Logik als Frage nach der Wahrheit in Heideggers Marburger Zeit, in: Elke Hahn (Hg.), Heidegger und die europäische Welt. Berlin 2013, S. 33-69.

79. Subjektivität und Memoria. Prolegomena zu einer unzeitgemäßen Philosophie der Erinnerung, in: Perspektiven der Philosophie. Neues Jahrbuch 39, 2013, 217–248.

80. Zuhause sein im Leib? – Überlegungen zu Gender und Sexualität. Eine philosophische Kritik, in: M. Hähnel und M. Knaup (Hrsg.), Leib und Leben. Perspektiven für eine neue Kultur der Körperlichkeit, Darmstadt, 2013, 68–82.

81. Menschenrechte und Religion, in: H. R. Yousefi (Hrsg.), Menschenrechte im Weltkontext. Geschichten-Erscheinungsformen-Neue Entwicklungen, Wiesbaden, 2013, 175–213.

82. Zuhause sein im Leib? Überlegungen zu Gender und Sexualität, in: J. Klose (Hg.), Heimatschichten. Anthropologische Grundlegung eines Weltverhältnisses. Wiesbaden 2013, S. 257-291.

83. ›Individuum ineffabile est?‹. Zu einem Grundproblem der Philosophie zwischen Denken und Darstellen, in: M. Famula (Hg.), Das Denken vom Ich. Die Idee des Individuums als Größe in Literatur, Philosophie und Theologie. Würzburg 2014, S. 63-90.

84. Für eine Aktualisierung der Bildungsphilosophie. Gedächtnis und Zukunft einer fast vergessenen Disziplin, in: Ommasin allois. Festschrift für I. E. Theoropoulos zum 65. Geburtstag, hgg. von V. E. Pantazis und M. Stork. Essen 2014, S. 295-315.

85. Transformation durch Mission? Neue Perspektiven der Missionswissenschaft, in: Mission und Transformation. Beiträge zu neueren Debatten in der Missionswissenschaft, hg. von H. Seubert. Münster 2015, S. 9-27.

86. Gottes Gesetz und göttlicher Nomos. Zwischen alttestamentlichem Königsgesetz und Platonischer Rechtslehre. Oder: Warum Jan Assmann Unrecht hat, in: Die Königsherrschaft Jahwes. Festschrift zur Emeritierung von Herbert H. Klement, hgg. von J. Thiessen und H. Seubert. Münster 2015, S. 309-325.

87. Die Bibel – das wahre Wort Gottes. Christus als Mitte der Schrift in der neueren Philosophie, in: J. Buchegger und S. Schweyer (Hg.), Christozentrik. Festschrift zur Emeritierung von Armin Mauerhofer (Studien zu Theologie und Bibel 17), Münster, Wien 2016, S. 77 -93.

88. Wahrheit und Liebe. Religionsphilosophische Prolegomena zu einer theologischen Grundkonstellation, in: S. Felber (Hg.), Festschrift für Werner Neuer. Münster, Wien 2016 (im Erscheinen).

89. Die Bibel – das wahre Wort Gottes. Christus als Mitte der Schrift in der neueren Philosophie, in: J. Buchegger und S. Schweyer (Hg.), Christozentrik. Festschrift zur Emeritierung von Armin Mauerhofer (Studien zu Theologie und Bibel 17), Münster, Wien 2016, S. 77 -93.

90. Wahrheit und Liebe. Religionsphilosophische Prolegomena zu einer theologischen Grundkonstellation, in: S. Felber (Hg.), Festschrift für Werner Neuer. Münster, Wien 2016, S. 119-129.

91. Nach dem 7. 1. 2015, oder: Bedingungen skeptischer Freiheit, in: Scheidewege. Zeitschrift für skeptisches Denken (2016/17),S. 313-324.

92. Was fehlt, wenn Heidegger endgültig verschwindet, In: Scheidewege (2016/17), S. 208-216.

93. Heidegger heute. Antwort auf vier Fragen von Manuel Herder, in: W. Homolka und A. Heidegger (Hg.), Heidegger und der Antisemitismus. Positionen im Widerstreit. Freiburg, Br. 2016, S. 342-353.

94. ›Was jedermann notwendig interessiert‹. Was Philosophie ist und sein kann, in: Veit Neumann und Josef Kreiml (Hg.), Wenn Philosophie zusammenführt. Gespräche über Glaube und Vernunft in Regensburg. Würzburg 2016, S. 13-36.

95. Nietzsches umgekehrter Platonismus. Die ewige Wiederkehr in Manfred Riedels Deutung, in: Bruno Pieger und Bertram Schefold (Hg.), ›Kreis aus Kreisen‹. Der George-Kreis im Kontext deutsche und europäischer Gemeinschaftsbildung. Hildesheim, Zürich, New York 2016, S. 93-105.

96. Kreis aus Kreisen und Sym-philosophia. Stefan Georges Zirkel und die Platonische Akademie, in: ebd., S. 115-135.

4. Rezensionen

1. Hölderlin im Bezugsfeld von Denken und Dichten. Eine Sammelrezension, in: Aurora. Jb. der Eichendorff-Gesellschaft 57 (1997), S. 224-231.

2. Bemerkungen zu Ernst Behler, Ironie und literarische Moderne, in: Aurora 58 (1998), S. 184-190.

3. ›Unendliche Annäherung‹. Bemerkungen zu Manfred Franks monumentaler Rekonstruktion der Urgeschichte der philosophischen Frühromantik, in: Athenäum 8 (1998), S. 274-286.

4. Rezension zu: S. Vietta und D. Kemper (Hgg.), Ästhetische Moderne in Europa. Grundzüge und Problemzusammenhänge seit der Romantik und: R. Simon, Das Gedächtnis der Interpretation. Gedächtnistheorie als Fundament für Hermeneutik, Ästhetik und Interpretation bei Johann Gottfried Herder, beide in: Aurora. Jahrbuch der Eichendorff-Gesellschaft für die klassisch-romantische Zeit 59 (1999), S. 323-325; bzw. S. 325-331.

5. Rezensionen über Walter Jaeschke (Hg.), Der Streit um die Grundlagen der Ästhetik (1795-1805) und über V. L. Waibel, Hölderlin und Fichte 1794-1800, in: Aurora 60 (2000), S. 172-176; S. 181-185.

6. Rezension zu Nicholas Martin (Hg.), Nietzsche and the German Tradition. Oxford, Bern, Frankfurt/Main u.a. 2003, in: wirkendes wort 54 (2004), S. 305-310.

7. Rückblick auf ein goldenes Zeitalter. Neue Literatur zu Schillers 200. Todestag, in: wirkendes wort 55 (2005), S. 321-330.

8. Rezension zu F.-L. Kroll (Hg.), Die kupierte Alternative. Berlin 2005 und S. Winckler, Die demokratische Rechte. Entstehung, Positionen und Wandlungen einer neuen konservativen Intelligenz. Frankfurt/Main, Berlin u.a. 2005, in: Zeitschrift für Politik 1 (2006), S. 11-113.

9. Peter-André Alt: Franz Kafka – der ewige Sohn. Eine Biographie. München 2005, in: wirkendes wort 1 (2006), S. 155-162.

10. Jürgen Grosse, Kritik der Geschichte. Probleme und Formen seit 1800. Tübingen 2006, in: Zeitschrift für Geschichtswissenschaft 6 (2007), S. 551 f.

11. Peter von Matt: Die Intrige. Theorie und Praxis der Hinterlist. München, Wien, 2006, in: wirkendes wort 57 (2007), S. 161-167.

12. Die in sich bewegte Trias: Schrift-Macht-Herrlichkeit. Über Karl Bertau anlässlich seines 80. Geburtstags, in: wirkendes wort 1 (2007), Heft 3, S. 487-497.

13. Georg Stenger, Philosophie der Interkulturalität. Erfahrung und Welten. Eine phänomenologische Studie, in: Philosophisches Jahrbuch 115 (2008), S. 222-226.

14. Rolf Kühn, Gottes Selbstoffenbarung als Leben, in: Jahrbuch für Religionsphilosophie 9 (2010), S. 207-212.

15. Heinrich Beck, Dialogik-Analogie-Trinität, in: Grenzgebiete der Wissenschaft 50 (2010), S. 275-283.

16. Hamid Reza Yousefi, Interkulturalität und Geschichte. Perspektiven für eine globale Philosophie, in: Aufklärung und Kritik 2 (2011), S. 287-292.

17. Holger Zaborowski: ›Eine Frage von Irre und Schuld?‹ Martin Heidegger und der Nationalsozialismus. Frankfurt/Main 2010, in: Zeitschrift für Geschichtswissenschaft 1 (2011), S. 65-67.

18. Carl Schmitt: Tagebücher 1930 bis 1934, hg. von W. Schuller in Zusammenarbeit mit Gerd Giesler. Berlin 2010, in: Zeitschrift für Geschichtswissenschaft 5 (2011), S. 466-468.

19. Wolfgang Bialas, Politischer Humanismus und ›Verspätete Nation‹. Helmuth Plessners Auseinandersetzung mit Deutschland und dem Nationalsozialismus. Göttingen 2010, in: Zeitschrift für Geschichtswissenschaft 7/8 (2011), S. 668-670.

20. Wilhelm Büttemeyer, Ernesto Grassi – Humanismus zwischen Faschismus und Nationalsozialismus. Freiburg, München 2010, in: Philosophischer Literaturanzeiger 64 (2011), S. 333-338.

21. Margaretha Huber, Spiegelungen. Philosophisch-ästhetische Studien zur Geschichte des Bildes. Frankfurt/Main, Basel 2010, in: Philosophischer Literaturanzeiger 64 (2011), S. 339-344.

22. Sven Grosse und Gianfranco Schultz (Hg.), Möglichkeit und Aufgabe christlichen Philosophierens. Münster 2011, in: Philosophischer Literaturanzeiger 64 (2011), S. 343-349.

23. Rezensionen zu H.-P. Falk, S. L. Sorgner, H. Ottmann Philosophisches Jahrbuch 119 (2012), 1. Halbband S. 142-146 (Falk); S. 168-170 (Sorgner); S. 209-213 (Ottmann).

24. K.H. Witte, Meister Eckhart: Leben aus dem Grunde des Lebens. Eine Einführung, in: Philosophischer Literaturanzeiger 67 (2014), S. 8-16.

25. Christoph Böhr, Christian Schmitz (Hg.), Europa und die Anthropologie seiner Politik. Der Mensch als Weg der Geschichte – Zur Philosophie Karol Wojtylas (Wojtyla-Stdien Band 1),in: Philosophischer Literaturanzeiger 69 (2016), S. 265-269

5. Übersetzungen

1. Übersetzungen aus alten Sprachen (Griechisch, Latein) und aus dem Englischen, Französischen und Italienischen vor allem in den von mir herausgegebenen Sammelbänden (siehe Unterpunkt II).

6. Zwei Buchübersetzungen:

2. Babette B. Babich, ›Eines Gottes Glück voller Macht und Liebe‹. Beiträge zu Nietzsche, Hölderlin, Heidegger, übersetzt von Harald Seubert unter Mitwirkung von Heidi Byrnes und der Autorin. Weimar 2009. 200 Seiten.

3. Babette B. Babich, Nietzsches Wissenschaftstheorie, übersetzt von Harald Seubert Frankfurt/New York 2010. 350 Seiten.

Herausgeber, Autorinnen und Autoren

Beck, Heinrich, ist emeritierter Professor für Philosophie an der Otto-Friedrich-Universität in Bamberg und unter anderem auch Mitglied der Europäischen Akademie der Wissenschaften und Künste. Seine Arbeitsbereiche umfassen Theoretische Philosophie, Praktische Philosophie, Dimensionen der Wirklichkeit. Argumente zur Ontologie.

Böhr, Christoph, ist Prof. Dr. phil., promovierte mit einer Arbeit über Philosophie für die Welt (Stuttgart-Bad Cannstatt 2003) und ist ao. Professor für Philosophie an der Hochschule Benedikt XVI. Heiligenkreuz/Wien.

Gantke, Wolfgang, ist Professor für Religionswissenschaft an der Goethe-Universität in Frankfurt am Main. Seine Forschungsschwerpunkte sind Hermeneutik, Phänomenologie und Neo-Hinduismus.

Gerdsen, Peter, ist emeritierter Professor für theoretische Nachrichtentechnik, digitale Signalverarbeitung und -übertragung sowie für Kommunikationssysteme an der Hochschule für angewandte Wissenschaften in Hamburg. Seine Arbeitsschwerpunkte sind theologische, religionsphilosophische sowie kulturwissenschaftliche Fragestellungen an der Grenzlinie zwischen Natur- und Geisteswissenschaften.

Gerl-Falkovitz, Hanna-Barbara war Professorin für Philosophie in München, Weingarten und zuletzt bis zu ihrer Emeritierung 2011 an der TU Dresden. Sie trat mit Büchern und Aufsatzsammlungen zur Philosophie der Religion, der Geschlechterdifferenz, des deutschen Idealismus und der Metaphysik hervor und gilt als Doyenne der Guardini- und Edith-Stein-Forschung.

Grzywacz, Malgorzata ist Doktor der Kulturwissenschaften und lehrt als Universitätsdozentin Deutsche und Allgemeine Kulturtheorie an der

Adam Mickiewicz-Universität Poznan/Polen. Sie ist als Reformationshis-
torikerin ebenso ausgewiesen wie mit Arbeiten über deutsch-jüdische und
polnische Wechselbeziehungen in Vergangenheit und Gegenwart.

Langenbahn, Matthias, ist examinierter Germanist und Gymnasiallehrer.
Gegenwärtig arbeitet er an seinem Dissertationsprojekt zum Thema Skep-
sis. Seine Arbeitsbereiche sind, skeptische Philosophie sowie moderne
Theorien zum Begriff der Skepsis. Langenbahn ist staatlich geprüfter
Fremdsprachenkorrespondent.

Luft-Steidl, Silja, ist diplomierte Theologin und promovierte Philosophie. Sie
leitet zugleich ein Heil- und Tagungszentrum im fränkischen Umland und
ist als Hörerin und Kollegin langjährig mit HS verbunden.

Mascha, Andreas, ist seit 20 Jahren selbständiger Managementberater im Be-
reich Integrales Management und Sinnorientierte Führung. Studium der
Philosophie (München und Hobart/Australien) sowie des Buddhismus
und (Neo-)Hinduismus (mit einer Vielzahl von Studienreisen nach Indien,
Nepal und Tibet). HS und ihn verbinden der Jahrgang und eine lange enge
Freundschaft.

Schacht, Ulrich, wuchs in der Hansestadt Wismar auf. Bis 1998 lebte er in
Hamburg. Dort arbeitete er als Feuilletonredakteur und Chefreporter bei
›Welt‹ und ›Welt am Sonntag‹. Er erhielt 1990 den Theodor Wolff-Preis für
herausragenden Journalismus, 2012 das Hesse Stipendium in Calw.
Schacht ist einer der wichtigsten Lyriker und Romanciers der Gegenwart.
Seit 1998 lebt er in Südschweden.

Seitschek, Hans Otto, ist Privatdozent an der Ludwig-Maximilians-Univer-
sität München. Im Sommersemester 2014 war er als wissenschaftlicher
Mitarbeiter am Lehrstuhl für Christliche Religionsphilosophie der Albert-
Ludwigs-Universität Freiburg beschäftigt und im Sommersemester 2016
im Fachbereich Kirchenrecht der Universität Augsburg. Seine Arbeitsschwerpunkte umfassen Themen der klassischen Metaphysik, der Religi-

onsphilosophie, der philosophischen Anthropologie, philosophisch-theologischer Grenzfragen, des Kirchenrechts und des Verhältnisses von Religion und Politik.

Schwegler, Vroni, ist Professorin für Grundlagen der Gestaltung an der Hochschule Mannheim. Zudem ist sie Leitung der Hoch- und Tiefdruckwerkstatt an der Hochschule Mainz – university of applied sciences. Sie ist als freischaffende Künstlerin im Bereich Malerei und Grafik tätig.

Stahl, Michael war Lehrstuhlinhaber für Alte Geschichte an der Technischen Universität Darmstadt. Seine Forschungsschwerpunkte sind das archaische und klassische Griechenland, die römische Prinzipatszeit und die Rezeption der Antike.

Wachter, Daniel von, ist Professor für Philosophie und Direktor der Internationalen Akademie für Philosophie im Fürstentum Liechtenstein. Seine Forschungsbereiche sind unter anderem auch Metaphysik und Religionsphilosophie.

Wuermeling, Hans-Bernhard, war Lehrstuhlinhaber für Rechtsmedizin der Universität Erlangen-Nürnberg. In Freiburg Vorstand des Studentenwerks der Universität. Gründungspräsident der Akademie für Ethik in der Medizin. Langjähriger Vorsitzender der Ethikkommission der Bayerischen Landesärztekammer. 1986-2004 Mitglied und zeitweise Vorstandsmitglied des wissenschaftlichen Beirates der Bundesärztekammer, dabei an der Ausarbeitung zahlreicher Richtlinien beteiligt, u.a. Hirntod, IVF, Organtransplantation, PID, Stammzellen, Gentherapie, Sterbebegleitung. 2012 Paracelsus-Medaille der Deutschen Ärzteschaft.

Yousefi, Hamid Reza, ist Privatdozent für interkulturelle Philosophie und Geschichte der Philosophie an der Universität Koblenz-Landau (Campus Koblenz) und Gründungspräsident des Instituts zur Förderung der Interkulturalität e.V. in Trier. Seine Forschungsbereiche sind, neben den Schwerpunkten soziale Anamnese und gesellschaftliche Psychopathologie, auch Kulturwissenschaft, moderne Theorien der Toleranz, Ethik und

Hermeneutik sowie angewandte Konzepte der Religionswissenschaft und diskurshistorische Kommunikationsforschung.